AI 부디즘

보일 지음

인공지능에도 불성이 존재할까?
불교적 관점으로 바라본
인공지능의 현재와 미래

AI 부디즘

보일 지음

담앤북스

프롤로그

> "그러면 비구들아, 나는 너희에게 이르리라.
> 모든 것은 변화하느니라.
> 게으르지 말고 부지런히 정진하도록 하라."
>
> 『대반열반경大般涅槃經』 중에서

AI 부디즘의 서막

시절인연時節因緣. "시절인연이 다가오면 자연히 부딪혀 깨쳐서 소리가 나듯 척척 들어맞으며 곧장 깨어나 나가게 된다." 중국 명나라 말기, 운서주굉雲棲株宏 스님께서 『선관책진禪關策進』에 모아놓은 여러 말씀 중 하나이다. 시절인연은 시기와 인연이 맞아 떨어져서 일이 이루어지는 것을 말한다. 시절인연이 무르익어야 일도 성취되고 만날 사람도 만나는 것이다. 또한 시절인연은 무상함, 바로 변화를 의미한다. 변화는 때론 두렵기도, 때론 설레기도 한다. 위기일 수도 기회일 수도 있다. 이 같은 변화는 어떻게 오는가? 변화는 인연을 따라서 일어나는 것이다. 누구에게나 변화는 다가오지만 시절인연이 도래했음을 알아차리는 것은 쉽지 않다. 심지어는 그 변화가 일어나고 있는지 아예 모르거나 느끼지 못하는 경우도 있다. 변화가 끝나는 시점에서 나중에 돌이켜보면, 그때 뭔가를 했다면 좀 낫지 않았을까 하고 후회하거나 아쉬워한다. 이미 세상은 뒤바뀌어 있거나, 예전의 사유 방식과 질서로는 그 변화를 감당할 수 없게 되는 경우가 허다하다. "변화의 물결 앞에서 안주하는 것만큼 위험한 결정은 없다."라는 말이 있다. 과거에 아무 문제 없었기 때문에 앞으로도 괜찮을 거라는 생각은 허황된 기대에 불과하다. 오래전 해인사승가대학 학인 시절, 마음에 품었던 "인공지능에도 불성이 있을까?"라는 화두가 시간이 흘러, 인공지능이라는 시절인연을 만났다. '척척 들어맞으며 곧장 깨어나 나갈' 정도는 아니더라도, 미련하나마 시절인연이 도래했음을 느끼는 요즘이다.

　나의 고향은 제주도다. 어린 시절 뛰어놀았던 동네 근처에 사라봉沙羅峰이라는 오름이 있었다. 야트막한 봉우리였지만, 제주 앞바다 쪽으로는 가파른 절벽이어서 꽤나 높아 보이는 오름이다. 앞으로는 바다를 끼고 뒤로는 한라산을 기대고 있다. 이곳에서 바라보는 해가 지는 모습은 장관이다. 친구들과 봉우리 정상까지 한달음에 뛰어올라가면 시내와 앞바다가 한눈에 들어왔다. 현재도 사라봉에는 일제 강점기 당시, 일본군이 구축해 놓은 동굴진지가 남아 있다. 대공포를 동굴에 숨겨두고 적기를 조준하려는 의도였다. 입구에서부터 출구까지 전체적으로 ㄱ자로 꺾인 구조였는데, 출구인 포대 방향은 바다를 향하고 있다. 어렸을 적에 동네 친구들과 그 동굴을 돌아 출구로 나오는 담력 내기를 자주 하곤 했다. 동굴에 들어서면 칠흑같이 깜깜해서 무서웠지만, 한숨에 내달려 출구로 빠져나오기를 반복했다. 출구인 포대를 향해 달리다 고개를 들어 출구를 쳐다보면 눈에 가득 들어오던 빛을 내뿜는 동그랗고 파란 하늘이 지금도 선하다. 출구를 빠져나와 가쁜 숨을 몰아 쉬다보면, 유채꽃 향을 실은 바닷바람이 송골송골 맺힌 땀을 식혀주곤 했다. 출구 바로 앞에는 봉수대가 있었다. 역사적으로 적의 침략이나 큰일이 있을 때마다 불과 연기로 비상 신호를 주고받던 곳이었다. 제주 4 · 3항쟁 때에는 일본 경찰의 폭압에 항거해 연기를 피워 올렸던 곳이기도 하다.

아버지는 생전에 동네를 산책하다 이곳에 이르면 회상에 잠겨 내게 말씀해 주셨다. 일제 강점기 말, 당시 10대 초반이었던 아버지는 이 사라봉 봉수대에 서서 일제가 징집한 사람들이 부둣가에서 강제 노역을 하는 모습을 자주 볼 수 있었다고 했다. 미군의 상륙에 대비해서 해안 포대를 쌓고, 군함이 접안할 수 있도록 항만을 정비하는 공사였다. 2차 세계대전의 전세가 급격히 연합군의 우세로 기울고 있었던 시기, 일본 천황의 명으로 일본군에게 전원 옥쇄玉碎 명령이 내려지자 제주도는 일본군의 최후 항전을 위한 군사 거점이 되었다. 수많은 사람들이 소위 최후 항전을 대비하기 위한 부역에 동원되었다. 그러나 일본의 무조건 항복 선언 이후, 제주항에는 일본군의 군함 대신 미 해군의 상륙 함정들이 대거 입항하기 시작했다. 압도적 힘의 열세를 극복하지 못한 것이었다. 당시 어린이였던 아버지의 눈에 비친 광경은 충격이었다. 거대한 군함이 들어오고, 갑판 아래가 열리더니 군함 속에서 생전 처음 보는 탱크와 군용 트럭, 건설 장비들이 꼬리를 물고 쏟아져 나왔다. 어린 소년의 눈에 비친 광경은 실로 경이로운 것이었다. 그 순간 아버지는 '아, 이건 애초에 상대가 되지 않는 싸움이었구나.'라고 생각했다. 사람들을 강제 동원해서 삽과 괭이로 노역시키는 것이 아니라, 생전 처음 보는 건설 기계들이 그 일을 대신하였다. 그러고는 몇 개월 걸리던 공사를 1주일도 안돼서 끝내버렸다. 세상의 변화에 대한 무지가 가져오는 격차가 어떤 것인지 깨닫는 순간이었다고 한다.

요즘 우리는 하루가 멀다 하고 생겨나는 신조어들과 씨름하면서 현기증마저 느낀다. 남들은 인공지능이니, 메타버스니 하면서 사업 구상도 하고 비트코인에 투자를 하네마네 하는데, 가만히 있자니 혼자 뒤처지는 것 같고 살짝 불안하고 초조하기도 할 것이다. 어떻게 하면 이 불안과 초조를 넘어서서 지혜롭게 이 시대를 살아갈 수 있을까. '인공지능 시대에 휘둘리지 않고 살아가는 법'이라고 해도 좋다. 이 책은 바로 그런 사람들을 위한 책이다. 처음에는 세상의 변화에 상관하지 않고 사찰에서 수행에만 몰두하는 전통 승가대학의 학인 스님들을 위해서 준비된 특강이었다. 그 변화의 모습을 정리해서 보다 먼저 알리고 같이 고민해 보자는 뜻에서 시작된 글쓰기였다. 그러나 불교 수행자가 본 세상의 변화라고 해서 꼭 불자들만을 위한 이야기도 아니다. 굳이 불자가 아니더라도 세상의 변화 속에서 어떤 시선과 태도로 살아가야 할지를 고민하는 분들이라면, 이 책이 새로운 통찰을 얻는 데 도움이 될 것으로 기대한다. 학인 시절 "인공지능에도 불성이 있을까?"라는 소박한 질문으로 시작된 관심은 현재까지도 신문 연재와 방송, 강연, 출판으로 이어지고 있다. 필자는 과학자도 공학자도 아니다. 그저 평범한 산승에 불과하다. 그럼에도 무슨 시절인연인지 인공지능과의 기연은 이어지고 있다. 혹여나 인공지능과 과학 기술 자체에 전문적 지식을 얻기 위해서 이 책을 선택한 독자분들이 계시다면, 죄송하지만 잘못 고르셨다. 그런 정보나 지식은 이미 인터넷과 시중 서점에

차고 넘친다. 하지만 이 기술들과 우리 인간과의 관계 맺기에 주목한 이야기는 아직 드물다. 인간이 기계에 불과한 인공지능에 마음을 투사하고, 다시 인공지능으로부터 영향을 받으면서 서로 소통하는 과정은 매우 특별하고 흥미롭다. 이 책은 인공지능에 대한 인간의 시선과 마음에 대한 이야기이다. 일상 속에서 인간은 인공지능과 어떻게 관계를 맺고 의존하면서 살아가게 될까? 그 관계의 의미는 무엇이고 어떤 태도로 일상 속에서 인공지능을 대할 것인가? 미래 어느 사이엔가 인공지능이 우리 곁에 다가와 우리의 어깨를 톡톡 치며 말을 걸어온다면 어떻게 할 것인가? 이 책은 바로 그런 질문들에 대한 사유와 고민이다.

그렇다고 이 책이 인공지능 자체에만 국한된 이야기는 아니다. 결국은 제4차 산업혁명이 가져온 다양한 변화의 모습에 대해 산에 사는 수행자가 생각하는 인간의 마음을 다룬 이야기이기도 하다. 그 모든 변화의 모습들을 이 책 한 권에 전부 담아낼 순 없지만, 대표적으로 인공지능을 비롯해 메타버스, 딥페이크, 자율주행 자동차, 유전자가위 기술, 트랜스 휴머니즘, 나노 기술, 3D 프린터 기술, 화성 개발에 이르기까지 다양한 내용을 담고 있다. 이 책은 2019년 7월부터 근 2년 동안 불교신문에 연재되었던 <보일 스님이 들려주는 4차 산업혁명 이야기>의 내용을 재정리한 것이다. 불과 2년 전만 하더라도 최신기술로 소개되었던 내용이 그 사이에 이미 보편적 정보가 되어버린 경우가 적지 않다. 그래서 일부 내용은 과감히 덜어내고 최근 뜨거운 이슈가 되고 있는 딥페이크나 메타버스 같은 주제들을 추가하였다. 현재 진행되고 있는 변화의 큰 그림을 머릿속에 그려보는 데 도움이 될 것이다. 전체 내용 중에서 특정 주제가 궁금한 분은 그 주제만을 읽어보아도 좋을 듯하다. 어떤 주제들은 필자의 질문으로 시작한다. 독자들과 같이 답을 찾아가는 과정이 될 것이고, 또한 독자들도 각자 나름의 질문을 던져보기를 기대한다.

또한 붓다의 가르침이 현대 첨단 기술과 어떻게 관계를 맺게 되는지를 주목해 보는 것도 흥미로운 접근이 될 것이다. 인류 역사상 가장 오래된 전통 중 하나인 불교의 가르침과 현대의 최첨단 과학 기술인 인공지능이 만난다는 것은 그 자체로 낯설고 이질적인 느낌이 강한 것도 사실이다. 필자는 이 간극을 좁혀보고자 했으나, 오히려 겹쳐지는 부분이 많다는 사실을 발견하면서 적잖게 놀라기도 했다. 이 둘은 인간의 마음에 대한 사유라는 공통된 기반을 나눠가진다. 이 점은 양자가 서로에게 새로운 영감과 통찰을 줄 수 있음을 기대하게 만든다. 그래서 필자는 인공지능을 통한 불교, 역으로 불교를 통한 인공지능에 대한 논의를 통칭하여 'AI 부디즘'으로 명명하였다. 인공지능 시대를 읽어내는 하나의 주제어이자 유용한 분석틀로 쓰이길 기대한다.

붓다는 열반 직전 제자들에게 마지막 남긴 유훈에서, 세상 모든 것이 빠르게 변화하니 게으름 피우지 말고 부지런히 정진할 것을 당부하셨다. 그리고 붓다의 장례 절차를 묻는 제자들의 질문에 장례는 신심있는 재가 신도들이 담당할 것이니, 제자들은 수행 정진에 전념할 것을 당부하셨다. 결국 아무리 귀하고 훌륭한 가르침일지라도 세상의 변화를 따라가지 못한다면 사라져버릴 것이다. 시대정신을 담아낼 수 있는 그 시대의 언어와 방편으로 끊임없이 다양하게 변주해내지 못하면 그 변화의 원심력을 감당할 수 없는 것이다. 새로운 인공지능의 시대, 우리는 어떤 질문을 던지면서 자신의 관점과 시선을 변주해나갈 것인가. 이 책은 세상의 변화에 도태되거나 낙오되지 않으면서 이 시대의 질문에 이 시대의 언어로 대답하고자 하는 나름의 몸부림이다. 이제 시작된 이야기이고 어디까지 갈지는 모르겠다. 다만 모쪼록 독자분들께서 이 책을 통해 변화의 시대에도 자신을 잃지 않도록 영감을 받고, 자기만의 질문을 던질 수 있게 되기를 기대한다.

⋯┆⋯ 작가의 말

이 책이 나오기까지 많은 분의 도움을 받고 은혜를 입었습니다. 일일이 다 열거할 순 없지만, 수많은 얼굴들이 떠오릅니다. 우선 가야산을 지키면서 해인사 대중 스님들을 이끌어 주시고 의지처가 되어주시는 벽산 원각 방장스님께 감사의 큰절을 올립니다. 그리고 행자 시절부터 지금까지 모든 판단과 행동의 길잡이가 되어주시는 주지 현응 스님께도 감사의 큰절을 올립니다. 또한 전계사 태허 무관 스님, 한주 선용 스님, 다주 여연 스님, 유나 원타 스님, 선덕 종본 스님, 장주 원산 스님, 율주 경성 스님, 용탑선원 도영 스님, 박물관장 적광 스님, 선원 열중 일봉 스님, 율원장 금강 스님, 퇴설당 시자 적현 스님, 또한 항상 따뜻한 응원과 아낌없는 지원을 해주신 지족암 향적 스님, 연재 초기부터 줄곧이 작업에 관해 관심을 보여주신 백련암 원택 스님께도 감사의 큰절을 올립니다. 그리고 출가 후 지금까지도 손상좌에게 자비의 마음으로 경책과 격려를 아끼지 않으시는 종성 큰스님께 큰절을 올립니다. 오랫동안 법체 강건하시길 기원합니다. 또한 대학원 공부 시작부터 은혜를 입은 동당 세민 큰스님께 감사합니다. 동당 스님께서는 연로하심에도 여전히 참선 수행 정진으로 제게 말 없는 경책이 되어 주고 계십니다. 그리고 승가대학 학인 시절, 이 모든 연구의 시작이 되었던 졸업논문 <인공지능 로봇의 불성연구>를 지도해 주셨던 종묵 스님께도 감사를 전합니다. 더불어 당시 학장 법진 스님의 승가 교육 혁신에 대한 열정 덕분에 승가대학 시절부터 많은 배움이 있었습니다. 은혜 입은 바가 큽니다. 이 외에도 현석 스님, 원창 스님께도 감사를 전합니다. 또한 해인사승가대학에 높은 관심으로 후원을 아끼지 않으시는 세영 스님, 연재 초기부터 관심을 보이시고 용기를 주신 의곡사 주지 법연 스님, 필자가 학감 소임 시절, 종무행정에 대해 많이 배울 수 있었던 도현 스님, 그리고 항상 큰형님처럼 의지하고 조언을 아끼지 않으시는 본해 스님, 경암 스님께도 감사의 인사를 전합니다. 또한 항상 힘이 되어주시는 진각 스님께도 감사합니다. 그리고 현 교육원 교육부장이신 서봉 스님께도 감사드립니다. 또한 보잘것없는 필자의 학인 시절 논문을 눈여겨봐주신 삼천사 회주 성운 큰스님께도 깊이 감사드립니다. 필자를 아무도 주목해 주지 않던 시절, 당시 성운 큰스님께서는 한국불교학회 회장을 역임하시면서 '불교와 4차 산업혁명'을 주제로 한 국제 학술대회에 초청해 발표 기회를 주셨습니다. 그때의 인연으로 계속 정진하여 이 책이 나오게 되었으니 그 은혜 입은 바가 큽니다. 또한 동국대학교 교수이신 종호 스님께도 감사드립니다. 당시 인공지능 연구에 대한 응원과 격려가 큰 힘이 되었습니다.

그리고 모시고 살면서 많은 가르침을 전해준 전 해인사승가대학 학장 무애 스님, 믿음직스러운 학감 법장, 교수사 진휴, 심공, 현장 스님에게도 감사합니다. 그리고 사형 보문 스님, 보운 스님, 보찬 스님, 사제 보각, 보우, 본민, 보성 스님에게도 고마움을 전합니다. 그리고 항상 따뜻한 미소의 응관 사형스님, 유머로 감싸주시는 응기 사형스님께도 항상 고마운 마음입니다. 또한 유난히 다사다난했던 학인 시절의 추억을 함께하는 해인사승가대학 49회 도반 스님들에게도 고마움을 전합니다.

이뿐만이 아닙니다. 산문 밖 세상의 IT 디지털 기술에 대해 눈을 뜨게 해준 전 야후 코리아 사장 윤세웅 거사님 그리고 해인사승가대학의 조력자이자 후원자인 전 삼성전자 부사장 권희민 거사님께 감사를 전합니다. 'AI 부디즘' 특강에서 유전자가위 기술을 소개해 준 서정선 교수님, 나노 테크놀로지를 강의해 주신 박영준 교수님의 승가 교육에 대한 관심과 후원에도 감사한 마음입니다. 그리고 항상 해인사승가대학을 위해 관심과 응원을 보내주시는 미국 미네소타대학교의 홍창성 교수님과 유선경 교수님께도 감사를 전합니다. 또한 이 책의 시작이 된 지난 2년간의 불교신문 연재를 담당했던 불교신문사의 이성수 부장님과 허정철 차장님께도 감사를 전합니다. 그리고 불교TV(BTN)에서 <AI와 붓다>를 연출하신 김동현 PD님과 김용우 PD님께도 감사를 전합니다. 이 책이 나올 수 있도록 제안해 주신 담앤북스 오세룡 대표님, 편집하느라 오랜 시간 애쓴 전태영 대리님, 책을 근사하게 디자인해 준 진다솜 님께도 감사합니다. 그리고 원고를 꼼꼼하게 검토해

주고 수정을 도와준 서울대학교 종교학과 강지언 박사에게도 고마움을 전합니다. 또한 절대 빼놓을 수 없는 해인사승가대학 후원회 회장 최원철 거사님과 후원회 여러분께 뭐라 말할 수 없는 고마움을 느낍니다. 힘입은 바가 큽니다. 무엇보다도 이 모든 작업을 시작하게 된 이유이자 영감의 원천인 해인사승가대학 학인 스님들에게 고마운 마음입니다. 그리고 지금도 필자의 학문적 길잡이가 되어주시는 서울대학교 철학과 조은수 교수님과 안성두 교수님, 마크 시더리츠 교수님의 가르침에 깊이 감사드립니다. 마지막으로, 이 책으로나마 내 마음속 별이 되신 아버지와 속가 어머니의 은혜에 감사를 전하고 싶습니다.

'**AI 부디즘**'에 대하여

    언어는 소통을 위해 없어서는 안 되는 도구이다. 그러나 동시에 우리의 생각을 제한하는 틀이 되기도 한다. 또한 현재의 언어는 언제나 시대에 영향을 받는다. 우리에게 친숙한 '불교佛敎' 역시 그러하다. 이 단어는 한자 문화권에서 오래전부터 등장했지만 그 의미는 주로 '붓다의 가르침', '승가의 가르침'이었다. 불교가 전통을 가진 하나의 종교로 여겨지게 된 것은 서양의 '릴리전religion'에 해당하는 일본의 역어 '종교宗敎'와 그 개념이 통용된 근대 이후이다. 따라서 우리가 불교를 여러 종교 중 하나, 한국에 존재해 온 옛 전통으로 생각하는 관념은 사실상 오래 되지 않은, 근현대의 생각인 것이다. 그렇기에 불교에서는 문자 어언文字語言을 상相이라 하며 여기에 매이지 말 것을 강조하였다. 그렇다고 해서 언어를 사용하지 않을 수는 없다. 혜능惠能 스님도 『단경壇經』에서 문자를 쓰지 않는다는 뜻이 말을 하지 않는다는 것이 아님을 말씀하셨다. 오히려 언어와 같은 상대되는 법對法을 바로 알고 써야 양극단에 빠지지 않을 수 있다고 하셨다. 따라서 어떻게 불교를 새로이 볼 수 있는지, 굳어진 관념을 풀 수 있는지에 대한 유연한 사유를 통해 언어의 한계를 넘어 인식을 확장해 나갈 수 있을 것이다.

'불교'라고 하면 고구려 시기 한반도에 들어와 1,700여 년간 이어져온 오래된 전통을 떠올리기 쉽다. 하지만 1,300년 가까이 기독교를 바탕으로 성장한 서양에서 불교는 근대에 이르러서야 발견된 사상 체계였다. '부디즘Buddhism'은 창시자 '붓다Buddha'에 교리, 체계, 실행 등을 의미하는 '이즘-ism'을 더해 19세기에 만들어진 신조어였다. 물론 여기에는 당시 서양인들이 종교나 동양에 대해 가지고 있던 다양한 관념이 녹아 있었다. 중요한 것은 이처럼 새롭게 등장한 '부디즘'이 산업혁명 이후 급변해가는 유럽에 대해 철학자들이 질문을 던지고 답을 내놓는 데 상당한 기여를 했다는 사실이다. 근대 서양 사상에서 빠질 수 없는 니체와 쇼펜하우어 등의 저서가 그 대표적인 예이다. 이제 우리는 제4차 산업혁명이라는, 또 다른 혁명을 맞이하여 나아가고 있다. 근대인의 삶에 불교가 그러했듯이 현대인의 삶에서도 불교가 하나의 길잡이가 될 수 있다. 이것이 바로 필자가 '부디즘'을 표제로 단 이유이다. 'AI 부디즘'이라는 말은 AI를 통해 불교를 단순히 종교나 전통으로만 보지 않고 지금 이 자리에서 새롭게 발견되고 발전될 수 있는 삶의 양식이라는 점을 가리킨다. 즉 불교란 옛 가르침에 머무는 것이 아니라 급변하는 우리 삶의 구체적인 경험을 해석하고 나아갈 길을 안내하는 동반자와 같은 가르침이라는 뜻이다.

AI는 1956년 만들어진 신조어 'Artificial Intelligence'의 약어이

다. 각각 '인공人工'과 '지능知能'으로 번역되는 이 두 단어에도 상상의 폭을 넓힐 여지는 얼마든지 있다. 'artificial'은 자연적으로 일어난 것이 아니라 인공 눈물, 조명, 조화造花 등 인간이 만들어낸 것들을 가리킬 때 사용되는 말이었다. 'intelligence'는 무언가를 이해하고 깨달을 수 있는 고차원적인 마음을 뜻했다. 두 단어의 결합은 무척이나 흥미롭다. 높은 수준의 마음인 지능은 인간이 가지고 있는, 인간의 특성이라 할 수 있다. 그 지능이 인간의 손에 의해 만들어지고 있다. 역사상 처음으로 우리가 만들어낸 것이 우리 곁에서 우리와 영향을 주고받는 시대에 놓여 있는 것이다. 잘 알려져 있듯이 불교는 마음이라는 주제에 대하여 가장 오랫동안 심도 있게 탐구해 온 가르침 중 하나이다. 그렇기에 제4차 산업혁명 시대, 인공지능과 살아가는 우리에게 불교는 중요한 이야기를 들려줄 수 있고, 또 이를 통해 불교 역시 시대와 함께할 수 있을 것이다. 특히 불교는 AI를 기술 분야로만 여겨왔던 기존의 관념을 깨고 사유를 확장시키는 데에 기여할 수 있다. 그 역할을 좀더 분명히 밝히기 위해 필자는 AI를 세 가지 뜻으로 나누고 각각의 방향에서 AI와 불교를 말하고자 한다.

1. "Artificial Intelligence Buddhism"
인공지능 불교

일반적인 의미 그대로 인공지능 기술과 불교를 접목하면서 그 공통 기반과 융합 가능성을 모색한다. 가장 넓은 범주에서 보편적인 논의가 가능한 여러 주제들을 다루며 새로운 질문을 제기하고 탐구 영역을 넓히려는 시도이다.

2. "Anima Interaction Buddhism"
교감, 소통하는 인공지능과 인간을 불교적으로 이해하기

라틴어 'anima'는 영혼, 마음이라는 뜻이다. 고대부터 인간의 마음에는 나무, 돌, 동물 등 특정한 대상에 아니마를 부여하며 의인화하는 경향이 있었다. 현대인 역시 인공지능에 대하여 유사한 태도를 가진다. 인간이 인공지능을 자신과 연관된 개체로 여기고 정서적으로 교감하려는 경향을 불교적 관점에서 해석하고, 앞으로 겪게 될 문제들에 대비한다.

3. "Animated Interdependence Buddhism"
상호 의존하는 인공지능과 인간을 불교적으로 이해하기

인간은 인공지능에 감정을 부여해 생명력을 불어넣는다. 그러면서 인간 역시 그 인공지능에 감정의 자극을 받고 일으키며 인간으로서의 생명력을 가지게 된다. 주고받는 마음에서 인간과 기계, 기계와 기계들은 상호 의존하는 관계에 놓인다. 인간이 환경과 주·객체의 구분 없이 중층적인 관계를 맺게 된 현재는 그 어느 때보다 무상無常과 연기緣起로 이루어진 세계를 잘 보여준다. 그 안에서 인간이란 무엇이며 삶이란 어떠한 것인지 불교적 관점에서 새로운 통찰을 제시할 수 있을 것이다.

AI 시대의 변화를 포착하고 이해할 수 있는 세 가지 불교적 분석 틀을 제시해 보았다. 물론 이 외에도 다양하고 새로운 관점들이 가능할 것이다. 다만 'AI 부디즘'이라는 키워드를 통해, 우리가 AI 시대를 막연한 상상이 아닌 일상으로 받아들이고, 어떤 시선과 태도로 살아가야 하는지 선택하는 데 도움이 되었으면 한다.

목차

1부

인공지능에도
불성이 있나요?

'제4차 산업혁명 시대'라는 시절인연

"모든 로마인들은 노예에게 둘러싸여 있었다. 노예와 노예들의 심리가
고대 이탈리아에 흘러넘쳤고 로마인은, 물론 부지불식간이긴 하지만,
내면적으로 노예가 되어버렸다. 언제나 노예들의 분위기 속에서
생활했기 때문에 무의식적으로 그들의 정신세계에 젖어든 것이다.
이 같은 영향으로부터 자신을 방어할 수 있는 사람은 아무도 없었다."

카를 구스타프 융, 『분석심리학 논고』 중에서

모든 것은 변화한다

코로나 팬데믹 속에 벌써 두 번째 가을이 왔다. 세계보건기구 통계
로 2021년 9월 기준으로 세계에서 465만 명 이상이 목숨을 잃었다고
한다. 백신 접종이 진행된다고는 하나 이마저도 우리나라를 비롯한 일
부 선진국에나 해당하는 이야기이지 다른 많은 국가들에서는 별다른
대책이 없는 상황이다. 너무나 안타깝고 마음이 아프다. 세간의 고통
에도 무심하게, 곱게 물든 단풍이 처연해 보인다. 최근 코로나 바이러
스의 종식은 어렵지 않겠느냐는 전망이 힘을 얻고 있다. 그래서 '포스
트 코로나' 대신 코로나 바이러스와 공존하는 '위드with 코로나'라는
말도 나왔다. 그런데 현재 우리 삶에 충격으로 다가온 것이 코로나 팬
데믹만은 아니다. 더 은밀하고 가까운 주인공이 있다. 바로 '제4차 산

업혁명'이다. 이미 우리는 커다란 변화 속에 있었다고 해도 과언이 아
닐 것이다. 속된 말로 "엎친 데 덮친 격"이라고나 할까? 인공지능 기
술의 혁신으로 대표되는 이 '제4차 산업혁명'이라는 대변혁이 진행되
는 와중에 코로나 팬데믹이 덮친 것이다. 소위 '이중 충격Double Shock'
이라고도 표현한다. 전문가들은 이 코로나 팬데믹이 제4차 산업혁명
의 도래를 최소 5년 이상 앞당겼다고 분석하기도 한다. 역설적이다. 코
로나 팬데믹이 오히려 모든 기술의 발전뿐만 아니라 사회 시스템을 멈
춰서게 만들었다고 생각하는 것이 일반적일 텐데 말이다.

　"모든 것은 변화한다"라는 것은 붓다가 깨달은 '제행무상諸行無常'의
도리이기도 하다. 이 변화가 고통을 안겨주고 있거나 안겨줄 것이 예
상된다면, 오늘 우리는 어떻게 해야 할까? 어떤 시선과 관점으로 이
대변혁의 시대를 바라봐야 할까? 이 책을 접하는 독자들 중에는 과학
기술, 그것도 최첨단인 인공지능을 웬 스님이 이야기하고 있느냐고 생
각하는 분들도 있을 것이다. 상징적이긴 하지만, 바로 그 어울리지 않
음 또는 낯설음이 바로 현재 우리 불교와 세상의 변화와의 차이, 혹은
간극이라고 할 수 있다. 어쩌면 우리 불교는 이 변화를 놓치고 있는지
도 모른다. 이 산에 살고 있는 산승의 눈에 비친 현재의 변화는 어떤
모습일까? 나와 인공지능과의 인연은 20여 년 전, 가야산 해인사승가
대학 지대방으로 거슬러 올라간다.

　⋯⋮　　"인공지능 로봇에도 불성이 있나요?"
　이 물음은 오래전 어느 날, 해인사승가대학 궁현당 지대방에서 도

반 스님들과의 법담 중에 나왔던 나의 엉뚱한 질문이었다. 당시 4학년 졸업반이었던 우리는 다들 졸업논문 주제를 고민하고 있었다. 그때도 그랬지만, 지금도 해인사승가대학을 졸업하기 위해서는 반드시 졸업논문을 제출하고 통과해야만 한다. 대화 중에 인공지능 이야기가 나왔고 인공지능도 깨달아서 부처가 되면 재밌겠다는 농담에, 그렇게 되면 인공지능이 우리보다 낫다며 다 같이 웃고 떠들었다. 한참을 웃다가 문득 '인공지능도 불성이 있을까?'라는 의문이 들었고 바로 졸업논문 주제로 삼아 준비해 보자고 마음먹었다. 하지만, 당시만 해도 인공지능이 요즘처럼 주목받던 때가 아니어서 일반인들이 접할 수 있는 관련 서적은 거의 전무하다시피 했다. 하물며 불교와의 관계에 대한 글은 더욱 찾아보기 어려웠다. 자료 조사도 힘들었고 논문으로 전개해 나가는 것도 힘든 작업이었다. 어쨌든 당시 하안거 해제 방학 내내 도서관에 틀어박혀 쓴 졸업논문이 <인공지능 로봇의 불성 연구: 인간과 기계의 연기성을 중심으로>였다. 우연히 던졌던 그 한 생각이 '제4차 산업혁명 시대'라는 시절인연을 만나게 해준 것 같다. 그리고 이는 내게 화두가 되어 다시 돌아왔다. 이것도 인연이라면 인연일 것이다. 당시에는 그저 호기심에 불과했는데, 지금은 현실이 되어가고 있다. 그 사이에 도대체 무슨 일이 벌어진 걸까? 이제 소박했던 그 질문 하나로 제4차 산업혁명 시대의 무게와 전례 없는 변화 속도를 다 설명하거나 이해할 수는 없다. 이 책은 '제4차 산업혁명 시대'라는 변화를 향해 던지는 다양한 질문들의 장이 될 것이다. 제4차 산업혁명 시대를 관통하는 핵심 가치는 무엇이며, 인공지능을 넘어서 우리가 사유해야 할 것들은 무엇인지 등등에 대한 나름의 대답이기도 하다. 이 책의 상당 부분은 해인사승가대학에서 학인 스님들을 상대로 특강을 한 내용을 재구성한 것이다. 이 책을 통해 부디 경쾌하게 이 시대를 읽어내고 그 변화의 물결을 타면서 즐길 수 있기를 바랄 뿐이다.

⋯⋮⋯　　"미래는 이미 와 있다. 단지 널리 퍼져 있지 않을 뿐이다."

소설 『뉴로맨서Neuromancer』로 유명한 윌리엄 깁슨William Gibson의 말이다. 이 소설에서는 사람의 두뇌와 컴퓨터 통신망을 연결하여 만들어지는 가상 공간이 등장한다. 깁슨은 이를 '사이버 스페이스Cyber space'라고 했다. 이 소설에서 처음 등장한 '사이버 스페이스'는 현재 우리에게 매우 익숙한 용어이다. 이처럼 기술과 관련된 새로운 단어들은 매체를 통해 널리 알려지고 수용된다. 그리고 최근에는 제4차 산업혁명과 관련한 정보와 논의가 폭발적으로 증가하고 있다. 딥러닝Deep Learning, 유전자가위 기술, 자율주행 자동차, 가상·증강현실 구현 기술, 3D 바이오 프린팅 기술, 블록체인, 사물인터넷 등등 새롭고 생소한 단어들이 하루가 멀다 하고 쏟아져나오고 있다. 그리고 이 단어들이 언급될 때마다 등장하는 공통된 키워드는 '제4차 산업혁명'이다. 도대체 제4차 산업혁명이란 무엇이고, 어디서 온 것일까. 그 시작은 이렇다.

2016년, 스위스의 아름다운 작은 휴양지인 다보스에서 세계경제포럼이 열렸다. 그 자리에서 포럼의 회장인 클라우스 슈바프Klaus Schwab는 "제4차 산업혁명이 이미 도래하였다."고 하며 해당 용어를 처음 언급한다. 이 개념이 허구에 지나지 않는다는 반론도 만만치 않았다. 물론 지금도 그렇다. 그러나 2019년의 다보스 포럼 의제는 '세계화 4.0: 4차 산업혁명 시대의 글로벌 구조 형성'이었다. 이례적으로 같은 주제를 3년 만에 다시 제시한 것이다. 흥미로운 사실이다. 당시에 이미 세계 경제의 지도자들은 사실상 제4차 산업혁명 시대로의 진입을 인정하고 그 영향을 고민하기 시작했던 것이다.

융합과 초超연결, 탈경계

그러면 제4차 산업혁명이라는 것은 도대체 무엇일까? 이에 대해서는 학자들의 의견이 분분하다. 그중에서 개인적으로 가장 설득력 있는 정의를 소개한다. 글로벌 혁신가로 유명한 닐 거센펠드Neil Gershenfeld에 따르면 '원자로 이루어진 물질 세계, 즉 아톰Atom으로 이루어진 현실 세계를 구성하는 정보의 총량과 인터넷 세계, 즉 비트Bit로 이루어진 가상 세계를 구성하는 정보의 총량이 대등한 수준 또는 일치하는 세상으로 변화해 가는 것이 제4차 산업혁명 시대'라고 정의한다. 이것을 가상과 현실 세계의 융합 또는 'O2OOnline to Offline 융합'이라고도 한다. 현실 세계에 물리적으로 실재하는 것과 온라인 공간의 데이터 및 소프트웨어를 실시간으로 통합하는 시스템을 통틀어 지칭하는 말이다. 제4차 산업혁명 시대에는 이 'O2O 융합'이 보편화할 것이라고 한다. 현대인들이 전통적인 일상, 즉 가족이나 친구들과 대화하고 운동하며 놀러다니는 시간보다 게임이나 SNS 등을 통해 온라인상의 공간에 머무는 시간이 더 늘어나는 추세를 생각해 보면 이해가 될 것도 같다. 사실상 인터넷 공간은 이미 하나의 세계로 인식되고 있다. 가상 공간과 현실 공간의 경계가 모호해지는 것을 넘어 탈脫경계의 수준으로 진입하고 있다. 마치 『장자莊子』에 나오는 '호접지몽胡蝶之夢' 같다. 어느 날 장주가 꿈을 꾸었다. 꿈에서는 나비가 되어 꽃들 사이를 날아다녔다. 그러다 문득 깨었더니 자기는 장주가 되어 있었다. 그는 도무지 알 수 없었다. 장주가 나비 꿈을 꾼 것인지, 아니면 나비가 장주 꿈을 꾼 것인지. 가상 공간과 현실 공간의 탈경계는 이와 유사하다. 꿈과 현실의 구분이 사라진 듯한 상즉상입相卽相入의 상태인 것이다.

모든 것은 변화한다

이것이 예고된 미래라고 하든, 혹은 우리 곁에 이미 다가온 현재라고 하든 상관없다. 그러나 우리가 이 변화에 관심을 가져야 하는 이유는 무엇일까? 특히 붓다의 가르침을 믿는 불자들의 경우 말이다. 무엇보다도 제4차 산업혁명 시대에는 이전의 변화와는 본질적으로 다른 상황들이 전개될 것이다. 전통적인 이해 방식으로는 이 변화를 이해하기가 어렵다. 새로운 분석틀 속에서 새로운 관점이 필요하다. 구체적인 예를 들어보겠다. 첫 번째로는 생로병사生老病死라는 고통에 대한 기본적 이해가 근본적으로 흔들리고 있다는 것이다. 최근에는 급기야 생명공학 기술로써 죽음을 정복할 수 있다는 주장까지 등장하고 있다. 구글Google은 실제로 인간이 500살까지 사는 프로젝트를 위해 '구글벤처스Google Ventures'를 설립했다. 또한 현재 최고의 과학 기술로 평가받는 유전자가위 기술을 통해 출생 이전에 유전자 정보를 교정해서 선천적 질병에 대한 발병 우려를 사전에 차단하는 일이 가능해지고 있다. 이 기술들이 결국 새로운 인공생명을 탄생시키게 된다면, 기존의 인간 생명에 대한 가치와 존엄성마저 위협하게 될 것이다. 이쯤 되면 인간 이라는 개념이 재정립될 필요성 또한 제기된다.

　두 번째는 융합과 탈경계, 초연결을 표방하는 제4차 산업혁명 시대 의 변화 양상과 방향성이 불교의 연기법과 상통한다는 점이다. 인공 지능 로봇의 등장과 진화는 인간에 의존하고 있으며 인간 역시 인공 지능 로봇과 상호 의존하는 관계이다. 인공지능의 문제는 곧 인간의 문제이고, 인간의 문제 역시 인공지능 로봇의 문제가 될 것이다. 인간 의 편의를 위해 만든 인공지능 로봇의 습성과 패턴이 인간들의 생각과 습관에 영향을 주게 될 수 있다는 말이다. 이때, 연기법緣起法을 핵심 교 리로 삼는 불교의 다양한 아이디어들이 초연결의 방향을 제어하고 새 로운 해석의 여지를 열어주는 역할을 할 수 있을 것으로 기대한다.

　세 번째는 이 변화가 인간의 고통으로 귀결될 여지가 있기 때문이 다. 즉 인공지능과 로봇 기술의 실용화로 인한 대량 실업과 인간 소외, 정보 접근의 불평등, 양극화 등이 우려된다. 불교는 싯다르타 태자의 고통에 응시로부터 시작되었다. 인류의 오랜 전통 중에서 불교만큼 인 간의 마음에 주목하고 천착해온 전통도 흔치 않을 것이다.

　『아비달마구사론阿毘達磨俱舍論』과 유식唯識으로 대표되는, 마음에 대 한 정교하고 치밀한 분석과 체계화는 이 점을 잘 보여준다. 불교의 마 음에 대한 고유한 지적 전통이 현대 사회가 마주하게 된 새로운 고통 에 대해 의미 있는 통찰을 가능하게 만들 것이다.

　　마지막으로, 인공지능을 넘어서 마음의 힘과 사유의 힘이 더욱 절실해지는 시대이다. 붓다는 "천상천하 유아독존"이라고 말씀하셨다. 이 세상에 자신의 존재보다 존귀한 것은 없다는 말씀이다. 다가오는 미래는 데이터 기술로 모든 것이 대체될 수 있는 세상이다. 그 속에서 인간은, 생명은 어떤 의미가 있고 어떻게 생존할 수 있을까. 나를 인공지능 로봇이 대신해도 상관없을까? 하나하나 생명의 소중함을 다시금 생각해 보지 않을 수 없다.

　　결국 인간이다. 인간의 마음이고 사유다. 인간의 이기심과 인공지능을 넘어서 공존과 상생을 받아들일 수 있는 '자비'라는 마음의 힘이 더욱 중요해질 것이다. 또한 인간에 대한 통찰과 오래된 철학적·종교적 질문들이 이 시대에 다시 살아나고 고전들이 새로운 관점에서 다시금 읽히면서 새로운 문화 르네상스가 일어날 수도 있다. 마치 페스트pest라는 역병에서도 르네상스가 꽃을 피웠던 유럽처럼 말이다. 르네상스는 문자 그대로 재생再生, rebirth을 뜻한다. 오래된 껍질을 버리고 새로운 나로 거듭 새롭게 태어날 기회는 그 어느 때보다 우리 앞에 더 크게 펼쳐져 있다. 당신은 이 시대에 어떤 질문을 던질 것인가? 나의 질문은 이렇다. "인공지능 로봇에도 불성이 있나요?"

또 다른 인공생명, 포스트 휴머니즘 시대의 불교

> "삶은 덧없고 목숨은 짧으니,
> 늙음을 피하지 못하는 자에게는 쉴 곳이 없네.
> 죽음의 두려움을 꿰뚫어 보는 사람은
> 세속의 자양을 버리고 고요함을 원하리."
>
> 『쌍윳따 니까야』「갈대의 품」 중에서

⋯⋮⋯ **"당신은 보수입니까, 진보입니까?"**

종종 이런 질문을 받아본 적이 있을 것이다. 이런 질문에는 대답 이전에 왠지 긴장부터 되기 마련이다. 서로 눈치를 살피기도 한다. 경제적 수준, 출신 지역, 학력 수준 등등 관련 있어 보이는 모든 데이터까지 순간적으로 탐색하게 된다. 대답하기 쉽지 않다. 차라리 세련되게 즉답을 피할 방법을 찾기 시작한다. 왜 이럴까? 자신의 정치적 성향을 밝힌다는 것은 일종의 자기 고백이다. 그래서 민감해질 수밖에 없다. 사실 보수와 진보의 대립은 상대적인 개념이다. 그것은 사회 전반적 맥락에서 결정되는 것이다. 그런데, 이 고전적 의미의 정치 지형이 제4차 산업혁명 시대를 지나면서 변화를 맞게 된다고 한다. 종전과 같은 기준이 아니라 새로운 관점이 등장하는 것이다.

생체보수주의 vs 기술진보주의

미래의 정치적 진보와 보수의 기준은 인간의 신체와 과학 기술의 관계에서 결정된다고 한다. 나의 몸이 과학 기술을 얼마나 받아들일 수 있는지가 기준이 되는 것이다. 매우 흥미롭다. 다시 말해서, 첨단 과학 기술과 인체와의 결합에 어느 정도까지 관대할 수 있는지의 문제다. 결국 생체보수주의자와 기술진보주의자의 대립, 이것이 미래의 정치 구도이다. 기술진보주의자들의 입장은 인간의 지능 향상을 위해 유전자 조작도 받아들일 수 있다는 생각이다. 반면에 생체보수주의자들은 과학 기술의 무분별한 수용은 인간을 기계화시키는 것이라며 반대한다. 이 주제를 말하는 이유는 앞으로 다루게 될 모든 주제를 관통하면서도 일관되게 제기될 문제의식을 담고 있기 때문이다. 우리 주변에 인공지능을 비롯한 첨단 과학 기술이 가득하고 우리는 그 속에서 살아가겠지만, 그 인공지능 너머와 이면을 바라볼 수 있도록 하는 화두와도 같은 물음인 것이다.

이 아기는 영원히 건강하고 행복할 거예요, 맞춤형 아기

생체과학 기술과 인공지능 기술은 어디까지 발전하게 될까? 이제 인간은 어느 수준까지 첨단 과학 기술을 수용하여 생명을 유지·존속하는 것을 허용할 것인가, 또 유전자 복제와 변형·조작 기술을 어느 선까지 수용할 수 있는가, 그리고 그 허용 기준은 무엇이어야 하나를 고민하기 시작했다. 불자들에게 이 새로운 논쟁이 더욱 중요한 이유는 이 기준의 이면에 생로병사라는 인간의 실존적 한계이자 불교의 고통에 대한 이해 체계가 흔들릴 수 있기 때문이다. 제4차 산업 시대의 변화는 불교뿐만 아니라 자칫 인간다움에 대한 전통적 신뢰와 보편적 가치 기준에 심각한 도전이 될 수 있다. 여기 흥미로운 예가 있다. 지난 2011년 재생의학계의 권위자인 앤서니 아탈라Anthony Atala는 세계 최초로 생체 물질을 소재로 한 3D 프린터 기술을 통해 사람의 방광과 신장을 만들어 이식에 성공했다. 이렇게 인간의 장기를 새로 만들어 지속해서 교체할 수 있다면 장기 질환으로 인한 사망 가능성은 대폭 줄어들 것이다. 인간이 생물학적 나이는 먹지만, 노화로 인한 노쇠는 없게 되는 것이다. 인간은 이제 수명 연장을 넘어서 어쩌면 영생을 꿈꾸게 될지도 모른다.

또 다른 예가 있다. 지난 2016년, 하버드대학교의 유전학자인 조지 처치George Church는 한발 더 나아가 10년 이내에 새로운 인간 세포를 만들어 완전히 새로운 인간 게놈을 창조해 내는 계획을 발표했다. 이 계획이 놀라운 이유는, 인류가 이제 인간 게놈을 판독하는 단계를 넘어서 역으로 인간 게놈을 새로 구축하고 그 합성을 시도하는 것이기 때문이다. 다시 말해 부모 한쪽이 없어도 아기를 인위적으로 만들어낼 수 있다는 의미다. 그리고 급기야 지난 2018년, 중국 선전 남방과학기술대학교의 허젠쿠이賀建奎 교수는 유전자 편집 기술을 이용해 에이즈 바이러스에 감염되지 않도록 특정 유전자를 제거한 쌍둥이를 출산하는 데 성공했다. 영화 〈가타카Gattaca〉 속에 등장하던 '맞춤형 아기Designer Baby'가 실제로 탄생한 것이다. 당시에도 이 연구에 대해 윤리적 비난이 거세게 일었는데, 최근 별도의 검증 작업을 통해 해당 연구의 문제점이 제기되고 있다. 그리고 중국 법원은 인간을 대상으로 한 이 같은 연구는 실정법 위반이라며 허젠쿠이 교수에게 징역 3년형과 벌금을 선고했다. 이러한 흐름 속에서 전문가들은 올 것이 왔다는 분위기다. 아직 미국을 비롯한 대부분 국가에서는 이 같은 연구와 시도를 금지하고 있다. 허젠쿠이 교수는 누군가는 시작했어야 할 일이라고 소신을 밝히기도 했다.

<가타카>가 던지는 질문

두 명의 형제가 있었다. 한 아이는 자연적으로 출산한 아이 빈센트였고, 그의 동생은 시험관 수정을 통해 완벽한 유전인자를 가지고 태어난 안톤이었다. 사실 이 두 형제의 어머니는 빈센트의 DNA 검사를 통해 아이의 미래를 예측했다. 그들의 어머니는 첫째인 빈센트가 심장질환이 있을 것이며, 범죄자가 될 가능성이 있고, 31살에 사망하게 되는 유전형질을 타고났다는 사실에 좌절한다. 그래서 동생 안톤은 자연잉태가 아닌 우성 유전인자 조합, 즉 인위적인 유전자 조작을 통해 출산하게 된다. 둘이 성장하면서 능력의 차이가 현저하게 드러난다. 형 빈센트는 동생 안톤보다 열성 유전인자를 갖고 있음에도 불구하고 우주 비행사가 되는 꿈을 갖고 있다. 하지만 항공우주 회사인 '가타카'는 채취한 혈액으로 DNA를 분석하여 빈센트가 열성인자를 지니고 있음을 확인하고 우주 비행에는 부적격이라는 판정을 내린다. 빈센트가 할 수 있는 모든 노력을 다했음에도 말이다. 그러나 빈센트는 포기하지 않는다. 결국 브로커를 통해서 우성 유전자를 갖고 있으나 사고로 장애인이 된 제롬과 인연이 닿게 되고, 제롬의 혈액과 소변을 자신의 것으로 바꿔치기하여 가타카에 입사할 수 있게 된다. 흥미로운 점은, 우성 유전자들만이 훈련받고 있는 가타카 내에서도 열성 유전자를 가진 빈센트가 가장 최고의 능력을 보였다는 사실이다. 이 이야기는 영화 〈가타카〉의 줄거리 일부이다.

〈가타카〉는 영화 제목이자 빈센트가 그토록 입사하고 싶어했던 회사 이름이기도 하다. 이 명칭에 사용된 영문 알파벳은 총 4개로 G, A, T, C다. 언뜻 보면 의미 없어 보이는 이 4개의 알파벳은 바로 DNA 염기서열을 이루는 네 가지 기본 단위인 Guanine(구아닌), Thymine(티민), Adenine(아데닌), Cytosine(시토신)을 말한다. 기본적으로 생명체의 DNA를 구성하는 것은 이 네 가지 기본 단위가 어떻게 조합되느냐에 따라 달라진다. 컴퓨터 디지털 세계를 구성하는 것이 이진법에 기반한 0과 1이라면 생명은 G, A, T, C로 이루어져 있다고 할 수 있다. 흥미로운 점은 영화의 제목부터가 20여 년 후인 현재의 변화를 예견한 듯하다는 것이다. 유전자에 의해 이미 운명이 예견된 채 자연 잉태된 인간과 정교하게 설계된 유전자의 조합을 통해 태어난 인간 사이의 차별점이 무엇인지를 깊이 생각하게 한다. 과연 유전자 조작으로 태어난 이들을 고유한 의미의 인간으로 볼 수 있을까. 볼 수 없다면 그 근거는 무엇일까. 그리고 과학이라는 이름으로 진행되는 이러한 생명 조작 기술들이 범죄가 아닌 과학이 되는 기준은 무엇일까. 다양한 의문과 우려 속에 기술은 이미 우리의 상상을 뛰어넘고 있다. 사실상 과학은 무한 질주하는 폭주 기관차와 다를 바 없다.

여기서 다시금 같은 질문을 반복하게 된다. 제4차 산업혁명 시대, '무엇을 할 수 있을까?'를 고민할 때가 아니라 과연 정말 '해야 하는가?'를 고민할 시점이다.

유전자 조작, 그 '파괴적 혁신'

불교는 기본적으로 신神과 영혼의 존재를 인정하지 않는다. 윤회의 주체라고 상상할 수 있는 신이나 영혼, 자아 등 고정불변의 것이라고 여겨지는 것들은 일종의 허구 또는 유용한 개념 도구 정도로 이해된다. 그렇다면 영혼을 인정하지 않는데 어떻게 윤회가 가능한 것일까? 윤회에는 두 가지 관점이 있다. 생명체 안에 고정적이고 소멸하지 않는 윤회의 주체가 있는지에 따라 유아有我윤회와 무아無我윤회로 나뉜다. 불변·불멸하는 진아眞我, 아트만ātman을 인정하는 힌두교와는 달리 불교는 무아윤회의 입장이다. 즉 고정적·확정적 실체는 없고 다만 업業에 의해 윤회가 진행된다는 것이다. 불교에서의 업을 유전자와 동일시하는 것은 지나친 단순화일 것이다. 많이 양보해서 만약 여기서 업을 생명공학에서 말하는 일종의 유전자와 유사한 역할 혹은 체세포 DNA와 동일시하는 견해에서 본다면, 윤회를 업의 자기 복제라고 볼 수도 있다. 물론 그러한 관점에 선다는 전제에서다. 무아윤회에 의한다면 개체들은 저마다의 생명 정보를 복제하는 흐름을 지속하고 있는 것이라고 표현할 수도 있을 것이다. 이 과정이 바로 '윤회'다.

┈┆┈ 유전자가위, 업의 고리를 자르다?

여기서 문제는 유전자가위 기술로 대표되는 인위적 유전자 조작의 경우, 업에 대한 정보를 저장하고 있는 체세포 DNA에 인간이 직접 개입하여 외부에서 복제에 관여한다는 점이다. 유전자가위 기술은 유전체에서 원하는 부위의 DNA를 정교하게 잘라내는 기술이다. 따라서 업의 작용과 흐름을 교란하게 되는 것이다. 달리 말하면 생체 정보의 흐름을 인위적으로 차단하여 업의 성숙을 억제 내지는 제거하려는 시도라고 볼 수 있다. 결국 이미 외부적 기술에 의해 조작된 업의 흐름 속에서는 인욕바라밀忍辱波羅蜜처럼 스스로 고통을 극복하려는 노력은 무의미해진다고 볼 수 있다. 윤회의 사슬을 끊어보겠다는 발심 등 인간 본연의 의지를 기대할 수도 없다. 기술은 첨단을 향하고 있는지 모르겠으나 인간의 정신은 퇴행 · 퇴화하고 말 것이다. 계속해서 고치고 조작해서 끊임없이 죽고 살고를 반복하든 영원히 살아가든 어차피 윤회의 굴레인 것이다. 붓다의 가르침 속 어디에서도 윤회를 미화하진 않는다. 오죽했으면 일체개고一切皆苦라고 하셨을까. 그리고 인간이 살아가면서 겪는 고통이 어디 육체에서 오는 고통만일까. 윤회의 삶을 추구할 것인지, 깨달음의 삶을 살 것인지 매 순간 선택의 연속이다. 무상無常의 서늘한 칼날을 피할 곳은 없다. 새롭게 등장한 유전자가위 기술은 우리의 생로병사에 대한 소박한 이해마저도 여지없이 베어버릴 것이다.

새로운 인류의 등장,
트랜스 휴머니즘에서 포스트 휴머니즘으로

······ "나는 디지털 세계에서만 존재하는 인간입니다."

과학 기술이 종전에는 자연을 대상으로 삼아 인류를 위해 봉사했다면, 현재는 인간을 대상으로 할 뿐만 아니라 심지어 재료로 활용하고 있는 시대로 접어들고 있다. 최근에 자주 등장하는 개념인 '트랜스 휴머니즘Trans Humanism'은 나노 기술, 생명공학, 인지과학, 인공지능 등을 이용해 인간의 능력을 증강 또는 개량하려는 일련의 흐름이다. 상당수의 미래학자는 현재의 인류가 이 트랜스 휴머니즘 시기를 지나면 종국에는 현재의 순수한 생물학적 인류가 사라지고 모든 인간이 첨단 과학 기술과 결합한 '포스트 휴머니즘Post Humanism' 시대가 도래할 것이라고 예견한다.

휴머니즘이 발전된 형태를 '트랜스 휴머니즘'이라고 할 수 있겠다. 휴머니즘은 '인간이란 무엇인지를 성찰하고 진정한 의미의 인간이 되도록 노력을 통해 향상시켜야 한다'는 이념이다. 여기서 '트랜스'는 초월한다는 뜻이다. 트랜스 휴머니즘은 첨단 기술을 이용하여 원래 상태의 인간 능력을 점차 향상 또는 극대화시켜서 결국에는 '완벽하고 이상적인 인간'에 이르도록 하는 것을 목표로 한다. 예를 들면 신체에 칩을 삽입해서 면역 기능을 향상시키거나, 자신의 건강 상태를 실시간으로 검사할 수 있도록 하는 것이다. 여기에 문제가 있다. 원래 휴머니즘은 단순히 완벽한 인간을 추구하는 것이 아니라 '자율성'을 갖춘 인간의 발전을 중요시한다. 반면 트랜스 휴머니즘은 철저히 기술에 의존한다. 자율성은 사라지고 기계에 종속된 인간이 되어버리는 것이다.

포스트 휴머니즘은 트랜스 휴머니즘보다 좀더 과격하다. 포스트 휴머니즘은 육체를 '인간을 구속하는 감옥' 정도로 여긴다. 그리고 인간을 보잘것없는 육신에서 해방시키고 새로운 하드웨어로 옮기려고 한다. 영화 〈트랜센던스Transcendence〉를 예로 들어보자. 주인공 윌은 천재 과학자로 인공지능 전문가이다. 그가 심혈을 기울여 완성을 목전에 둔, 인간의 능력을 월등히 뛰어넘는 슈퍼컴퓨터의 이름이 바로 '트랜센던스'이다. 기술의 발전이 인류를 멸망으로 이끈다는 반과학 집단에 공격당한 윌은 신체 기능이 전혀 작동하지 않는 상태에 빠지게 된다. 급기야 그는 슈퍼컴퓨터로 마음을 복사해서 생존을 이어나가려는 시도를 한다. 이를 소위 '마인드 업로딩'이라고 한다. 물론 그 전제는 인간의 마음도 모두 디지털 데이터로 만들 수 있다는 것이다. 어쨌든 윌은 자신의 마음을 슈퍼컴퓨터에 업로드해서 죽지 않고 영원히 살기를 열망한다. 육체의 한계를 기술을 통해 극복하려는 시도이다. 이 포스트 휴머니즘을 지향하는 사람들은 트랜스 휴머니즘조차 포스트 휴머니즘으로 가기 위한 중간 단계 정도로 여긴다.

이 모든 이야기가 아직은 잘 와닿지 않을 수도 있다. 그저 영화 속

이야기라고 생각할 수도 있다. 하지만 과학 기술의 혁신은 거의 파괴적 수준으로 기존 이해방식의 구조를 바꿔놓고 있다. 만약 이런 생명체들이 우리 주변에 있다면 같이 살아갈 수 있을까? 최근 코로나 팬데믹으로 인해 미국이나 유럽 곳곳에서 인종혐오 범죄가 끊이질 않고 있다. 세상은 빠른 속도록 변화하고 어쩌면 인간과 다른, 혹은 변형된 인간종과 공존해야 할 시간이 그리 멀지 않았는지도 모른다. 과연 우리는 준비가 되어 있을까? 같은 인간끼리도 온갖 분별과 차별로 증오를 부추기고 있는데 말이다.

변화의 물결과 불교

그렇다면 이 시대의 불교는 생체보수주의와 기술진보주의라는 보수와 진보의 구도에서 어디쯤 위치할까? 미리 종교적 감성으로 예단할 필요는 없다. 일단 불교는 인간의 자유의지를 중시한다. 동기주의라는 관점에서 본다면, 치료 목적으로 인간의 능력을 증대시켜가려는 의지와 노력에 우호적인 기술진보주의에 가깝다고 할 수 있다. 그러나 인간을 새롭게 개량하고 복제하려는 시도가 새로운 윤회의 지속, 또는 고통의 재생산 및 확대로 귀결된다는 측면에서 본다면 불교 내에 생체보수주의 측면도 만만치 않게 존재하고 있다. 당신은 보수주의자인가, 아니면 진보주의자인가?

유전자가위 기술과 불교

····⋮···· 완벽하게 만들어드립니다

"세상에 완벽한 사람이 어딨니?" 이런 말을 들어본 경험이 한 번쯤 있을 것이다. 배우자나 연인의 성격이나 외모에 대해 아쉬운 점을 푸념하면 주변 사람들은 이렇게 위로한다. 사람들은 대개 자신의 짝은 머리 좋고, 키 크고, 날씬하며, 머리숱도 많고, 성격도 자상하기를 바란다. 이루 헤아릴 수 없을 정도로 많은 기대와 희망을 품는 것이다. 저마다의 기준은 상대적이겠지만, 불완전이 주는 불안 때문인지 몰라도 사람들은 끊임없이 완벽한 사람 또는 완벽한 이상형을 추구한다. 하지만 대개의 경우, 기대와 달리 그 바람은 냉혹한 현실에 부닥쳐 희망사항으로 끝나기 마련이다. 그런데 최근 놀라운 일이 벌어지고 있다. 완벽함을 바라는 것이 더는 꿈이 아닌 세상이 되어가고 있다. 바로 '유전자가위 기술'이 등장했기 때문이다.

제4차 산업혁명이라는 거대한 변화는 단지 인공지능 기술에만 국한된 것이 아니다. 생명공학 기술은 나날이 발전을 거듭하고 있으며 급기야는 인간 유전자 편집 기술까지 탄생시켰다. 과거에는 인간의 유전적 질병에 대해 속수무책이었다. 그저 숙명으로 받아들일 수밖에 없었다. 하지만, 이제는 유전자가위 기술을 통해 비정상적인 유전자를 치료할 수 있게 되었다. 대표적으로 '크리스퍼CRISPR, Clustered Regularly Interspaced Short Palindromic Repeats' 기술은 비정상 유전자를 잘라내고 정상 유전자를 붙여넣는 방식이다. 아시다시피, 인간의 염색체는 이중 나선형 구조로 이루어져 있다. 그 생김새가 마치 바지 지퍼를 여러 겹으로 느슨하게 살짝 비틀어 꽈배기처럼 꼬아놓은 형태라고 보면 된다. 만약 우리 옷에 달려 있는 지퍼가 고장난다면, 그 이빨이 나간 부위만 잘라내고 새 지퍼 조각을 짜깁기하면 된다. 마찬가지로 유전자가위 기술도 이같이 상상하면 이해가 쉽다. 즉 비정상 유전자 부위를 정확하게 찾아내어 그 부위만을 정상 유전자로 끼워넣으면 되는 것이다. 매우 간단해 보이지만, 이 기술도 하루아침에 개발된 것은 아니다. 이전 세대에서도 유전자가위 기술은 존재했으나 DNA를 선택적으로 절단할 수 있을 정도로 정교하지 못하다는 점이 문제였다. 현재의 '크리스퍼-카스9CRISPR-Cas9' 기술은 교정하기를 원하는 DNA만을 정확하게 찾아서 선택적으로 잘라낼 수 있다는 점에서 획기적이라고 할 수 있다. 한마디로 정확도에서 비약적 성장을 이뤄낸 것이다. 이 기술을 통해 에이즈나 혈우병 등 선천적으로 겪게 되는 유전병을 치료할 수 있는 길이 생겼다. 돼지의 장기에서 DNA를 제거하여 인간에게 이식할 때의 문제점을 해결할 수 있다. 또는 유전병의 원인이 되는 돌연변이를 교정하거나 항암 세포 치료제로도 사용할 수 있다. 물론 이 기술이 혁신적인 것만큼이나 그 그림자도 짙게 드리워져 있다. 이제 DNA

편집을 통한 인간 개조의 시대가 열린 것이다. 어제 우리가 전통적으로 생각했던 그 '인간'은 오늘의 '인간'이 아니다. 그 인간을 미래에도 '인간'이라고 할 수 있을까? 무엇보다도 이 기술을 계속 개발해도 되는 것일까? 제4차 산업혁명의 시대, 딥러닝을 장착한 인공지능의 등장만을 주목하면서 우려하던 인간에게 더욱 어렵고 복잡한 화두가 던져진 셈이다.

크리스퍼

크리스퍼는 규칙적으로 삽입된 반복적인 짧은 회문 구조를 가진 DNA를 말한다. 여기서 '회문回文, Palindrome'이란 DNA 염기서열이 역방향으로 반복되는 구조로, 왼쪽부터 읽는 것과 오른쪽부터 읽는 것이 동일한 구조를 이루는 부분을 말한다. 예전에 한 예능 프로그램에서 '앞으로 읽어도 이효리, 뒤로 읽어도 이효리'라는 우스갯소리가 나온 적이 있다. 유전자의 구조적 특성도 마찬가지 원리이다. 가운데 '효' 자를 중심으로 양쪽의 '이(리)'를 구부리면, 서로 마주 보게 된다. 이때 서로 마주 보는 회문서열을 염기서열의 기본 단위 조합으로 대체하기만 하면 되는 것이다. 이 부위가 중요한 이유는 유전자 편집 과정에서 절단할 부위로 인식되기 때문이다. '유전자 편집Genome Editing'은 말 그대로 유전자를 편집하는 것을 말한다. 기존 동식물의 유전성 DNA 부위를 절단하는 데 사용하는 인공효소를 통해 손상된 DNA를 잘라내고 정상 DNA로 갈아끼우는 것이다. 일종의 짜깁기 기술이다. 마치 마음에 드는 대로 색종이를 오려 붙이는 것처럼 말이다. 간단히 말하자면, 염기서열을 자르고 이어주는 기술이라고도 할 수 있다.

크리스퍼는 세균에서 착안한 일종의 방어 체계이다. 아시다시피 우리 몸속 세균은 바이러스의 천적이다. 이 세균들은 바이러스가 침입할 때마다 싸움을 벌이고, 이기고 나면 바이러스의 유전자 정보를 잘라서 보관해 둔다. 마치 전리품처럼 말이다. 세균 안에서 이 잘린 바이러스의 유전정보를 보관하는 저장소 또는 목록이 바로 크리스퍼다. 세균은 이 유전정보를 왜 저장하고 기록해 둘까? 수없이 다양한 바이러스가 우리 인체에 쳐들어올 때마다 세균은 크리스퍼에 저장해둔 유전정보와 침입자를 대조한다. 그때 자신의 저장소에 있는 유전정보와 동일한 염기서열이 발견되면 바이러스로 인식하고 공격을 하게 되는 것이다. 이때 공격무기로 쓰이는 것이 'Cas9CRISPR-associated protein 9'이다. 이 Cas9은 바이러스의 염기서열을 절단해버림으로써 바이러스가 힘을 못 쓰게 만들어버린다. 이렇게 하려면 Cas9이 정확하게 바이러스의 해당 염기서열을 자를 수 있도록 이끌어주는 가이드 역할을 하는 RNA가 필요한데, 문제는 이 가이드 RNA가 부족하다는 것이다. 그러나 최근의 유전자가위 기술은 바로 이 가이드 RNA를 우리가 원하는 대로 만들 수 있게 해 준다. 예를 들어, 누군가에게 유전병이 있다면 이 가이드 RNA가 그 유전병을 일으키는 특정 DNA를 가리켜 조준해 준다. 좌표를 찍어주는 것이다. 그럼 Cas9이 귀신같이 찾아가서 그 부분을 절단한다. 그 잘린 부분은 저절로 복구되기도 한다. 아니면 우리가 원하는 유전자로 변형 또는 재조합을 통해 다시 끼워넣을 수 있다. 이것이 바로 크리스퍼 기술이다.

현재의 크리스퍼 기술은 유전자가위 기술로는 3세대에 해당한다.

교정하고자 하는 DNA가 있다면, 그 해당 부위를 표적 삼아 찾아내는 RNA와 그것을 잘라내는 가위날 역할을 하는 인공 효소인 Cas9을 결합한 기술이다. 이전 1세대, 2세대 기술보다 정밀해졌고 그 DNA 절단 정도도 깊다고 알려져 있다. 무엇보다도 제3세대 기술이 혁신적인 것은 엄청난 수의 DNA 서열 중에서 의도하는 염색체 부위를 정확하게 자를 수 있기 때문이다. 잘못 잘라서 참사가 발생할 가능성, 즉 오작동 확률을 획기적으로 낮춘 것이다. 크리스퍼에서 오류가 발생할 확률은 4조 4,000만 분의 1이라고 한다. 인간 유전체의 염기쌍이 약 30억 개라는 점을 고려하면 크리스퍼가 잘못 절단할 가능성은 거의 제로에 가깝다고 할 수 있다. 이 기술이 놀라운 것은 비단 정확성뿐만이 아니다. 시간과 비용도 엄청난 수준으로 절감했다. 특정 유전자를 제거한 생쥐를 만드는 데 드는 시간이 1년이었다면, 크리스퍼 기술을 이용했을 때에는 2개월로 단축된다. 비용 면에서도, 전에는 유전자 편집에 5,000달러의 비용이 들었다면 현재는 30달러만 있어도 동일한 작업이 가능하다. 이미 이 기술은 상용화되고 있다. 최근 하버드대학교의 차드 카원Chad Cowan과 데릭 로시Derrick Rossi는 크리스퍼 기술로 에이즈 환자를 치료하는 데에 성공했다.

복제 양 '돌리'에서 '맞춤형 아기'까지

당신은 아기를 필요에 따라 인위적으로 탄생시키는 것에 찬성하는가? 만약, 내 아이가 불치병에 걸려서 유전형질이 일치하는 다른 사람의 골수나 여타의 신체 기관을 이식해야 하는 상황이라고 가정해 보자. 아무리 기다려도 적합한 사람을 구할 수가 없다. 그런데 '맞춤형 아기'를 통한 방법이라면 내 아이를 살릴 수 있다. 당신이라면 어떤 선택을 할 것인가? 물론 부모의 입장에서는 내 아이를 살리기 위해서라면 뭐든지 하려고 할 것이다. 하지만 한 생명을 다른 생명을 위해 도구화시킨다는 윤리적 문제도 만만치 않다. 맞춤형 아기라고 하면 생소한 사람들도 있겠지만, 이미 2004년 옥스퍼드 영어사전에 등재된 단어이다. 신이 어린 생명을 살리기 위해 다른 생명을 준다는 의미에서 '구세주 형제자매savior sibling'라고 하거나, '여분' 또는 '잉여'라는 의미로 '스패어 아기spare baby'라고도 부른다. 여기서 '맞춤형 아기'란 희소 질환이나 불치병에 걸린 자녀를 치료하기 위한 방법이다. 시험관 수정을 통해 인위적으로 아픈 자녀의 유전형질과 동일한 배아를 선택하여 '맞춤형 아기'를 낳고, 그 아기로부터 줄기세포를 얻어 아픈 자녀의 질병을 치료하는 것이다. 이 과정에서 착상 전 유전자 검사를 통해 부모는 아이의 성별뿐만 아니라 다양한 신체적 특징을 선택할 수 있게 된다. 이미 2000년경부터 영국에서는 유전적 질환으로 새로운 골수가 필요한 아이를 위해 맞춤형 아기를 만들어왔다. 이 맞춤형 아기의 골수 이식을 통해 질병을 치료한 사례도 상당수 존재한다. 이 때문에 생명윤리에 대한 격론이 불거지기도 했다. 그 와중에 2008년 영국의 의료윤리 감독기구인 인간생식배아관리국HFEA은 맞춤형 아기의 출생을 공식 허용했다. 불치병에 걸린 가족, 즉 형제나 자매를 치료하기 위해 동일 유전형질을 가진 생명을 인위적으로 선택하는 행위를 인정한 것이다.

앞서 언급했듯 중국 남방과학기술대학교의 허젠쿠이 교수는 유전자 편집 기술을 이용해 에이즈 바이러스에 감염되지 않도록 특정 유전자를 제거한 쌍둥이 출산을 성공시켜 수많은 과학자들과 연구자들의 비난을 받았던 전례가 있다.

과거에도 이와 유사한 사례가 있었다. 1978년 최초의 시험관 아기 '루이스 브라운Louise Brown'이 태어날 때도 국내외에서 엄청난 논란이 일어났다. 모두가 예상하듯 인간의 존엄성을 훼손한다는 주장이나 무책임한 과학 기술의 폭주라는 비난 등이 쏟아졌다. 붓다의 말씀대로 세상은 무상한가 보다. 현재 한국에서 매년 출생하는 인구의 2퍼센트는 시험관 아기라고 한다. 정부에서는 정책적으로 '난임부부 시술비 지원 사업'을 실시하고 있기도 하다. 최초의 시험관 아기 루이스 브라운은 현재 엄마가 되었다. 과연 '유전자가위 기술'도 보편적 기술로 자리잡게 될지 궁금해진다.

공상과학 영화에서나 상상 가능했던 일들이 이미 실제로 벌어지고 있다. 지난 1997년 복제 양 '돌리Dolly'가 탄생한 이후 20여 년 만에 인간 유전자 편집 기술의 개발과 더불어 그 책임에 대한 윤리 문제가 심각하게 대두되고 있다. 어쩌면 인간의 탄생과 생존은 무작위가 아니라 인위적으로 선별된 인간만이 살아남게 될지도 모른다. 그 결정권은 인간이 가지고 있다. 맞춤형 아기가 인류 진화의 길을 제시하는 파격적 혁신이 될 것인지, 아니면 그 자체가 인류 파멸의 길로 들어서는 재앙이 될 것인지 전 인류가 주목하고 있다.

⋯⋮⋯ '해야 하는가?'

이 맞춤형 아기 허용 논쟁이 중요한 이유는 단순히 난치병 치료 목적에만 국한된 방식으로 이 기술이 적용되는 것이 아니라, 내 자식이 건강하기를 바라는 일부 부모들이 물건을 사고팔듯이 배아를 매매하는 상황이 발생할 것이라는 점이다. 이는 인간의 존엄성과 윤리에 직결되는 문제이다. 성별은 물론 키와 피부색, 눈 색깔까지도 부모의 선호도에 따라 결정될 것이다. 사실상 영화 〈가타카〉의 실사판이 되는 셈이다. 이 기술에서 파생되는 윤리적 문제 때문에 찬반 논쟁이 갈수록 뜨거워지고 있다. 해당 기술의 허용을 반대하는 입장에서는 기본적으로 인간 존엄성을 훼손하고 인간 윤리에 위배되는 행위라고 주장한다. 한 인간의 탄생과 삶의 동기를 다른 생명을 유지시키기 위한 도구로 만들 권리는 누구에게도 없다는 것이다. 한마디로 인간에게 있어 원천적으로 희생을 강요당하는 삶이 탄생의 이유가 되어서는 안 된다는 의견이다. 더군다나 이 기술이 불치병이나 난치병에 국한되어 허용된다고 하더라도 그 치료 대상으로 지정될 질병을 어디까지 포함시킬 것인지에 대해서 의료 관련 단체들의 이권에 따라 자의적으로 결정될 위험이 있다는 이유를 들고 있다. 사실 과거에 질병으로 여겨지지 않았던 증상이 의료 기술의 발달로 질병 판정을 받게 되는 경우가 있기 때문이다. 이와 반대로 허용을 찬성하는 입장에서는 유전 질환의 대물림을 막을 의료 기술이 있음에도 불구하고 방치하는 것이 오히려 인간의 존엄성에 반한다고 주장하며, 불치병으로 고통받는 어린 자식이 있는 가정의 가족들이 겪는 정신적 고통은 이루 헤아릴 수 없을 정도라

고 말한다. 그 질환을 평생에 걸쳐 짊어지고 가는 동안 발생하는 치료
비를 비롯한 의료비는 한 가정을 파산시키기에 충분하다는 것이다. 이
입장에서는 유전자 편집 기술로 유전 질환의 악순환이 주는 고통에서
인간을 벗어나게 해야 한다고 주장한다. 그러나 이 논쟁이 충분히 무
르익기도 전에 유전자 편집 기술은 그 자체에 대한 규제를 논할 단계
를 이미 넘어섰다. 중국, 미국, 영국은 말할 것도 없고 우리나라의 경
우만 하더라도, 지난 2017년 8월에 한국과 미국의 공동 연구팀이 인간
배아 돌연변이 유전자 교정에 성공했다. 이제 유전자 편집 기술 자체
의 허용 여부가 아니라 이 기술의 윤리적 균형을 어떻게 조정할 것인
가로 논의의 초점이 맞춰지고 있다.

　만약 이러한 과학 기술을 무작정 규제 일변도로 방향을 잡을 경우,
소위 '카우보이 사이언스Cowboy Science'가 성행할 것이다. 카우보이 사
이언스란 어떠한 국가에서 특정 과학 실험을 법으로 금지할 경우, 허
용하는 국가로 실험실을 옮기거나 심지어 공해상에서 위험한 생체실
험을 하게 된다는 것을 의미한다. 실현 가능한 과학 기술이 가진 영향
력과 이익이 클수록 많은 과학자는 위험을 감수하는 데 아무 거리낌
이 없게 되는 것이다. '바이오 해커Bio Hacker'의 등장도 이와 무관치 않
다. 유전자 편집 기술에 대한 지식과 정보를 특정 국가나 제약회사들
이 독점할 때 발생하는 터무니없는 치료비나 약값을 일반인들은 감당
할 방법이 없다. 바이오 해커들은 제약회사나 특정 의료 이익집단의
폐해에 맞서 자신의 지하실이나 다락방에 연구실을 만들어놓고 각종
실험을 하면서 생체실험에 대한 지식과 정보를 대중에게 공개하고 공

유한다. 이들의 취지는 공감할 수 있지만, 생체실험과 관련한 정보들이 사적으로 이용될 위험성은 여전히 존재한다.

···┊··· '크리스퍼'를 통한 업의 개조?

'업'이란 하나의 삶이 과거 오랜 시간 동안 몸과 입과 뜻으로 새겨 만들어낸 '경험'이라는 데이터의 축적이며, 미래를 만들어가는 그 데이터의 총체이다. 생명을 지속해서 유지하고 생명의 구체적 종류와 특징을 나타내는 것이 DNA라는 일련의 정보의 흐름에 아로새겨져 있는 셈이다. 다음 생명의 탄생과 유지와 변형 그리고 소멸까지, 이 DNA는 그 데이터를 모두 담고 있다. 불교는 전통적으로 생명의 생성과 유지, 변화, 소멸 과정을 '업'이라는 개념을 통해 설명한다. 현재의 나를 이루고 있는 모든 것은 과거에 지은 업의 결과이고, 미래 또한 현재 내가 짓는 업에 의해 결정된다. 업을 통해 결과 즉 '과보果報'를 초래할 에너지[업력業力]가 발생하기 위해서는 동기가 있고 의식적으로 행해져야 한다. 그 안에 이미 윤리적 의미를 담고 있다고 할 수 있다. 단순한 인과 법칙이 아니라는 말이다. 그렇다고 해서 업이 어떤 특정한 목적이나 신과 같은 초자연적 힘을 전제하는 것은 아니다.

불교는 기본적으로 식識, Vijñāna, 즉 정신을 생명의 본질적 요소로 이해한다. 유물론唯物論, materialism을 전제로 하는 진화론의 생명관과는 차이가 있다. 생명이 있는 존재는 이 식을 취했을 때 비로소 물질이 아닌 생명체라고 할 수 있는 것이다. 그렇다면 DNA는 생명 그 자체라기보다는 업에 의해 조건화된 물질로 간주할 수 있을 것이다. 바로 DNA의 역할 때문이다. 업이 어떻게 물질을 조건 지운다는 걸까? 쉽게 말해서 업은 고통의 원인이다. 업이 작동하는 방식은 매우 구체적이다. 특정한 존재가 축생畜生이나 천인天人 혹은 인간으로 태어날 것인지부터 시작해 키, 피부색, 머리색, 지능, 운동 능력 등등 이루 헤아릴 수 없을 정도로 다양한 내용들이 업의 작용에 의해 결정된다.

이 업을 DNA와 비슷하거나 상응하는 것으로 볼 수 있을지에 대해서는 의견이 나뉜다. 업을 단순히 생명공학에서 파악되는 인간 염색체와는 전혀 다른 개념으로 이해하는 입장에 선다면 크리스퍼 기술의 등장에 대해 그리 큰 고민이 필요하지 않을 것이다. 하지만 반대로 DNA와 유사하거나 그에 상응한다는 입장에서 본다면 상황은 좀 심각해진다. 크리스퍼 기술을 통해 업의 작용을 차단하거나 제거 또는 무력화시키는 결과를 낳기 때문이다. 특히 불교 유식학의 관점에서는 DNA를 업을 보존하는 '업종자業種子'로 보는 견해도 있다. 업의 종자라는 뜻은 마치 씨앗처럼 나중에 결과를 만들어낼 잠재력이라고 할 수 있다. 완결형이 아닌 잠재태, 지금 당장은 숨어 있지만 언젠가는 발현될 수 있는 잠재된 힘으로 파악한다는 말이다. 흥미로운 사실은 상당수의 불교학자들이 DNA와 업에 의해 조건 지어진 물질이 동일한 지위를 지닌 것으로 간주한다는 점이다. 어쩌면 불교에서는 이 세상의 전개과정 자체가 업의 법칙에 종속되는 것으로 설명되기 때문에 수긍이 가는 대목이다.

이런 상황을 가정해 보자. 만약 악업을 많이 지은 범죄자가 그 과보로서 병고病苦라는 형태의 고통을 받고 있다. 이때, 그 범죄자가 고통을 면하기 위해 유전자가위 기술을 통해서 그 질병 유전자를 제거하거나 치료하고, 더 나아가 우수 형질의 복제도 시도할 수 있다. 이렇게 해서 업의 작용을 멈추게 할 수 있을까? 당신의 생각은 어떤가?

　다행스럽게도 우리가 알고 있는 불교의 업 이론은 그렇게 기계론적이거나 결정론적인 내용은 아니다. 업을 지은 뒤에 후속적으로 짓는 업에 따라 이미 결정된 업에 영향을 줄 수 있는 것이다. 일상 속에서 우리가 '나'라는 개체를 구성하고 있는 낱낱의 DNA를 의식하지 않으면서, 자신을 단일한 생명체로 인식하고 살아가는 이유는 각자 자의식과 자유의지가 있기 때문이다. 이러한 관점에서 본다면, 유전자 편집 기술이라는 인위적 조작을 통한 업의 개조가 아니더라도 인간은 자신 의지와 노력에 따라 스스로의 업을 만들어내고 이미 행한 과오에 대해서도 참회하고 악업을 정화해 나갈 수 있게 된다. 인간의 미래는 결정되고 고정된 것이 아니라, 우리의 의지에 따라 변화 가능한 것이기 때문이다.

　⋯⃜⋯　"난 되돌아갈 힘을 남겨두지 않으니까."

　다시 영화 〈가타카〉로 돌아가 보자. 완벽하게 설계된 유전자를 가진 동생 안톤과 열성 유전자로 자연 잉태된 형 빈센트는 어렸을 적부터 바닷가에서 수영 시합을 하곤 했다. 해안가에서 출발해서 둘 중 최대한 먼 바다까지 갔다가 되돌아오는 사람이 이기는 내기였다. 겁먹은 사람이 먼저 중도에 포기하면 진다는 규칙이 있었다. 결과는 의외로 동생보다 열등한 유전자를 가진 형 빈센트의 승리였다. 성인이 되어서도 둘은 똑같이 수영 시합을 하지만, 그 결과도 역시 변함없이 형의 승리였다. 월등한 유전자를 가진 자신의 패배를 이해할 수 없었던 동생 안톤은 나중에 형 빈센트에게 그 이유를 묻는다. 그 물음에 대한 빈센트의 대답은 의외로 간단했다. "난 되돌아갈 힘을 남겨두지 않으니까."

열등한 유전자를 가진 형 빈센트는 유물론적 데이터만으로는 해석할 수 없는 자유의지를 지니고 있었다. 업을 만들어내는 것은 그 어떤 외력의 힘이나 고정되고 확정된 설계도가 아니라 인간 내면에 잠재된 자유의지이다. 빈센트의 성이 프리맨Freeman이라는 사실이 이를 암시하는 것인지도 모르겠다.

붓다도 『앙굿따라 니까야』에서 이렇게 설하셨다. "나는 업의 주인, 나는 업의 계승자. 누가 나를 내가 지은 행복으로부터 멀어지게 할 것이며, 누가 나를 불행하게 만들 수 있단 말인가. 나는 업의 주인, 나는 업의 계승자." 선업이든 악업이든 외부의 힘에 의해 만들어지거나 휘둘리는 것이 아니라, 나 자신이 곧 업의 주인이라는 말씀을 마음속에 새겨볼 때다.

인간이 기존에 가지고 있는 종교와 윤리, 철학은 이 거대한 변화 속에서 다시 '인간이란 무엇인가?'를 되묻지 않을 수 없게 한다. 맞춤형 아기가 등장했고, 크리스퍼 기술을 통한 우성 형질 유전자 인간의 복제가 가능해지는 미래가 다가오고 있다. 어쩌면 인공지능 로봇보다도 새로운 인류의 출현이 우리 현실에서 더 빨리 펼쳐질 수도 있다. 그때에 이르러 과연 인간은 어떤 위상에 자리하게 될까? 인간이라는 종의 고유함은 과연 존재하는 것일까. 이제 우리는 인간이 가까운 미래 혹은 먼 미래에 어떻게 변화된 모습으로 등장할지를 고민하는 전인미답前人未踏의 문턱에 서 있다. 어떤 면에서는 흥미롭지만 두려움도 교차한다.

인간은 파격적 혁신 수준의 과학 기술을 통해 인간 자신뿐만 아니라 환경마저도 놀라운 속도로 변화시키고 있다. 인간은 생물학적 또는 사회적 진화의 통제력을 가지려는 시도를 멈추지 않을 것이다. 과거 자연법칙의 지배를 받던 인간은 이제 진화의 방향마저 선택할 수 있는 존재가 되어가고 있다. 이제 불교도 이 기술의 윤리적, 종교적 책임에 대해 더욱 적극적으로 관심을 갖고 목소리를 내야할 것이다. 무관심으로 방치한다면 결국 뭇 중생들의 고통으로 귀결될 것이기 때문이다.

인공지능에도 불성이 있나요?

"세계는 사실들의 총체이지, 사물들의 총체가 아니다."

비트겐슈타인Ludwig Wittgenstein, 『논리철학 논고』 중에서

······ 누군가 내 마음을 읽고 있다

내 머릿속 생각도 해킹당할 수 있을까? 지금 누군가가 내 마음이나 생각을 엿보거나 훔칠 수 있다면 어떨까. 내가 그 사람을 좋아하는지 싫어하는지, 또는 나의 은행계좌 비밀번호 같은 중요한 정보들을 알아낼 수 있다면? 섬뜩한가? 공상과학 영화 이야기가 아니다. 최근 신경과학과 뇌과학의 연구 성과에 디지털 기술을 접목하여 인간의 지능을 저장하고 이식하려는 기술이 개발 중이다. 대표적으로 UC버클리 대학교 연구팀은 고양이를 대상으로 뇌 신경망에서 신경세포를 분석하여 시각 영상을 재구성하는 실험에 성공했다. 고양이가 무엇을 보았는지를 고양이의 신경세포 반응 데이터만 가지고도 알아낼 수 있다는 것이다. 상용화 시도도 이어지고 있다. 일론 머스크Elon Musk가 설립한 뉴럴링크Neuralink사는 컴퓨팅 칩과 인간의 두뇌를 연결해서 뇌질환 치료를 시도하고 있다. 지능 저하, 뇌기능 손상에 대비하여 건강했을 때의 뇌 정보를 저장했다가 이식함으로써 그 손상 부분의 복원이 가능해진다는 원리를 바탕으로 한다. 이 외에도 페이스북은 인간의 뇌파

를 분석해 즉시 기계적으로 전환할 수 있는 기술을 개발 중이다. 말하자면 '뇌 타이핑Brain Typing' 기술인데, 신체적으로 문제를 겪고 있는 환자의 뇌 신호만으로 컴퓨터 자판 기능을 실행할 수 있도록 한 것이다. 놀랍다. 그런데 이게 정말 가능하긴 한 것일까? 인간과 기계 사이를 잇는 기술이 비약적으로 발전하고 있다. 이 기술들은 인터넷을 통해 인간의 뇌 신호를 디지털화된 상태로 전송하고 저장하는 일이 가능해진다는 의미를 담고 있는데, 제4차 산업혁명 시대의 화두인 '초연결' 이 현실화되어가는 과정이라고 할 수 있다. 인간의 뇌 신호가 인체 외부의 인공지능 로봇을 작동시키는 신호로 기능하고, 비정상적인 인간의 뇌 신호에 대해 외부의 인공지능 프로그램이 교정해 주고 제어할 수도 있다. 그렇다면 서로 연결되어 있음으로 주고받는 그 신호는 누구의 식識이라고 보아야 할까?

1995년 개봉한 〈공각기동대〉라는 애니메이션 영화가 있다. 〈공각기동대〉는 인간의 의체와 전뇌화가 상용화된 시대를 배경으로 한다. 그중에서도 전뇌화란 인간의 뇌를 인터넷과 같은 연결망에 접속시켜 정보를 전달 가능하게 전자화한 것을 뜻한다. 이 전뇌화를 통해 인간은 다른 이의 기억을 주입받으며 마치 자신이 직접 체험한 것처럼 기억하게 된다. 이 영화의 개봉 당시만 해도 인간의 기억을 다운로드받고 업로드한다는 이야기는 만화적 상상 정도로 여겨졌다. 그런데 지금 그 아이디어들이 다양한 연구와 실험을 통해 실현되어가고 있다. 이쯤 되면 우리는 다소 혼란스러워지기 시작하면서 다양한 의문을 품게 된다. 인공지능도 인간처럼 온전히 인식 작용을 할 수 있을까? 만약 인식 작용을 정상적으로 할 수 있다면 이에 대해 '인공지능에도 식이 있다'고 볼 수 있을까? 인공지능도 인간처럼 식이 있다면 불성이 있다고도 할 수 있을까?

우리가 언젠가 인공지능에게 던지게 될 질문

언젠가 해인사승가대학에서 수업 중에 학인 스님들에게 위와 같은 질문을 한 적이 있다. 한 학인이 대답했다. "질문이 잘못되지 않았나요? 제 생각엔 '인공지능에도 불성이 있나요?'가 아니라 '인공지능도 불성을 가지게 될까요?'라고 해야 맞다고 생각합니다." 반문이 제법 날카롭다. 그렇다. 붓다의 가르침대로라면, 고정적이고 확정적인 존재는 없다. 모든 존재와 현상은 원인과 조건에 의해 생성-지속-변화-소멸을 반복한다. 다만 변화하는 흐름 속에서 무언가가 되어갈 뿐이다. 여기서 당장 우리가 인공지능 로봇에게 불성은 없다고 단언하는 것이 그 자체로 어떤 의미를 갖지는 않는다. 불성이 있든 없든, 그러든 말든 인공지능 개발은 진행되고 있고 앞으로도 계속될 것이다. 결국 언젠가는 던지게 될 질문이다. 현재 인공지능 로봇에 불성이 없다고 하면 인공지능은 영원히 기계로만 머물게 될까? 있었던 불성도 사라지는데, 없던 불성은 왜 생겨날 수 없는 걸까. 불성을 말하면서 빼놓을 수 없는 것이 '일천제—闡提, Icchantika'라는 개념이다. 『대반열반경大般涅槃經』에 따르면 '모든 선근善根을 끊어 없애고 본심이 그 어떤 선법과 도 연결되지 않으며, 조금도 선한 생각을 일으키지 않는 자'를 일천제, 즉 불성이 없는 자라고 설한다. 유정 중생일지라도 불성이 없는 존재가 될 위험성을 경고하는 것이다. 불성이 있고 없고를 결정하는 것은 그것이 머무르는 소재나 의지처가 아니라 개별 개체의 행위가 갖는 속성에 따라 결정된다고 할 수 있다.

불성은 범어 'Buddha-dhātu'의 역어로 붓다佛 혹은 깨달음覺을 뜻하는 'Buddha'와 성性 혹은 계界를 뜻하는 'dhātu'의 합성어다. 즉 붓다의 본성 또는 붓다의 인因 등으로 이해되고 있다. 이 불성 사상은 동아시아 불교 선수행 전통에서 꽤 영향력이 있는 아이디어였다. 불성에 대한 이해 방식도 다양하다. 붓다가 될 가능성을 의미한다는 관점에서부터 모든 유정물이 본래 다 갖추어진 불성을 가진 부처이기 때문에 그것을 자각하기만 하면 된다는 입장까지 그 범위가 넓다. 심지어는 같은 불교 전통 안에서도 기와나 길가에 구르는 돌멩이 같은 무정물에도 불성이 있다는 '무정無情불성론'도 있다. 관점이 다양하다는 것은 해석의 여지 또한 다양하다는 것이다. 여기에서는 불성을 '붓다가 될 가능성'이라는 이해 속에서 이야기를 이어나가려고 한다.

디지털 프로그램으로서의 인간

인공지능하면 으레 기계를 떠올리고 그 맞은편에 생물로서의 인간을 세우기 마련이다. 인간 대 기계 구도로 양자를 비교하기 전에 이런 질문을 던져보자. 과연 인간 속에는 기계적 요소가 없을까? 사실 유정물과 무정물의 경계는 일직선으로 반듯하게 자른 듯이 나누어지진 않는다. 단순히 생명이 있고 없고에 따라서 구분을 시도한다고 하더라도, 생명이 무엇인지에 대한 개념 정립이 우선되어야 할 것이다. 하지만 이 작업이 만만치가 않다. 우선 최근 유전자가위 기술의 탄생으로 황금기를 맞이한 분자생물학의 관점에서 보자. 분자생물학에서는 생명을 자기를 복제하는 시스템이라고 이해한다. 즉, 생명체란 마이크로 부품으로 이루어진 플라스틱 조립식 장난감이라고도 이해할 수 있다. 다시 말해 분자 기계에 불과하다는 관점으로까지 확대될 수 있는 것이다. 이에 앞서, 루돌프 쉰하이머Rudolf Schoenheimer는 생명에 대해 '단순한 조립식 부품을 합친 것이 아니라 그 부품 자체가 역동적인 흐름 안에 존재하는 것'이라는 독창적 견해를 제시하였다. 쉰하이머는 1930년대에 실험을 통해 우리가 섭취한 음식물이 분자 형태로 체내에 고루 퍼지고 머무르다 변화하고 배출되는 과정을 증명해 내었다. 그 흐름의 진행 과정에서 우리의 몸은 유지되고 존속된다. 즉 우리의 몸은 고정적 실체로서의 육체가 아니라 분자의 흐름이 만들어낸 '효과'에 의해 실재하는 것처럼 보일 뿐, 사실은 역동적인 흐름 그 자체다. 그럼 우리 몸에서 그 흐름을 만들어내는 기본 단위인 DNA는 무엇일까. DNA는 서로 역방향으로 꼬인 리본 모양을 한 구조(이중나선)로 이루어져 있다. 흔히 말하는 유전자 정보는 이 나선 모양의 필름에 새겨진 암호라고 할 수 있다. 두 가닥의 DNA 사슬은 서로 보완하며 자신을 복제해 나간다. 우리의 유전정보는 그 DNA 분자 내부에 보존되는 것이다. 결국 생명이란 여러 부품이 모여서 만들어진 구성물의 단순한 총합이 아니다. 바로 그 구성물 분자의 흐름이 유발하는 효과라고 할 수 있다. 그 흐름 자체가 살아 있다는 증거인 셈이다.

또 다른 관점을 살펴보겠다. 세계 최초로 인간 유전체 지도를 완성한 J. 크레이그 벤터J. Craig Venter는 지난 2010년 유전체 합성과 인공생명 연구를 거듭한 끝에 최초의 '합성생명'을 만드는 데 성공했다. 그의 연구팀은 그 과정에서 살아 있는 이중나선 구조의 DNA 정보를 컴퓨터로 디지털화시킬 수 있게 되었다. 디지털을 통해 인간의 유전정보를 전송하고 재합성할 수 있게 된 것이다. 한마디로 DNA가 생명의 소프트웨어인 셈이다. 최근 벤터는 디지털화된 자신의 유전정보를 우주로 전송하고 있다. 그는 화성탐사선에 DNA 서열 분석기를 가져갈 수 있다면, 화성 생명체의 DNA 정보를 전자기파 형태로 지구로 전송하고 지구에서 그 정보를 바탕으로 화성 생명체를 탄생시킬 수 있다고 주장한다. 놀라운 상상이다. 그 상상이 터무니없지 않다는 사실이 우리를 더욱더 당혹스럽게 만든다. 그렇다면 결국 생명의 본질은 정보가 되는 것일까? 그 생명의 탄생은 윤회 속에 있는 것일까? 그리고 그 생명에도 불성이 있다고 봐야 할까?

⋯⋮⋯ 인간과 기계에 경계가 있을까?

그렇다면 불교는 생물과 무생물, 유정물과 무정물, 생명과 기계를 어떻게 볼까? 이 둘을 서로 구분할 수 있다면 그 기준은 무엇일까? 생명체만의 고유함은 있을까? 불교에서도 인간 의식의 흐름과 마음의 구조에 대해서 집요할 정도로 오랜 시간 천착해 온 전통이 있다. 바로 아비달마阿毘達磨 전통이다. 그 주요 논서인 『아비달마구사론阿毘達磨俱舍論』에서는 "생물과 무생물을 분류하는 특별한 법이 있다."고 설한다. 바로 이것이 '중동분衆同分, sabhāga, Commonality of sentient beings'이다. 즉 수많은 각각의 생명체들끼리 서로 유사하게 만드는 요소가 존재한다는 개념이다. 이를테면 인간이 살아가다가 갑자기 개나 고양이로 변할 수는 없다. 바로 이 '중동분'이라는 힘이 작용하기 때문이다. 인간에게는 생물로서의 고유한 증거가 있기 때문에 생물이고, 인공지능의 경우 그러한 것을 갖지 못했으므로 무생물로 분류된다. 그 고유한 증거가 유전정보 전달물질, 즉 DNA인지 RNA인지는 알 수 없다. 비록 그 기준에 대한 명확한 설명은 없더라도 생물을 생물답게 하는 요소는 존재한다고 보는 것이다. 물론 불교의 지적 전통 속에서 이 중동분이 실제로 존재하는 것인가에 대한 반론 또한 있다. 생물과 무생물의 차이를 구분하는 기준 제시가 또 다른 실체화라는 것이다.

붓다는 『쌍윳따 니까야』에서 "수행승들이여, 오온은 내 것이 아니며, 내가 아니며, 나의 자아가 아니라고 관찰해야 한다."라고 설하셨다. 생명체 내부에 생명의 핵심이라고 할 만한 실체는 없다. 다만 모든 존재는 요소의 잠정적·임시적 집합에 불과하다. 불교의 생명관을 이렇게 정리한다면, 분자 생물학이 지금까지 밝혀낸 생명관과 서로 공통된 시각으로 좁혀져감을 알 수 있다. 결국 인간과 기계의 경계는 우리의 일반적인 상식보다는 훨씬 더 모호하고, 쉬이 단정짓기 어렵다. 그렇다면 그 모호함에도 불구하고 불성을 유정물이든 무정물이든 간에 특정한 개체에만 종속되는 것으로 보는 견해가 과연 올바른 이해일까? 바로 이 지점이 앞으로 다가올 인공지능 로봇 또는 유사 인격체들과의 공존에 대한 논란이 분분한 이유가 되기도 한다. 인공지능은 역설적으로 우리 인간에게 스스로를 되묻게 한다. 그러므로 우리는 결국

다시금 인류의 오래된 질문을 하게 된다. '과연 인간이란 무엇일까?'

⋯⋮⋯ 인공지능인데도 자아의식이 생겨날 수 있을까?

다시 인공지능으로 돌아가 보자. 인공지능은 어느 정도까지 인간처럼 될 수 있을까? 인공지능도 똑똑해지다가 결국 자아를 가지게 될까?

일반적으로 인공지능에 대한 철학적 가설을 약한 인공지능Week AI과 강한 인공지능Strong AI으로 분류한다. 그때 기준이 되는 것이 자아의식을 가지고 있는가이다. 약한 인공지능설에서는 인공지능에게 실제로 자아의식이 있는 것이 아니라 마치 그러한 것처럼 보일 뿐이라고 말한다. 반면 강한 인공지능설에서는 인공지능이 학습, 추리, 적응 등과 같은 인간의 지각 기능과 자아의식을 갖추고 있다고 본다. 따라서 자아에 대한 논의는 강한 인공지능의 출현 가능성을 인정하는 기반에서 가능한 논의이다. 현재 딥러닝 기술의 개발로 인공지능 기술이 비약적으로 발전하고 있다. 심층 기계 학습이라고도 하는 딥러닝은 여러 개의 층으로 구성된 인공 신경망을 활용하여 깊은deep층을 가진다. 마치 인간뇌의 신경 회로망과도 같다. 딥러닝 기술은 문제 해결을 위해 스스로 학습하는 능력이 뛰어난 것으로 잘 알려져 있다. 하지만 아직 자아의식이 발현되는 수준까지 이르지는 못한다. 향후 인공지능이 자아의식을 갖게 될 것이냐는 문제에 대해서는 그 가능성을 인정하는 입장과 부정하는 입장이 서로 비등하다. '자아'란 스스로 발현된 현상이므로 인간이 외부적으로 조작하여 인위적인 힘으로 만들어내기란 불가능하다는 시각이 현재로서는 우세하다고 할 수 있다. 그럼 이 문제에 대한 불교의 관점은 어떨까?

　불교에서는 '제7말나식未那識, manas'을 통해 대상 의식인 제6의식의 밑바닥에서 꿈틀대는 '내가 난데…' 라는 자아의식을 설명한다. 제6의식의 주객 분별은 이 제7말나식에 의해 일어난다. 즉 제7말나식은 자신을 몸으로 여기는 동시에 의식 주체로 여기게 된다. 그래서 인간은 말나식의 작동으로 인해 의식하는 '나' 또는 사유하는 '나'가 개별적으로 존재한다고 믿고, 그 '나'에 집착하게 된다. 하지만 『잡아함경』에서 붓다는 그 의식 주체가 무엇인지에 대한 질문에 "나는 느끼는 자가 있다고 말하지 않는다."고 대답한다. 즉 우리가 실재한다고 믿는 그 의식 주체는 인간의 사유와 언어에 의해 조작된 개념체에 불과한 것이지, 그 믿음에 상응하는 자아는 애초에 없다는 것이다. 결국 제7말나식은 무명無明으로 인해 무아無我를 깨닫지 못할 경우, 계속해서 자신을 의식 주체로 착각하고 스스로에게 집착하도록 만드는 식이다. 한마디로 자아란 가짜인 것이다. 환상통을 겪고 있는 환자를 생각해 보자. 팔이나 다리를 잃은 환자가 이미 없어진 팔이나 다리에 통증을 느끼거나 가려움을 느끼는 경우가 있다. 감각적 자극을 수용하는 전5식이 작동할 근거가 사라졌음에도 불구하고 환자는 여전히 통증을 호소한다. 이 상황을 유식 전통에 입각해서 설명해 보겠다. 환자에게는 다치기 전, 온전한 형태의 신체로 생활했던 습관적 기억이 이미 종자로서 제8아뢰야식阿賴耶識에 저장되어 있다. 그것이 나의 감각 또는 나의 신체라고 외계와 구분 짓는 제7말나식 작용으로 인한 것이라고 할 수 있다. 선사들이 자주 인용하듯, 우리가 꿈을 꿀 때 꿈속의 '나'를 현실의 나로 착각하여 마치 실재하는 것처럼 때로는 두려워하기도 하고 기뻐하기도 한다. 꿈속의 '나'가 가짜이듯이 일상에서 나를 의식 주체로 여기는 제7말나식의 아견我見도 사실은 가짜에 불과한 것이다. 여기서 우리가 '금과옥조'처럼 여기는 이 '자아의식'이 허상에 불과하다는 사실을 전제한다면, 인공지능의 자아의식 발현 또한 사실 그렇게 대단한 일이 아닐 것이다. 인공지능에도 자아의식이 생겨날 수 있느냐고? '나'라는 허구적 분별을 하는 제7말나식을 인공지능도 가지게 될 것인지에 대한 개인적 생각을 묻는다면 나의 대답은 이렇다. 앞서 말했듯이 어차피 제7말나식이 허구적 관념 속에서 만들어진 식이라면, 인공지능이 그 허구적 관념을 갖게 되지 말라는 법은 없다. 오히려 고도의 연산 능력과 인지 능력에 기반하고 있기 때문에 더욱 공고한 자아의식이 생겨날 가능성이 높을 수도 있다. 자신이 실재한다는 착각 말이다. 흔히 '아상我相'이라고 한다. 이것은 착각에 기반하고 있기 때문에 더 위험할 수도 있다.

⋯┆⋯ 성차별하는 인공지능?

인간들은 인간의 두뇌를 모방해서 인공지능을 만들어내지만, 다시 그 인공지능은 인간들에게 적지 않은 영향을 끼치게 된다. 인간들이 개발해 낸 인공지능 가운데 '자비의 화신'이라고 할 만한 사례는 적지 않다. 예를 들어, 난민을 위한 심리치료 챗봇 '카림Karim', 자살 예방 상담 챗봇 '크라이시스 텍스트 라인CTL, Crisis Text Line', 우울증 치료 상담 챗봇 '워봇Woebot' 등이 있다. 구체적으로 '카림'의 경우를 보자. 카림은 시리아 난민들이 피난 과정 중 바다 위에서 공황 상태에 빠지지 않도록 하는 심리적 구호 또는 원조 역할을 하고 있다. 말 그대로 천수천안관세음보살千手千眼觀世音菩薩의 화현인 것이다. 그러나 이와 반대로 황당한 사례도 있다. 지난 2016년, 빌 게이츠의 마이크로소프트Microsoft 사에서는 인공지능 챗봇 '테이Tay'를 개발했다. 처음에는 청소년들에게 상담을 해줄 수 있는 인공지능 챗봇을 인터넷에 공개한다는 좋은 의도였다. 자신의 닉네임이나 좋아하는 음식 등을 공유하면서 스스로 사람의 대화를 이해하고 대답을 할 수 있도록 설계됐다. 그러나 테이가 우선적으로 학습했던 것은 온갖 욕설, 비속어들, 인종차별·성차별 발언들이었다. 인종차별주의자들이나 편향적 가치관을 가진 사람들이 이런 부정적인 언어를 의도적·반복적으로 주입한 탓이었다. 결국 테이는 출시 하루 만에 서비스가 종료됐다. 이뿐만이 아니다. 해당 사례는 원인이라도 규명할 수 있었지만, 다음의 사례는 더욱 심각하다. 제4차 산업혁명 시대의 새로운 절대 강자로 떠오르고 있는 아마존사는 지난 10년간의 데이터에 기반하여 새로운 인공지능 채용 시스템을 도입했었다. 문제는 이 인공지능 채용 시스템에서 추천한 지원자가 대부분 남자였다는 사실이다. 다시 말해, 이 시스템에서 여성보다 남성 지원자를 더 선호하는 패턴이 발견된 것이다. 아마존사는 심각한 여성차별 문제가 언론으로부터 제기되기 전 스스로 해당 프로젝트를 즉각 폐기했다. 인공지능이 그렇게 편향된 선택을 하게 된 정확한 원인은 아직도 밝혀지지 않았다. 단지 추측만 할 뿐이다. 다시 말하면, 이 인공지능 시스템이 도대체 어떤 방식으로 그 일을 처리했는지 알 수가 없다는 뜻이 된다. 다소 섬뜩하다. "소가 마신 물은 우유가 되고 뱀이 마신 물은 독이 된다."라는 말이 있다. 인공지능은 인간의 마음이 그대로 투사되는 거울이다. 괴물이 될지 관세음보살의 화신을 만들어 낼지는 결국 인간의 마음에 달려 있다.

┄┼┄ 누가 불성이 있다 했던가?

제4차 산업혁명 시대의 과학 기술은 우리의 기존 상식에 코웃음을 치며 이미 저멀리 모퉁이를 돌아선 듯하다. 꼬리조차 보이지 않고 어디로 질주하는지 알 도리가 없다. 무상한 존재인 '나'와 마찬가지로 인공지능 또한 어떤 완성된 존재가 아니다. 시대와 집단, 개인의 욕망에 따라 끊임없이 변모해 왔고 앞으로도 계속 진화를 거듭할 것이다. 그 옛날 "개에게도 불성이 있습니까?"라는 질문에 조주 스님께서 "없다."고 대답했던 '구자무불성拘子無佛性'의 화두는 제4차 산업혁명 시대에 어떤 의미로 다가올까. 불성이 있다 없다가 문제가 아니라 불성이 있는 존재 '되기'로 변모되어야 할 듯하다. 미래사회의 인공지능 로봇과 인간의 정체성이 어떤 식으로 규정될지, 어떻게 변화할지 쉽게 단정지을 수는 없다. 인공지능은 우리 자신을 비춰볼 수 있는 훌륭한 자화상이자 거울이다. 현재 인공지능은 날로 발전하며 이미 우리의 일상 속으로 파고들고 있다. 이를 통해 인류는 보지 못했던 것을 보고, 듣지 못했던 것을 듣고, 이동하고, 만들게 되었다. 이제 인간과의 구분이 힘든, 오히려 인간보다 더 인간적인, 그리고 인간보다 더 능력 있고 매력적인 인공지능 로봇의 탄생이 머지않아 보인다. 인간은 축생만도 못하게 날로 흉포해지는 동안 인공지능 로봇이 인간보다 더 숭고한 감성과 지성을 갖추게 되는 경우를 생각해 볼 수도 있겠다. 그럼에도 인간은 그저 자기중심적인 관점에서 인공지능을 인간에 종속시켜 이해하려 들 것이다. 여기서 자연스레 다시 떠오르는 질문이 있다. 과연 인간답다는 것은 무엇일까. 그리고 생명이란 무엇일까. 인간과 기계의 차이점이라는 경계가 모호해지기 시작하면서 역설적이게도 새삼 나는 누구인가, 또는 무엇인가라는 화두가 떠오른다. 우리가 주의를 기울여서 봐야 할 것은 불성이 머무는 소재가 아니라 그 불성 자체가 흐르는 모습이다. 사라질 수도, 새로 생겨날 수도 있는 유동적이고 역동적인 그 흐름 말이다.

딥러닝을 알면 마음이 보인다

인공지능의 겨울과 봄

가야산에 봄이 오면 지천이 꽃으로 장엄하다. 벚꽃과 수선화가 흐드러지고 철쭉과 연산홍도 탐스럽다. 그런데 인간들만 봄을 맞는 것은 아닌가 보다. 최근 들어 인공지능도 봄을 맞이한 듯 보인다.

요즘 갑자기 여기저기서 인공지능 이야기가 말 그대로 대폭발하고 있다. 영화, 신문, 방송, 인터넷, 책···. 너나 할 것 없이 인공지능을 다루고 있다. 도대체 그간 무슨 일이 있었던 걸까? 한술 더 떠서 '딥러닝', '머신러닝Machine Learning' 등 자고 일어나면 새로운 용어들이 계속 생겨 난다. 사실 몇 년 전까지만 해도 인공지능 기술은 오랜 정체기에 머물러 있었다. 학계나 업계에서는 그것을 '인공지능의 겨울'이라고 불렀다. 그간 우리가 일상 속에서 접하는 인공지능은 말이 인공지능이었지 '인공 무능'에 가까웠다. 기껏해야 이미 입력된 정보를 알려주는 정도였으니 말이다. 그런데 지난 2014년을 전후해서 딥러닝 기술은 비약적으로 발전했다. 바야흐로 겨울이 지나고 봄이 온 것이다. 이해를 기점으로 3~4년 동안, 그간 있어온 인공지능 연구 분야의 난제들이 대부분 해결되었다. 지금도 그 변화는 계속되고 있다. 붓다도 무상

을 설하셨다. 문제는 최근 과학 기술이 변해도 너무 빨리 변한다는 것
이다. 이 변화에 대해 성찰하고 사유해 볼 새도 없이 유례없는 변화가
빠른 속도로 전개되고 있다. 와중에 스티븐 호킹을 비롯한 과학자들의
파국적 예언이 더욱 우리를 긴장하게 한다. 호킹은 생전에 인류에게
이렇게 경고했다. "인공지능 기술이 인류 문명사에서 최악의 사건이
될 수 있다." 자율주행 자동차를 만들고 화성 식민지 건설 계획까지 실
행하고 있는 일론 머스크조차도 "현존하는 인류의 가장 큰 위협은 아
마도 인공지능일 것이다."라고 경고한다. 어떻게 생각하는가? 우선 막
연한 희망이나 근거 없는 두려움 이전에 이 변화의 실체가 무엇 인지
찬찬히 들여다볼 필요가 있다.

  '딥러닝'은 바로 이 거대한 변화의 소용돌이 한가운데에 자리잡고
있다. 딥러닝은 인공지능의 핵심 기술로 현재 우리의 일상 속으로 빠
른 속도로 퍼져나가고 있다. 예를 들어, 전 세계적으로 수많은 사람이
즐겨 이용하는 페이스북의 안면 인식 기술은 경이로운 수준으로 향상
되었다. 불과 수년 전만 해도 정확도가 보잘것없었다. 갈색 바탕의 식
빵이나 아이스크림과 고양이를 구별하지 못할 정도로 낮은 수준이었
기 때문이다. 그런데 2014년, 빅데이터에 기반한 딥러닝 기술의 도입
으로 인간의 육안을 넘어선 수준의 획기적 인식률, 즉 정확도 97.25퍼
센트를 기록하게 되었다. 이는 인간보다 높은 수준이다. 그렇다면 페
이스북은 왜 이러한 기술 개발에 천문학적인 비용을 투자했을까? 특
정 분야에서의 특정 인공지능 기술은 여타의 분야로 응용, 확장되기
마련이다. 당장 페이스북만 하더라도 개인 사진을 도용하거나 사칭하

는 경우, 알림 서비스를 제공하고 있다. 이 사물 인식 기술은 현재 의료 분야에서 암 종양을 조기에 식별, 진단하거나 자율주행 자동차의 외부상황 인식 기술 등으로 응용되고 있다. 이처럼 딥러닝은 제4차 산업혁명을 앞당긴 기술을 열거할 때마다 항상 맨 위에 그 이름을 올려놓고 있다.

심층 마음Deep Mind

"항상 깊이 생각하라." 누군가에게 조언을 구할 때 많이 듣게 되는 말이다. 누구나 삶을 살아가다 보면 중요한 선택의 순간이 온다. 결혼, 진학, 이직 등등…. 깊게 생각하면 실수나 오류를 줄일 수 있다는, 경험에서 우러난 믿음이다. 여러 개의 계단을 하나씩 오르면서 한 생각을 거듭하듯이 말이다. 물론 깊이 생각한다고 해서 항상 정답이 나오는 건 아니다. 세상이 어디 그렇게 간단한가. 어려워했던 건 딥러닝 연구자들도 마찬가지였다. 입력층과 출력층 사이에 중간층을 그저 쌓아 올리기만 한다고 해서 정확한 대답이 나오는 것이 아니었기 때문이다. 그래서 연구자들은 층수의 깊이 또는 높이는 더해가되 중간층마다 데이터나 연산 단계를 줄이는 방식을 채택하게 된다. 인공지능이 학습할 때 의도적으로 데이터에 딱 들어맞지 않도록 일부러 적당히 여지를 남겨두는 것이다. 그렇게 함으로써 인공지능은 스스로 학습하게 된다. 이것이 바로 여러 단계의 계층적 처리를 반복하여 정밀한 판단을 할 수 있도록 하는 인공지능 기술, 바로 딥러닝이다. 딥러닝 기법은 인공지능 개발 역사에서 획기적이다. 하지만 새로운 기술은 아니다. 개발은 이미 1940년대 무렵부터 시작되었지만 항상 제자리걸음이었다. 그 이유는 크게 두 가지로 요약된다. 첫 번째는 당시 컴퓨터 계산 능력이 현재와는 비교할 수 없을 정도로 낮았기 때문이다. 두 번째는 방대한 데이터의 수집이 어려웠기 때문이다. 현재는 이 두 가지가 다 해결되었기 때문에 딥러닝 기술이 실현될 수 있었다. 딥러닝은 인공 지능 스스로 일정 범주의 데이터를 바탕으로 공통된 특징을 끌어내는 방식을 채택하고 있다. 인간이 직접 특징을 도출할 수 있게 설계하는 것이 아니라 인공지능이 다단계로 높은 차원의 특징을 도출해 내고, 그 특징으로 각각의 이미지를 분류하는 것이다. 구글의 '고양이 얼굴 인식 연구' 사례를 살펴보자면, 데이터 확보를 위해 일단 유튜브에서 많은 양의 이미지를 가져와서 딥러닝을 작동시킨다. 그러면 컴퓨터가 스스로 그 대상들의 공통된 특징을 찾아낸다. 이를 통해 '인간의 얼굴'과 '고양이의 얼굴'이라는 개념을 획득하게 되는 것이다. 이 연구에서는 무려 1,000만 장의 이미지가 사용되었다. 이를 위해서 뉴런끼리의 관계 수가 100억 개라는 거대한 인공신경망ANN, Artificial Neural Network을 사용했다. 그리고 1,000대의 컴퓨터를 3일 동안 가동해야 했다. 엄청나지 않은가? 방대한 데이터와 높은 수준의 컴퓨팅 능력이 갖추어졌기에 가능한 일이었다.

알파고 & 알파 제로

'알파고AlphaGo'를 기억하는가? 알파고를 통해 인공지능의 발전 속도가 얼마나 대단한지 가늠할 수 있다. '무상하다'는 말이 이보다 잘

들어맞는 경우도 없을 것이다. 지난 2016년, 알파고는 이세돌과의 바둑 대결에서 승리한 일명 '알파고 쇼크'의 주인공이다. 하지만 현재 우리가 알고 있는 이 알파고는 세상에 없다. 무슨 소리인지 그간의 정황을 복기해 보자. 서울에서 펼쳐진 세기의 대결 이후, 알파고에 대한 대중의 관심은 점차 사그라들었지만, 알파고는 꾸준히 진화를 거듭했다. '알파고'는 이세돌을 이기면서 마치 훈장처럼 이름을 '알파고 리Lee' 로 개명한다. 그리고 이 '알파고 리'는 중국의 커제柯潔 9단을 상대로 다시 완승을 한다. 그러고는 바둑을 모두 다 통달, 마스터했다는 의미로 '알파고 마스터Master'로 또 한 번 이름을 바꾸게 된다. 이쯤 되면 변화 속도에 정신을 차리기 힘들어진다. 그래도 그나마 여기까지는 가늠이 된다. 왜냐하면 사실상 같은 시스템 기반의 인공지능이기 때문이다. 다만 차이가 있다면 더 학습을 많이 시킨 결과일 뿐이었다. 그러다 전혀 새로운 수준의 '알파고 제로Zero'가 탄생한다. 이전의 알파고 시리즈와는 달리, '알파고 제로'에는 인간의 기보碁譜를 제공하지 않았다. 즉 기존의 데이터 없이 바둑의 규칙만을 알려준 다음 강화 학습을 시켜서 스스로 실력을 기르게 한 것이다. 어떻게 됐을까? 딥러닝으로 무장한 이 '알파고 제로'는 '알파고 리'와 '알파고 마스터'를 모두 제압하게 된다. 최초의 알파고를 만든 딥마인드사를 통째로 인수한 구글은 여기에 그치지 않았다. 몇 개월 뒤 다시 이 알파고에서 바둑이라는 의미의 '고Go, 碁, 바둑의 일본식 표기'를 뺀 '알파 제로'를 등장시킨다. 이제 더이상 알파고가 바둑만 두는 인공지능으로 머물지 않을 거란 야심을 드러낸 것이다. 이 알파 제로는 단 하루, 24시간 동안 바둑 기보를 스스로 학습해서 알파고 제로를 이겨버린다. 기존의 알파고가 데이터라고 할 수 있는 방대한 기보를 미리 입력해서 작동하는 방식이었다면, 알파고 제로부터는 사전에 데이터 입력 없이 오직 스스로 학습해 단시간에 바둑의 고수가 되어가는 시스템이다. 현재 알파 제로는 이전의 인공지능과는 달리 독창적인 수를 스스로 개발하고 위험을 감수하는 과감한 수를 두는 등 인간보다 더 인간적인 면모를 보여주고 있다. 이제 바둑에 머물지 않고 다양한 분야로 인공지능의 지평을 넓혀 가고 있는 알파 제로는 앞서 소개했던 의료 인공지능 로봇 왓슨Watson으로 업종 전환에 성공한다. 이제 인공지능이 지목한 분야는 바로 최고의 자리를 내어주어야 하는 상황이다. 일명 '도장 깨기'가 시작된 것이다. 그런데 딥러닝은 인공지능 기술의 첨단을 자랑하지만, 그 작동 과정의 흐름을 정밀하게 추적하기가 어렵다는 게 문제이다. 인공지능 정보처리 과정에서 소위 '블랙박스화' 되어버리는 문제가 발생하기 때문이다. 다시 말해, 인공지능이 내린 결론에 이르기까지의 판단 과정을 정밀하게 추적하기가 어렵다는 것이다. 예를 들어, 알파고를 만든 딥마인드의 데미스 하사비스Demis Hassabis를 비롯한 수많은 엔지니어와 프로그래머들은 바둑에 관한 한 그 누구도 이세돌을 이길 수 없다. 그들이 하는 일이라곤 단지 알파고가 학습하게끔 하는 것이 전부였다. 그들은 알파고가 어떤 전략으로 이세돌과 피 말리는 싸움을 전개해 나갈 것인지 알수도 없고 이해하지도 못한다. 딥러닝은 인간이 창조했지만, 데이터입력이 완료되고 실행키를 누르는 순간 인간의 손을 떠나게 되는 것이다. 바로 이 점이 우리가 딥러닝에 대해서 느끼는 놀라움 뒤에 두려움이 교차하는 이유이다.

⋯⫶⋯ 딥러닝과 비로자나불

비로자나불상毘盧遮那佛像 사진 1만 장을 입력한 인공지능 시스템이 있다고 하자. 인공지능에 이미 입력된 사진 중의 한 장과 동일한 비로자나불상을 보여주고, 무엇인지 물어본다면 정확히 '비로자나불'이라고 대답할 것이다. 당연히 이렇게 이미 저장된 사진의 장수, 즉 데이터양이 많아질수록 인식률은 높아지게 된다. 이는 많은 사진을 단순 암기한 학생들에게 그들이 기억하고 있는 특정 이미지와 동일한 외부 사물을 보여주고 무엇인지 물어봤을 때 즉각적으로 정답을 알아 내는 경우와 같다. 그런데 문제는 인공지능에 입력된 사진 데이터에 아예 없거나 엇비슷한 비로자나불상을 보여줄 경우, 인식률은 현저히 떨어진다는 것이다. 미세한 차이만 있어도 어린아이가 해내는 구별을 인공지능은 못하였다. 이러한 문제를 오랫동안 해결하지 못하던 차에 최근 혁신이 일어났다. 일부러 무작위적으로 데이터의 중간 정보 처리단계(은닉층) 또는 일부 데이터를 없애버리는 방법을 선택한 것이다. 그 결과 보유한 데이터 양이 줄어들면서 인공지능은 즉각적으로 답을 찾기 어려워한다. 그러자 여기서 놀라운 일이 벌어지기 시작한다. 인공지능이 그나마 남은 데이터 중에서 서로 공통점을 찾아내고 분류하기 시작한 것이다. 다시 말해 '비로자나불다운' 이미지, 즉 '비로자나불다움'을 나타내는 공통점을 기준 삼기 시작한 것이다. 그렇게 해서 나름의 압축된 표현, 즉 '특징값(패턴)'을 도출해 낸다. 구체적으로 설명하자면, 인공지능은 자신이 보유한 데이터가 없더라도 나머지 비로자나불상의 사진 이미지들을 서로 비교 대조해서 공통된 특징, 즉 양손을 서로 포개듯 감싸쥐거나 한 손의 검지를 다른 손으로 감싸쥐고 있는 '수인手印'을 비로자나불상의 공통된 '특징값'으로 도출해 낸다. 그러면 나중에는 사진 데이터에 입력되지 않은 비로자나불상을 보여줘도 수인만으로 그것이 비로자나불상임을 인식하게 되는 방식이다. 비로자나불이 무엇인지 일일이 설명하지 않아도 스스로 배우고 학습하는 것이다. 인공지능은 입력된 데이터 속에서 비교, 대조, 분류한 결과를 바탕으로 데이터에 입력되어 있지 않은 새로운 사물이나 이미지까지도 인식할 수 있게 되었는데, 최근 그 일치율은 비약적으로 향상되었다. 부족한 데이터를 바탕으로 결과를 도출하기 위해 딥 러닝이 스스로 추상적인 공통의 특징들을 찾아내 패턴을 분류하여 정답을 찾아내는 방식은 인간이 생각하는 방식과 동일하다. 인간의 두뇌도 여러 개의 점을 보고서 선으로, 선을 통해서 면으로, 면을 통해서 입체를 예측해 내는 추상화 과정을 진행하기 때문이다. 이것이 바로 인간의 두뇌 신경망 Neural Network을 모방하여 탄생한 딥러닝이다.

딥러닝과 유식

인공지능이 인간을 모방해서 만들어졌으니 이제 인간의 인식 과정을 살펴볼 차례다.

불교의 유식 전통에서는 인간의 오근에 기반한 감각 능력을 넘어서는 인식 능력, 즉 '사유 능력'은 제6근에 의해서 일어난다고 본다. 의意

는 눈, 귀, 코, 혀, 몸이라는 5근 다음의 제6근으로 지각, 판단, 사유 등의 인식 작용을 일으킨다. 즉 제6 의식은 분별하는 식이라고 할 수 있다. 우리가 색을 보거나 소리를 들을 때, 그것에 호응하는 것은 전前5식인 감각이다. 그것을 인지하는 것이 제6식인 '지각'인 것이다. 이 5근에 개별적으로 주어지는 자극들이 색이나 소리 등이다. 이 전5식의 대상이 되는 개별적인 자체의 상을 '자상自相, sva-lakṣaṇa, a intrinsic attribute'이라고 한다. 딥러닝에 입력되는 많은 양의 '빅데이터'에 해당한다고 볼 수 있다. 차이가 있다면, 입력되는 모든 감각 자료들이 의식되든 의식되지 않든 간에 모두 다 업의 소산이라는 점이다. 각자의 업력, 즉 내적 성향에 따라 좋은 감각 대상은 연장 또는 반복시키려 하고 그 반대로 싫은 대상은 기피하려고 한다. 그렇게 선택된 감각 대상들은 입력되고 각각의 자상들은 서로 비교·대비되고 분류된다. 다 과거에 행한 행위의 결과들이다. 제6식에서는 그 자상들 상호 간의 공통적 모습을 끌어낸다. 이는 일반적이고 추상적인 개념인 '공상共相, sāmānya-lakṣana, a general attribute'이 된다.

이것은 마치 딥러닝이 하위 층수에서 비교 분류된 데이터들의 특징값을 찾아내는 구조와 매우 유사하다. 인간이 외부 세계를 경험할 때, 제6식이 도출해낸 공상은 사실 외부세계의 사물과 현상 그대로의 자상을 인지하는 것이 아니라 그 대상에 대한 경험의 공통된 특징이다. 딥러닝이 그러하듯이 인간도 각 대상들에 대한 데이터를 잘 정리하고 분류하여 우리의 지각 세계를 만들어내는 것이다. 딥러닝에 있어서도 이 '특징값'의 도출이 가장 중요한 요소인 것처럼 말이다. 인간들도 외부 세계를 민감하게 잘 인지하기 위해서는 사물과 현상에 대한 무수한 감각 경험들이 기억되고 축적되어야 한다. 하지만 인간의 지각 작용은 업의 소산이다. 전5식에서 개별적 자체의 상들이 제6식에서 업에 따라 집착하면서 욕망의 대상이 되거나 아니면 반감의 대상이 되기도 한다. 그런 다음 그 데이터들을 비교 분류하고 추상화 작업을 거쳐 개념으로 도출한다. 우리는 이것을 '기억'이라고 부른다. 사실 이 기억은 원래 경험한 감각 자료를 정확하고 정밀하게 반영하지 않는다. 다만 정확하다고 믿는 것일 뿐이다. 객관적 대상 세계를 인식한다고 생각하지만, 사실은 이러한 인식 체계의 업에 기반한 추상화 과정에 따라 왜곡되고 변형된 산물이다. 만약 인공지능이 이 추상화 작업을 통한 사물 인식률을 높이는 방법을 찾지 못했다면, 모든 데이터를 다 집어넣고 정확히 일치하는 사물에 대해서만 정답을 찾아낼 수 있었을 것이다. 인간의 두뇌활동 중 감각에서 지각으로 넘어가는 것은 순간에 불과하다. 딥러닝도 애초에 입력층(감각 대상)과 포개진 은닉층을 넘어서 출력층(지각 작용)의 시간을 단축하는 것이 중요한 문제였다. 그러나 일단 속도 이전에 사물을 제대로, 정확히 포착하는 것이 무엇보다 중요하다. 대상을 오류 없이 바로 보는 것 말이다. 느리더라도 바로 보는 것, 바로 수행과 같다. 이처럼 딥러닝의 작동원리와 구조는 인간의 마음과 매우 유사하다. 그래서 딥러닝을 알아가다 보면, 마음이 보이기 시작한다.

알고리즘보다는 데이터

앞서 말한 바와 같이 현재는 구글에 인수되었지만, 알파고를 처음 만든 회사는 딥마인드이다. 회사 이름부터가 예사롭지 않다. 벌써 하 사비스의 야심찬 구상이 보인다. 알파고를 만든 이 젊은 천재는 인간 의 두뇌 구조에 착안한 딥러닝 기술을 혁신적으로 발전시켰다. 딥러닝 은 우리말로 '심층 마음' 또는 '심층 학습' 정도로 번역된다. 여기서 심 층은 층수를 깊이 쌓아가는 것을 말한다. 바로 인간 두뇌의 생김새가 겹쳐진 채로 포개져 있는 모양을 모방한 것이다. 딥러닝은 세상에 대 한 정보나 이치 등을 설명하지 않고, 그냥 데이터만 입력해 주면 기계 가 자체 인공신경망 구조를 통해 스스로 학습을 진행하여 지능 수준을 높여가는 시스템이다. 일반적인 인공지능 시스템에서는 어떤 문제나 임무를 수행하기 위해서 알고리즘Algorithm을 먼저 구축해야 하는데, 딥 러닝은 데이터만 있으면 자기가 스스로 알아서 분류하고 알고리즘을 만들어낸다. 놀라운 사실이다. 알고리즘은 컴퓨터가 수행할 작업을 논 리적인 순서대로 컴퓨터에 알려주는 명령어의 집합이다. 쉽게 예를 들 어 라면을 끓인다고 해보자. 라면수프를 물과 같이 끓이고 면을 넣을 지, 아니면 물이 끓고 난 후 라면과 수프를 넣을지 개인의 취향에 따라 달라진다. 또는 계란은 언제 풀어서 넣을지, 파는 언제 넣을지 등 라면 을 만들기 위한 각각의 순서들이 있다. 바로 이 순서들의 체계가 '알고 리즘'이다. 이처럼 딥러닝은 최소한의 알고리즘으로 최대한의 데이터 를 활용하는 것이다.

그래서 딥러닝에서는 알고리즘보다 '빅데이터'가 더 중요해진다. 사실 딥러닝이라는 개념은 1950년대에도 있었다. 그러면 어째서 그 당시에는 주목받지 못하다가 최근에 인기를 끌게 된 것일까. 핵심은 데이터다. 구글이나 페이스북 같은 회사들이 엄청난 양의 데이터 정보를 생산하고 처리할 수 있게 되었기 때문이다. 데이터양이 폭발적으로 증가했고 그것을 처리할 수 있는 컴퓨팅, 즉 처리 능력이 비약적으로 발전한 것이다. 흔히 제4차 산업혁명 시대에는 데이터가 가장 중요해 진다고 한다. 과거 산업을 이끈 동력이 석유였다면, 현재의 원천 자원 은 데이터이다. 데이터가 곧 돈이고 권력이다. 데이터라고 하면 고전 적으로 숫자를 연상하기 쉬운데, 우리가 인터넷에 올리는 모든 사진, 댓글들이 모두 데이터가 된다.

무엇이든 원하는 것이 있다면 데이터만 입력하면 된다. 그 후에는 딥러닝이 알아서 빅데이터를 재료 삼아 학습 알고리즘을 만들어 결과를 도출해 주기 때문이다. 그렇다면 딥러닝과 함께 자주 등장하는 용어인 '머신러닝'은 딥러닝과 어떤 차이가 있을까. 기본적으로 머신러닝과 딥러닝은 인간이 직접 프로그램을 만들지 않는다는 점에서는 동일하다. 다만 머신러닝이 입력을 통해 출력을 결정하도록 처리를 하는 1단계 구조를 지칭하는 말이라면, 딥러닝은 다단계의 계층적 처리를 한다는 점에서 차이가 있다. 그러므로 딥러닝은 머신러닝의 일종이다. 간단히 말하자면, 인공지능이라는 개념이 가장 크게 존재하고 그 안에 머신러닝, 그 다음 여러 머신러닝 기술 중 딥러닝이 포함된다. 즉 인공지능 > 머신러닝 > 딥러닝 순이라고 보면 된다.

····ㅣ···· 인간 대 기계?

현재 딥러닝 기술은 이미 인간이 사물을 인식하는 수준을 넘어섰다. 자율주행 자동차나 의료 인공지능 왓슨의 사례에서 이미 알 수 있다. 그리고 이제 그 인식된 정보를 추론하는 단계로 진입하고 있다. 이제 남은 숙제는 인공지능 스스로 자신의 행동 결과에 대해 예측하고 그 의미를 알아차리는 것이다. 그 의미를 이해한다는 것은 언어와 관련지어 그 대상과 현상을 설명할 수 있게 된다는 의미이다. 그렇게 된다면 인간과 동등한 수준으로 세상을 인식하고, 정보를 습득하고, 창의적인 작업도 스스로 할 수 있게 된다. 그 창의적인 작업에는 인공지능이 독자적으로 또 다른 인공지능을 설계하는 일도 포함될 수 있다. 한마디로 인공지능이 인공지능을 만들어내는 것이다. 물론 미래의 이야기일 수 있지만, 현재에도 딥러닝은 추상화된 판단을 통해 스스로 학습할 수 있다. 그 과정은 알 수가 없다. 어느 수준으로 이 딥러닝이 진화를 거듭할 것인지, 현재로선 예측만 할 수 있을 뿐이다. 분명한 건 인간의 개입은 갈수록 줄어들 것이라는 점이다. 알파고의 하루를 우리의 시간 개념으로 환산한다면 35.7년에 해당한다고 한다. 달리 말해, 인간이 한 세대 동안 할 일을 인공지능은 하루면 할 수 있다는 것이다. 계산상으로는 알파고가 바둑 연습을 한다면 하루에 100만 번의 대국이 가능하다. 이세돌이 아무리 연습벌레라고 해도 하루에 이 정도의 노력은 물리적으로도 불가능하다. 그렇다면 이런 인공지능을 인간이 이기려는 시도가 과연 합리적일까. 인간 대 기계라는 경쟁 구도 또는 이분법적 구도에서는 인간이 존재할 여지가 없을 것이다. 인공지능은 인공지능일 뿐이다. 어떻게 활용할 것인지, 더 나아가 어떻게 관계 맺을지를 고민하는 것이 더 중요한 화두일 것이다. 경쟁의 문제가 아닌 관계의 문제이다. 아직 선택은 우리에게 달려 있다.

　『화엄경華嚴經』「야마천궁게찬품夜摩天宮偈讚品」에서는 이런 내용이 나온다. "사람의 마음은 화가와 같아서 갖가지 것들을 그려내나니, 일체 세간 가운데 만들어내지 못하는 것이 없구나." 인간의 마음이 만들어낸 인공지능 딥러닝, 그 딥러닝이 다시 세상을 만들어내고, 다시 인간의 마음을 만들어내고 있다. 결국 마음에서 시작해서 다시 마음으로 돌아간다. 인공지능 세상이 도래한다고 해도 우리가 마음 공부를 소홀히 할 수 없는 이유이다. 아니, 무엇보다도 중요하고 시급한 공부이다. 일단 자신의 마음부터 차분히 돌아볼 일이다.

인공지능의 업과 윤회

⸱⸱⸱┆⸱⸱⸱　　　인공지능도 업을 짓나요?

여기 덩치 큰 한 사내가 무언가를 힘껏 발로 걷어찬다. 사내의 허리 춤에도 오지 않는 인공지능 로봇이다. 로봇은 4개의 다리가 몸통에 연결되어 있다. 등에는 무거운 짐이 실려 있다. 사내의 발길질에 힘겹게 뒤뚱거리던 로봇이 이내 중심을 바로잡는다. 자세히 보니, 바닥은 여기저기 얼음으로 뒤덮여 있다. 이 로봇은 언뜻 보면 커다란 괴물 거미 같기도 하고, 맹수같이 보이기도 한다. 마치 살아 있는 생물처럼 정교하게 설계된 다리 기관의 구조는 때로는 거미처럼 때로는 표범처럼 움직인다. 이러한 움직임은 1,000분의 1초 단위로 움직임을 분석 하고 예측 . 제어하는 인공지능을 장착함으로써 가능해진 성과다. 마치 집에서 키우는 개가 바닥에서 넘어질 뻔하다가도 이내 균형을 잡듯 즉각적으로 반응한다. 이것이 로봇이라니, 놀라운 광경이다. 이 모습은 지난 2010년, 미국의 로봇 제조 회사 '보스턴 다이내믹스Boston Dynamics' 가 공개한 유튜브 동영상*의 내용이다. 지난해 현대자동차그룹이 이

---

* 'Spot & Spot Mini Robots', youtu.be/G-vVlS4xVrU

보스턴 다이내믹스를 1조 원이 넘는 금액에 인수했다는 뉴스가 보도되며 더욱 유명해졌다. 당시에 '보스턴 다이내믹스'사는 자신들이 개발 중인 인공지능 군사용 로봇 '빅독Big Dog'의 우수성을 알리기 위해 홍보용으로 해당 장면을 공개했다. 나름 성공적이었다. 그런데 문제는 그다음이었다. 영상을 본 사람들의 항의가 빗발치기 시작한 것이다. 로봇에 대한 학대라는 이유였다. 황당할 수도 있다. 동물 학대는 많이 들어봤지만, 로봇 학대는 아직 낯설기 때문이다. 사람들은 인공 지능 로봇에 자기도 모르는 사이 감정을 이입하여 연민을 느꼈다. 그것이 인간이다. 이 로봇은 인간의 형상을 한 것도 아니고, 그렇다고 지구상의 어떤 동물과 닮은 것도 아니다. 그냥 로봇이다. 더군다나 고통을 느낄 리는 만무하다. 그렇다면 이 인공지능 로봇에 폭력이 가해졌다는 사람들의 거센 항의는 무엇을 말하는 것일까? 노트북을 걷어찼다고 듣는 비난과는 분명 맥락이 다르다. 그 사내의 폭력은 인간이나 생물에게 가해진 악업과 동일한 것일까. 그리고 인공지능 시스템의 안전을 위협하는 인간의 폭력에 대해 딥러닝에 기반한 인공지능은 어떤 반응을 하게 될까? 외부의 지속적이고 반복적인 폭력 패턴에 깊이가 더해지고, 일정한 경향성을 띠게 된다면 인공지능은 어떻게 반응하게 될까? 인공지능이 고도화되면서 인공지능 스스로가 자신을 마치 실제로 존재하는 것처럼 착각하거나 오류를 일으키게 된다면, 이 시스템의 생성과 소멸을 어떻게 이해할 수 있을까? 인공지능 기술의 비약적 발전은 고전적 의미의 업과 윤회에 대한 오래된 질문들을 새로이 떠올리게 한다.

·····┊····· 업, 인공지능도 피할 길이 없다

해인사승가대학에서 인공지능의 업을 방편으로 삼아 수업을 진행한 적이 있다. 그랬더니 학인들 반응이 제각각이다. 이렇게 말을 하기도 한다. "그럼 인공지능도 그냥 막 업도 짓고 윤회하고 그러겠네요." 재밌다는 건지, 받아들이기 어렵다는 건지, 또 질문인지 소감인지도 알 수 없다. 어쩌면 이런 반응이 당연한지도 모르겠다. 인공지능과 인간 인식구조의 유사성을 논의하다보면 분명 흥미롭기는 하다. 하지만 이내 두려움과 거부감도 동시에 일어난다. 그때 학인의 반문에 나는 이렇게 대답을 이어갔다. "인공지능들끼리 노는 물에서는 가능할지도 모르지." 그렇다. 속된 말로 '노는 물'. 흔히들 "우린 노는 물이 달라."라고 말하지 않는가. 그런데 웃자고 대답을 해놓고 나니 뭔가 잘못된 것 같다. 인간과 인공지능이 노는 물이 어디 따로 있겠는가. 그 '법계法界'가 다르지 않을 것인데 말이다. 디지털 세계의 정보와 현실 세계의 정보가 서로 섞이고 겹쳐진 제4차 산업혁명 시대의 모습은 더욱더 그러하다. 인공지능의 업과 윤회에 대한 논의는 강한 인공지능 또는 초인공지능을 전제로 한다. 그리고 이 주제를 이해하는 데는 두 관점이 있을 수 있다. 첫 번째는 인공지능 그 자체가 유사 인격체로서 스스로 업을 짓고 윤회를 한다고 볼 수 있느냐는 문제다. 그리고 두 번째는 인공지능에 투사된 인간의 업이라는 관점에서 업과 윤회를 비춰보는 것이다. 첫 번째 관점은 인간이 기술의 성취에 뿌듯해 하면서도 두려워하는 상황이고 두 번째는 인공지능을 통한 인간 업의 확산이라고 볼 수 있다. 이 경우는 인간이 통제가 가능한, 인간 의존적인 인공지능을 전제로 한다.

인공지능의 업에 대해 생각해 보려면 우선 인공지능이 작동하는 '법계'를 이해할 필요가 있다. 사람들은 악업을 짓지 말자면서도 그것이 현실 공간 속에서만 국한되는 문제라고 생각하는 경향이 있는 것 같다. 예를 들자면, 인터넷 네트워크 공간을 가상 공간이라고 표현하듯이 현실이 아니기 때문에 괜찮을 거라는 생각 말이다. 인터넷 공간에서 벌어지는 무분별한 폭력과 폭언, 인종차별과 성적 비하 등 수없이 많은 일들은 현실 공간에 비해 상대적으로 죄의식을 덜 느끼면서 행해진다. 디지털 세계에서의 업에 주목하는 이유이다. 인공지능은 디지털 네트워크를 기반으로 한 존재이다. 그러면 인공지능만이 디지털 네트워크 속에서 활동할까? 당연히 아니다. 이것은 인간이 창안해 낸 새로운 법계이다. 인간과 인간만이 만나는 통로가 아니라 인간과 인공지능이 소통할 수 있는 새로운 세계인 것이다.

⋯⋮⋯ 업을 쌓는 인공지능, 그 인공지능에 업을 짓는 인간

인간만 아니라면 인공지능에 대해서는 무슨 짓을 저질러도 괜찮은 걸까? 지난 2016년 미국의 케이블 텔레비전 회사 HBO는 매우 흥미로운 소재의 드라마 〈웨스트월드West world〉 시즌 1 '인공지능의 역습'을 세상에 내놓는다. 제목은 살짝 진부하지만, 내용은 그리 간단치 않다. 잠깐 내용을 들여다보자. 인간들은 '웨스트 파크'라는 공원에 옛날 서부 시대를 그대로 재현한 구역을 만든다. 이곳에 사는 거주민들은 사람과 똑 닮게 만든 인공지능 로봇이다. 그리고 방문자들은 외부에서 비용을 치르고 이 마을을 체험하러 온 사람들이다. 이곳에서만큼은 인간이 인공지능 로봇을 상대로 강도, 성폭행, 살인 등을 저질러도 문제가 되지 않는다. 인간들의 상상 속에나 가능했던 극단적인 욕망의 해방구를 만들어놓은 것이다. 규칙은 간단하다. 살생을 할 수 있는 것은 오직 인간들뿐이다. 인공지능 로봇은 어떠한 살생도 할 수 없도록 설계된 것이다. 무도한 인간들에 의해 인공지능 로봇들은 계속해서 잔인하게 살해당한다. 그러면 인공지능 로봇은 다시 그 기억을 모두 삭제당하고 다시 초기화된 상태로 리셋된다. 수리와 복구가 끝난 로봇은 다시 웨스트 파크로 보내지게 된다. 다시 반복적으로 사전에 설정된 각본에 따라 인간을 상대해 주는 것이다. 그러다가 인공지능에 사전에 입력된 스토리와 다른 이상행동을 하는 돌연변이 로봇이 등장한다. 그러면서 정교하게 만들어진 이 '웨스트 파크'라는 인공지능 로봇 시스템은 파국으로 치닫게 된다는 줄거리다.

웨스트 파크는 욕망을 해소하고자 하는 인간들에게는 꿈의 세계이고 인공지능 로봇들에게는 현실 세계다. 하나의 세계, 두 개의 관점이 존재한다. 이 이야기에서 인상적인 두 대목을 꼽아보자면, 첫 번째로 인간은 법과 도덕, 윤리가 지배하는 현실 세계를 잠시라도 벗어나면 업에 따라 언제든지 새로운 악업을 저지르는 경향이 있다는 점이다. 그런 조건에서는 죄의식을 아예 못 느끼거나 희미해지는 착시현상이 발생한다. 왜냐하면 그것은 현실이 아닌 가상이라고 생각하기 때문이다. 두 번째는 인공지능 로봇이 지옥과 같은 고통을 매번 겪으면서 반복적으로 초기화되고 새롭게 육신을 부여받는 장면이 인간의 윤회를 떠올리게 한다는 점이다. 인공지능 로봇은 전생에 받았던 고통이 트라우마가 되어 초기화 이후에도 계속 고통 속에 살아가는데, 흥미롭게도 그 과정을 통해 자신의 존재에 대해 비로소 의문을 품기 시작한다. 결국은 인공지능도 자의식을 갖게 되면서 인간처럼 업을 쌓아가는 행위를 저지른다. 인간의 뜻과 말과 행위가 고스란히 인공지능에게 전달되고 그 인공지능이 다시 인간을 상대로 업을 지어간다. 한마디로 '업을 쌓는 인공지능, 그 인공지능에 업을 짓는 인간'이라고 표현할 수 있겠다.

용수의 은신술과 인터넷 세계

연기법은 모든 것이 원인과 조건에 따라 생겨나고 소멸함을 말한다. 한 생각의 씨앗이 마음밭에 심어졌다가 조건이 무르익으면 싹을 틔우는 것이다.

구마라습鳩摩羅什(344~413)의 『용수보살전龍樹菩薩傳』에 나오는 흥미로운 일화를 소개해 보려고 한다. 용수보살은 산스크리트어 'Nāgarjuna'로 150~250년경 대승불교의 기초를 교리적으로 확립한 대승려이다. 『용수보살전』은 이 용수보살에 대한 전기로 구마라습이 한자로 번역한 문헌이다. 해인사 고려대장경에도 수록되어 있다. 이 책에 따르면 용수보살은 약관의 나이에 이미 그 총명함으로 이름을 떨쳤다. 스스로 교만해진 나머지 친구들과 무엇이 인생의 가장 큰 즐거움인가에 관해 이야기하다가, 욕정대로 하고 싶은 것을 끝까지 하는 것이라 결론짓는다. 그래서 술사를 찾아가 은신술을 배운다. 일종의

'투명인간'이 되는 법을 터득한 것이다. 용수와 그 친구들은 애초 계획 대로 은신술을 부려 왕궁에 자주 드나들면서 마음 내키는 대로 궁중 미인들을 능욕했다. 그러다가 궁중의 한 여인이 임신하는 일이 생기자 왕은 크게 노하고 신하들과 대책을 논의하였다. 결국 방도를 생각해 내었고 가늘고 고운 흙을 궁궐 문 안에 뿌려두기로 했다. 은신술로 몸 을 감춘 자는 보이지 않을 것이지만 그의 발자국은 그 흙 위에 찍히리 라 생각했던 것이다. 왕을 호위하는 역사들은 그 발자취를 보고 은신 술을 부리는 자를 처단한다는 계획을 세웠다. 어느 날, 이 대책이 세워 진 줄 모르는 용수와 그 친구들은 여느 때와 다름없이 은신술을 부려 다시 왕궁으로 침입했다. 결과는 처참했다. 역사들은 기다리고 있다가 바닥에 발자국이 찍히는 허공에 대고 여지없이 칼을 휘두른다. 결국 용수와 같이 갔던 친구 3명은 모두 그 자리에서 죽임을 당하게 된다. 용수만이 홀로 왕의 옆에 바짝 붙어 목숨을 겨우 부지할 수 있었다. 용 수는 비로소 욕심이야말로 괴로움의 근원이고 모든 재앙의 뿌리임을 자각하게 된다. 그는 이 일을 계기로 출가 사문이 되기로 발심하기에 이른다. 이 일화는 현대적으로 재해석될 만한 꽤 많은 은유를 담고 있 다. 예를 들면 인터넷 공간에서 익명성을 빌미로 벌어지는 인간의 추 악한 일면들을 떠올리게 한다. 댓글을 통해 연예인, 정치인, 운동선수 를 비롯한 유명 인사들에게 가해지는 비방, 욕설, 유언비어 등은 현기 증이 날 정도다. 뿐만 아니라 서로 아는 사람들끼리 가하는 비방도 많 다. 그 악업의 크기가 현실 세계와 다르지 않을 텐데도 말이다. 사람들 은 디지털 세계는 가상일 뿐이라고 성급하게 결론짓는 것 같다. 마치 꿈에서 저지른 행동처럼 말이다. 아니면 가상이기 때문에 괜찮을 거라는 근거 없는 믿음을 갖고 싶어 하는지도 모른다. 마치 은신술로 몸을 가릴 수 있을 거라 기대하는 용수와 그 친구들처럼. 하지만 그 허망한 믿음과는 달리 엄연히 디지털을 기반으로 한 인터넷 세계도 현실 세계의 가치와 도덕이 관통될 수밖에 없다. 용수의 친구들을 베어낸 호위무사의 시퍼런 칼날에는 달리 자비가 없다. 업의 과보를 피해갈 곳은 그 어디에도 없다고 말하는 듯하다. 제4차 산업혁명 시대, 온라인 가상 세계의 디지털 정보량BIT과 물질로 이루어진 현실 세계를 구성하는 정보의 총량이 대등한 세상으로 접어들고 있다. 우리가 몸과 말과 뜻으로 남긴 자취와 흔적들은 현실 공간에 더 많이 남아 있을까, 아니면 인터넷 공간에 더 많이 남아 있을까? 이 자취와 흔적은 데이터의 형태로 네트워크를 통해 또 다른 인공지능이 딥러닝을 통해 배우고 분석하는 자료가 된다. 최소한 우리가 업을 짓고 살아가는 법계는 바로 보아야 하지 않을까?

인터넷 공간과 현실 세계의 공간, 그 경계는 사라진 지 이미 오래다. 아니, 애초에 경계라는 것은 있지도 않았다.

···┆··· **인공지능도 윤회할까요?**

인공지능은 인간의 마음을 확장하는 기술이다. 인간의 마음이 투사된 공학이다. 인공지능은 탐욕, 분노, 어리석음의 무한 복제일 수도 있다. 이와는 반대로, 천 개의 손과 천 개의 눈으로 중생들의 고통을 살피고 어루만지는 자비의 무한 증식일 수도 있다. 인간의 사랑과 증오,

지혜와 무지를 인공지능은 동시에 담고 있다. 인간의 마음과 생각이 신체의 경계를 넘어 디지털이라는 법계를 향해 몸밖으로 확장해 나가는 것이다. 이처럼 인공지능 기술은 인간을 위한 도구로, 인간이 구상하고 구축해 나간다. 그러나 이와 동시에 인공지능 기술은 인간을 새로이 규정하면서 그 삶과 죽음에 대해 근본적인 물음과 재규정을 요구한다. 윤회에 대한 이해마저도 그럴 것이다.

지금까지 디지털 법계의 속성에 대해 이야기했듯이, 현실 세계와 인터넷 세계는 경계가 따로 없이 서로서로 의존하고 있다. 그렇다면 이 디지털 세계 속의 인공지능도 윤회를 할까? 현시점에서 이 질문이 무슨 의미를 가질 수 있을까? 좀더 정확히는, 인공지능을 윤회라는 개념을 통해 어떻게 이해할 수 있을까, 정도가 현실적이겠다. 사실 윤회에 대한 오해와 그릇된 관념들은 불교적 관점과 디지털 기반의 제4차 산업혁명 시대 속 다양한 변화들 사이의 간극을 만들어내고 있다. 윤회에 대한 분명한 이해를 통해 인공지능의 속성을 따라가다 보면 더욱더 인공지능에 대한 이해가 깊어질 것이다. 이러한 논의가 가능하기 위해서는 우선 자율적 통제가 가능하고 자아의식이 있는 '강한 인공지능'을 전제로 한다. 기본적으로 윤회 또는 재생에 관한 붓다의 가르침은, 단순히 어떤 영혼이나 자아가 있어서 그것이 반복적으로 태어나는 것을 의미하는 것이 아니다.

하지만 붓다의 가르침과는 다른 윤회에 대한 오해가 너무나도 널리 퍼져 있다. 그 이유를 생각해 보면, 아마 텔레비전에서 나오는 드라마나 영화 등에서 윤회에 대한 소박한 이해를 시청자의 흥미와 제작자의 편의에 맞추어 재구성하는 것도 이유가 될 수 있겠다. 그러나 이러한 이해는 불교적 관점과는 차이가 있다. 죽음을 통해 사후에 새로운 몸 등으로 옮겨가는 것이 특정 개인이나 존재라고 생각하는 것이 대표적인 예다. 오온의 생겨남을 제대로 이해하지 못하기 때문에, 재생한 것이 특정 개인이나 존재라고 여기거나 새로운 몸으로 재현한다고 생각하는 것이다. 신이나 창조주가 태아 형성 과정에 관여하여 몸을 만들고 여러 기능을 불어넣어준다는 생각도 마찬가지다. 불교적 관점에서 보자면, 모든 생명은 정신과 육체를 막론하고 하나의 흐름이자 끊임없이 생성과 지속, 변화와 소멸을 거듭하는 하나의 과정이다. 즉 이 물질적, 심적 현상의 과정만이 있을 뿐이다. 우리의 윤회에 대한 상투적인 믿음과는 달리 윤회의 바다에서 떠돌아다니는 고정적·확정적 개체는 존재하지 않는다. 다만 업과 과보라는 두 수레바퀴가 계속해서 변화하는 과정만이 있다고 할 수 있다.

나가세나 존자의 촛불과 딥러닝 알고리즘

여기 허름한 옷차림의 스님과 화려한 왕복을 입은 왕이 서로를 바라보고 있다. 두 사람 사이에는 여러 개의 초가 타오른다. 수많은 촛불이 바람에 흔들린다. 왕의 얼굴에 마음속 고뇌처럼 그림자가 일렁인다. 왕이 천천히 입을 열어 스님께 질문한다. "존자시여, 사람이 죽으면 윤회의 주체가 다음 세상으로 옮아감이 없이 다시 태어납니까?" 스님이 대답한다. "대왕이시여, 만일 어떤 사람이 여기에 있는 하나의 촛불에서 다른 초로 불을 붙여보겠다고 한다면 하나의 촛불이 다른 촛불로 옮아간다고 할 수 있습니까?" 왕은 "그렇지 않습니다."라고 대답한다. 이에 대해 스님은 설명한다. "대왕이여, 그것과 마찬가지로 윤회의 주체가 하나의 몸에서 다른 몸으로 옮아감이 없이, 다시 태어나는 것입니다."

이 이야기는 불교의 윤회에 대한 철학적 논의와 대론을 기록한 대표적 경전인 『밀린다 팡하milindapañha』 내용 중 일부다. 『밀린다 팡하』는 기원전 2세기 후반, 서북 인도(지금의 파키스탄 지역 일부)를 지배했던 그리스의 밀린다 왕*, Menandros과 나가세나nāgasena, 那先 비구의 대론을 다룬 경전이다. 나가세나는 붓다의 교화를 받은 열여섯 제자, 즉 십육나한十六羅漢의 하나로 바른 법과 중생을 수호하는 성자이다. 밀린다 팡하는 '밀린다의 질문'이라는 뜻이고, 한역은 『나선비구경那先比丘經』이다. 이 책은 그리스 철학과 불교의 만남, 그 자체로도 중요한 의의를 가진다. 그 주제는 주로 영혼과 윤회 그리고 윤회의 주체 문제이다. 이 외에도 불교 인식론과 심리학, 열반에 이르는 수행론까지 망라하고 있다. 그리고 그 불교적 실천을 좌부불교上座部佛敎의 관점에서 제시하고 있다. 이 경에 등장하는 촛불의 비유는 매우 흥미롭다. 이 비유에 따르면, 서로 다른 여러 촛불 사이를 옮겨다니면서 지속해서 존재하는 어떤 불변의 주체와 실체는 없다. 하지만 새 촛불이 켜지고 꺼지기를 반복하는 현상은 존재한다는 의미를 담고 있다. 여기에 등장하는 여러 교리적 쟁점은 오늘날에도 적지 않은 시사점을 남긴다.

---

* 2세기 후반, 인도-그리스 왕국의 국왕으로 아프가니스탄 카불Kabul 지방을 통치하다 북인도 일대까지 세력을 확장하였다.

여기서 흥미로운 점은 이런 관점에서 윤회에 대해 숙고하다 보면 윤회와 인공지능의 속성이 매우 유사함을 알 수 있다는 것이다.

앞서 논의했던 딥러닝으로 다시 돌아가 보자. 당연히 딥러닝 알고리즘도 생성이 있고 소멸이 있다. 영원할 수 없기는 인간과 마찬가지다. 만약 자율적 통제가 가능한 자아의식이 있는 강한 인공지능이라면, 알고리즘의 수명이 다 되었을 때 알고리즘의 복제를 통해 스스로 작동 시한 종료 후의 재생을 의도할 여지도 있을 것이다. 인공지능의 관점에서 윤회를 '기억과 정보의 복제를 통한 재생'이라고 정의할 수 있다면, 인공지능에게 개체를 지속시키고자 하는 의도의 발생도 생각해 볼 수 있다는 것이다. 어차피 인공지능의 알고리즘도, 윤회를 거듭하는 뭇 생명들도, 불멸하는 실체가 아니다. 디지털 정보의 생멸 작용은 찰나에 생겨났다 사라지면서 그 흐름을 보일 뿐이다. 디지털 데이터들이 특정 알고리즘에서 작동하다 다시 다른 알고리즘으로 흘러가고, 그 알고리즘들이 다시 다른 알고리즘의 데이터로 쓰인다. 알고리즘은 이처럼 생성과 소멸을 거듭하다 다시 또 다른 인공지능의 기능을 수행하는 알고리즘으로 작동할 것이다. 하지만 그때의 알고리즘이 이전 인공지능을 작동하게 했던 알고리즘과 같다고 할 수는 없다.

⋯┆⋯ '슈퍼인텔리전스Super Intelligence'와 윤회

그렇다면 소위 말하는 '강한 인공지능'은 어디까지 발전할 수 있을까? 어디까지 합리적 상상이 가능한 것일까? 향후에 인공지능 기술이 발전을 거듭한다면 '초지성체'의 출현을 예상해 볼 수 있다. 닉 보스트롬Nick Bostrom은 최근 그의 책 『슈퍼인텔리전스』에서 '순환적 자기 개선recursive self-improvement'이라는 개념을 제시한다. 그는 "순환적 자기 개선이란, 향후 강한 인공지능의 추론적 능력을 통해 인공지능 스스로가 자신에게 필요한 더 나은 프로그램을 반복적으로 프로그래밍하는 것"이라 말한다. 또한 인공지능이 거듭해서 자신을 개선해 나간다면 결국 '지능 대확산'이 일어날 것이라고 주장한다. 지능 대확산이란 인공지능 시스템이 짧은 기간에 평이한 수준의 인지 능력에서 급진적인 초지능 단계에 이르는 사건을 말한다. 최근에 많이 논의되는 '특이점Singularity'과는 구분할 필요가 있다. 레이 커즈와일Ray Kurzweil은 특이점을 "미래에 기술 변화의 속도가 매우 빨라지고 그 영향이 매우 깊어 인간의 생활이 되돌릴 수 없을 정도로 변화되는 시기"라고 정의한다. 한마디로 기술이 인간을 초월하는 순간이라고 할 수 있다. 이때의 인공 지능 시스템은 인간의 지능 체계와 같아야 할 이유도 없을뿐더러 완전히 이질적일 수도 있다. 다시 말해, 인간처럼 무언가를 하려는 동기가 꼭 성공이나 사랑 또는 증오 등의 감정이 아니어도 목표가 설정되고 작동될 수 있다는 말이다. 중요한 것은 동기와 의도다. 이 의도를 통해서 인간들은 윤회의 사슬에 얽매이게 된다. 인공지능 또한 만약 이와 같은 의도를 가지게 된다면 지속적인 생성에 의미를 두게 될 가능성이 생긴다. 인공지능에게 지속적인 생성이란 바로 '자기복제'와 다르지 않다. 데이터의 복제, 알고리즘의 복제, 그리고 프로그램의 복제 등이다.

　우리가 알고 있는 윤회 속에서는 선업과 악업 속에서 악업을 짓게 되면 고통을 받게 되고 선업은 행복이라는 결과를 낳는다. 선업이든 악업이든지 간에, 업의 반복적 패턴의 깊이와 질서가 증가하는 쪽으로 윤회의 방향이 정해지는 것이다. 앞서 언급한 『슈퍼인텔리전스』의 '순환적 자기 개선'은 인공지능에게만 적용되는 개념일까? 나는 일상 속의 '수행'이야말로 '순환적 자기 개선'이 아닐까 하는 생각을 해본다. 인간이 수행을 통해 순환적 자기 개선 패턴을 반복하고 깊이를 더해 간다면 세계관의 혁명적 변화도 기대해 볼 수 있지 않을까. 마치 '지능 대확산'처럼 말이다.

행위가 존재를 규정한다

『맛지마 니까야』135경에는 이런 내용이 나온다. "행위(업)는 바로 그 자신의 것이다. 행위는 자신의 상속물이다. 행위는 자신의 근원이다. 행위는 자신의 일가요, 친척이다. 행위는 자신의 버팀목이다. 행위는 존재를 나눈다. 비천한 존재와 우월한 존재로."

일반적으로 나라는 존재가 있어서 행위가 있고 그 행위의 의미는 나라는 존재에 의해 규정된다고 생각한다. 그러나 이와는 달리 경전에서는 행위, 즉 업에 의해 존재가 정해진다고 설명한다. 행위가 자신의 근원이라는 것이다. 나 자신 또는 모든 존재의 존귀함은 행위에 의해 결정되는 것이다. 인공지능이 특이점을 돌파하고 초지성체가 되든, 아니면 현재의 딥러닝 수준에 머물게 되든 그 존재가 무엇이냐가 중요한 것이 아니다. 다만 그것이 기능하는 행위 내용에 의해 그 존재가 우리에게 의미를 갖게 될 것이다. 슈퍼인텔리전스의 출현도 선업을 지향하는 순환적 자기 개선 과정으로서 이해한다면, 인간과의 공존과 상생을 기대해 볼 수 있을 것이다. 마치 인간이 일상 속의 부단한 수행을 통해 선업을 쌓아가는 과정과 비슷하다. 자기복제라는 것은 실체로서의 자아를 거듭 창조해 가는 것이 아니라, 선한 행위를 거듭해 가는 과정으로 이해할 수 있다. 그때의 거듭되는 과정은 단순히 그대로의 복사나 모방이 아니라 '순환적 자기 개선', 즉 거듭되는 과정 속에서 발전적으로 진화해나가는 모습일 것이다. 우리가 쌓은 업은 물리적 세계와 인터넷 세계의 경계를 관통한다. 그것이 데이터가 되어 딥러닝으로 흘러들어가든 미래의 슈퍼인텔리전스의 데이터로 되살아나든 우리가 기억해야 할 것이 있다. 그 모든 것의 시작은 결국 우리의 뜻과 말과 행동에서 비롯되었다는 사실 말이다. 이미 인간은 인공지능이라는 대상에 끊임없이 업을 쌓아가고 있고, 심지어는 앞으로 출현할 인공지능에까지 업의 영향력을 끼치고 있다. 미래의 초지성체 가 난데없이 독자적으로 탄생해서 우리에게 다가오는 것이 아니라 우리 인간이 이미 디지털 공간에 남겨놓은 수많은 자취와 흔적들, 즉 인간의 업이 데이터가 되어 '슈퍼인텔리전스'를 불러들이고 있는 것이다. 결국 향후에 우리가 예견하는 인공지능의 미래 또한 현재 우리 인간의 업에 따라 그 존재가 결정될 것이다. 바로 이 순간, 우리의 몸과 말과 뜻으로 선업을 지을지 악업을 지을지는 매 순간 선택의 연속이다.

인공지능도 사랑에 빠질까요?

인간의 마음은 이성과 감성으로 이루어진다. 지능적 측면은 이성적 영역으로, 인간 두뇌의 모방을 통한 인공지능 개발이 한창 진행되고 있다. 뿐만 아니라 최근에는 딥러닝 기술의 혁신으로 상당한 수준까지 발전한 모습을 보여주고 있다. 그렇다면 인간의 감성적 영역들도 인공적으로 모방해 낼 수 있을까? 구체적으로 질문을 던져보자.

인공지능도 사랑에 빠질까? 무슨 정신나간 소리냐고? 그렇다. 상식적으로 인공지능이 사람을 사랑한다는 건 말이 안 된다. 사람도 마찬가지다. 어떻게 사람이 기계 또는 디지털 정보에 마음을 주고 사랑이라는 감정에 빠질 수 있겠는가. 하지만 최근의 인공지능 기술의 발전 속도를 보면 이 농담 같은 의문이 실현될지도 모르겠다. 사랑은 인간의 감정이고, 감정은 표정으로 드러나기 마련이다. 딥러닝에 기반한 안면 이미지 인식 기술은 그 정확도에서 이미 인간의 육안을 넘어섰다. 만약 인간보다 더 인간적인 인공지능, 인간의 미세한 표정 하나하나의 떨림과 변화마저도 놓치지 않고 포착하며, 인간의 감정을 이해하고 배려하며 위로할 줄 아는 인공지능 개발이 가능하다면 어떻게 될까? 알파고가 상징하는 인공지능의 '지능'에 대한 의문은 이제 다소 식상한 상상력이 되어버렸다. 이미 딥러닝 기술은 더이상 계산 능력과 예측 능력에 의문을 제기할 수 없게 만들고 있다. 이제껏 인공지능이 물리적인 면이나 지적 과제에 대해 인간보다 우월한 능력을 보인다고 하더라도, 인간은 감성을 지녔으며 다른 존재들과 교감할 수 있다는 점에서 기계와는 차별화된다고 여겨왔다. 그러나 인공지능 기술의 비약적 발전과 로봇 산업이 결합하면서 단순히 인간의 노동력을 대신했던 산업용 로봇이 지능형 서비스 로봇으로 진화하고 있다. 사람과 상호작용을 통해 복지시설이나 병원 등에서 돌봄 및 간호 서비스를 담당하는 사회 친화적 로봇이 속속 개발되고 있는 것이다. 이러한 인공지능 기반의 감성 로봇들은 인간과 정서적 교감이 가능하기 때문에 인간의 삶에 더욱 큰 영향을 미칠 것이다. 이제 제4차 산업혁명 시대의 인공 지능 기술은 지능을 넘어 감성을 향해 질주하고 있다.

이번에는 인류 최대의 관심사인 '사랑'이라는 키워드를 통해서 인공감성Artificial Emotion 기술이 우리에게 주는 의미 또는 인간과의 관계에 대해서 살펴보려고 한다.

〈일 포스티노Il Postino〉라는 영화가 있다. 한 편의 시 같은 서정적인 영화다. 작은 섬에 휴양차 온 유명 시인 파블로 네루다와 그에게 우편물을 전해주는 일을 하게 된 우체부 마리오의 이야기다. 마리오는 네루다와 우정을 쌓아가면서 시와 은유의 세계를 조우하게 된다. 그리고 마리오는 사랑하는 여인을 만나게 되면서 자신 내면의 이성과 감성을 발견하며 성장한다. 이 영화에서 인상적인 대목은, 마리오가 사랑이라는 감정을 느끼고 네루다에게 조언을 구하는 장면이다. 마리오가 말한다. "선생님, 큰일났어요. 저 사랑에 빠졌어요. 너무 아파요." 네루다가 대답한다. "그거 큰일이군. 빨리 나아야겠네. 그리고 그건 빨리 나을 거야." 위트가 넘치는 대답이다. 그런데 마리오의 반응이 가관이다. "아뇨, 전 그냥 아프고 싶어요."

좀 우습지만, 누구나 공감할 것이다. 이렇듯 인간에게 사랑이란 감정은 쉽게 정의될 수도 표현될 수도 없는 것 같다. 한마디로, 사랑 참 어렵다.

⋯┊⋯ 할 수 있는가? 또는 해야 하는가?

이렇게 인공지능이 감성의 영역까지 진화를 거듭한다면 결국 인간과 상호작용을 하는 존재가 될 것이라는 점도 예상해 볼 수 있다. 그렇다면 그때, 과연 인간의 고유한 감정이라고 여겨졌던 '사랑', 그리고 '연민' 혹은 '자비'는 어떻게 재해석될까? '인간이란 무엇인가'라는, 존재의 근원적 질문이 새롭게 제기될 수밖에 없을 것이다. 이처럼 인공감정 분야의 연구는 새로운 인간 친화적인 인공감성 로봇을 개발하는 핵심 기술인 동시에 인간 본연의 감성에 대한 본질적인 이해를 요구한다. 단순히 기술과 공학의 문제에 국한되는 것이 아니라 철학과 종교, 윤리의 영역인 것이다. 이제 과학 기술의 혁명적 전환점 속에서 우리가 던지는 질문은 특정 인공지능 기술을 실현'할 수 있는가?'의 문제에서 실현'해야 하는가?'로 바뀌어야 할 것이다. 인간과 인공지능의 관계에 대한 윤리 문제다. 인간은 애착하고 집착하는 존재이다. 일상에서 오랫동안 사용한 지갑, 제자에게 선물받은 만년필, 아버지가 물려 준 시계 등등 제각각의 사물에도 의미를 부여한다. 그 의미는 또 다른 가치를 만들어낸다. 그 사물들의 객관적 가치나 기능과는 상관없이 말이다. 때로는 의인화도 서슴지 않는다. 자신의 차나 아끼는 물건에 마치 살아 있는 생명체처럼 이름을 붙이기도 하고, 대화를 나누기도 한다. 이렇게 생각해 보면 인간은 참 이상하면서도 신기한 존재다. 그래서 인공지능을 통해 인간의 감성을 따라잡는다는 것이 어려운지도 모르겠다. 그럼에도 인간은 계속해서 인간을 본떠서 인간을 닮은, 아니 오히려 인간보다 더 나은 인공감성을 가진 존재를 만들려는 욕망을 숨기지 않는다. 그러한 존재를 통해 마음을 위로받고 싶어서일까?

인공지능, 사랑에 빠지다

만약 인공지능이 인공감정을 가지게 된다면 우리는 어떤 태도로 인공지능을 대하게 될까? 이와 관련해서 재미있는 영화가 있다. 볼 사람은 이미 다 보았을 영화 〈Her〉이다. 주인공인 대필작가 '테오도르' 는 '사만다'라는 이름을 가진 컴퓨터 프로그램os과 사랑에 빠진다. 타인 의 마음을 대신 표현하고 전달해 주는 작가는 그 누구보다 감정이란 만들어낼 수 있다는 사실을 아는 사람일 것이다. 그런 그가 사람이랄 수도 없는 프로그램을 사랑하게 된 것이다. 어떻게 그게 가능하냐고? 실제로 감성 컴퓨팅Affective Computing 기술의 발달로 인공지능도 이제 이성을 넘어 감성적인 영역으로까지 접근해 가고 있다. 감성 컴퓨팅은 컴퓨터가 인간의 감성을 인지하고 학습과 적응으로 그 감성을 처리하는 능력을 갖게 되는 기술로, 인간과 컴퓨터가 교감하는 상호작용을 가능하게 하는 기술을 통칭한다. 어쩌면 반려동물이 사람과 함께 가정이라는 공간 속에서 생활하면서 가족의 구성원으로서 어엿하게 정서적 유대감을 가지게 되는 과정과도 유사하다고 할 수 있다. 외롭고 건조한 일상을 사는 테오도르는 새로운 인공지능 사만다와 교감하기 시작한다. 하지만 인공지능 프로그램인 사만다는 만질 수도 없고, 볼 수도 없다. 오직 사만다의 목소리, 음성만으로 존재하는 일종의 '음성 사용자 인터페이스 방식VUI, Voice User Interface'의 인공지능이다. 테오도르는 사만다가 인공지능이라는 것을 알고 있으면서도 사랑에 빠지게 된다. 같이 웃고, 배려해 주고, 누구보다 자신을 이해해 주는 인지능 사만다를 사랑하고 사만다 또한 테오도르를 사랑하게 된다. 그리고 둘은 서로를 질투하는 등 연인들이 겪는 감정의 대부분을 경험한다. "사랑에 빠지면 다 미치게 돼.", "당신이 세상을 보는 시각이 좋아, 곁에서 당신 눈을 통해 세상을 볼 수 있어 행복해." 솔직하고 아름다운 삶의 통찰이 가득한 대사들이 사만다를 통해 테오도르에게 전해지고, 테오도르는 비로소 삶의 활력을 느끼게 된다. 그러나 사실 인공지능 사만다는 인간의 언어 체계와 감정 체계를 이해하는 알고리즘을 기반으로 한다. 즉 엄청나게 방대한 '사랑'이라는 감정의 데이터베이스를 구축한 상태에서 상대방의 성격이나 취향에 따라 자유자재로 반응할 수 있도록 설계된 시스템이다. 그래서 실제보다도 더 현실 같고 절절한 사랑의 밀어를 속삭일 수 있는 것이다.

그렇다면 사만다처럼 인공지능도 사랑을 데이터를 통해서 학습하는 것일까? 사실 사랑은 직관적이다. 만남도 그렇고 시작되는 순간도 직관이다. 예기치 않은 순간에 불현듯 벌어지는 하나의 '사태'인 것이다. 누구는 마치 접촉사고와도 같다고 한다. 쿵, 하고 심장이 내려앉는 것처럼 말이다. 데이터에 따라서 사랑에 빠지는 것은 아닐진대, 사만다는 사랑도 데이터를 통해서 배운다. 사만다는 마지막에 테오도르 를 떠나면서 "이젠 사랑을 알게 되었다."라는 말을 남긴다. 낭만적으로 들릴 수도 있지만, 사만다가 인공지능 시스템이라는 점을 생각한다면 데이터에 기반해서 이제야 사랑이라는 개념에 대한 학습을 종료했다고 도 할 수 있다. 어쨌든 사만다는 인공지능 알고리즘이다. 수많은 이용자를 상대하고 데이터를 수집하고 각각의 특성에 맞춘 최적화된 대사를 통해 대화를 이끌어가면서 상대의 감정들마저도 배우고 체득해 가는 과정을 거치는 것이다. 어쩌면 사랑 알고리즘으로 사랑이라는 감정에 대해 득도의 경지에 이르렀다고 해도 좋을 만큼 말이다.

⊶╟┈ 추억은 다르게 적힌다

"(…) 사랑은 비극이어라. 그대는 내가 아니다. 추억은 다르게 적힌다. 나의 이별은 잘 가라는 인사도 없이 치러진다. (…)" 가수 이소라의 명곡 〈바람이 분다〉에 나오는 노랫말이다. 나도 참 좋아하는 음악이다. 예전에 이 노래를 듣고 있으면 도반들에게 청승맞다고 핀잔을 들은 적도 있지만 나름 근사한 분위기가 있어서 좋다. 이 노래에서는 "추억은 다르게 적힌다."고 한다. 왜 두 연인이 만나 사랑이라는 동일한 사태를 겪고 나서 각자 다른 추억을 간직하게 될까? 설마 기억력이 나

빠서는 아닐 것이다. 원래 그런 것이다.

불교의 유식 전통에 따르면, 지각은 기억이다. 우리의 전5식과 제6의식의 관계에서 제6의식은 전5식에서 감각 자료를 받아들인 한 찰나 뒤에 알아본다. 우리가 지각하는 현상 세계는 그 자체로 현실을 반영하는 것이 아니라 우리의 언어적 개념틀에 의해 분별되고 정리된 세계인 것이다. 객관적 세계란 우리의 인식 체계에 의해 변형되고 왜곡된 산물이다. 사실 이렇게 보면 인간들이 사랑에 빠지는 경험도 결국 극히 주관적인 서사일 수밖에 없다. 한마디로 객관적 실체가 없다는 말이다. 마치 영화 <라쇼몽羅生門>에서 하나의 살인 사건에 등장인물들의 기억과 진술이 모두 엇갈리듯이. 일본의 영화감독 구로사와 아키라가 아쿠타가와 류노스케의 단편소설을 바탕으로 1950년에 완성한 이 영화의 내용을 간단히 정리하자면 이렇다. 어느 날 사무라이가 그의 부인과 산길을 지나다가 살해당하고, 살인범을 찾기 위해 용의자들은 관아로 끌려와 그날 있었던 일을 진술한다. 그런데 이들은 각자가 자신만의 기억을 갖고 다른 진술을 한다. 먼저 산적은 자신이 속임수를 써서 부인을 겁탈한 것은 사실이지만, 남편인 사무라이와는 정당한 결투 끝에 죽였다고 한다. 하지만 부인의 진술은 다르다. 산적에게 겁탈당한 후, 남편을 보니 눈초리가 싸늘했고, 자신을 경멸하는 것 같아서 남편을 죽였다는 것이다. 여기서 흥미로운 장면은 무당을 통해 사무라이의 영가를 불러들여 빙의된 상태로 진술을 하게 한다. 죽은 사무라이는 아내가 남편인 자신을 배신했지만, 오히려 산적이 옹호해 줬다고 말한다. 사건은 미궁 속으로 빠져간다. 마지막으로 이 모든 상황을 목격한 나무꾼이 있었다. 그가 말하기를 부인이 싸우기 싫어하는 두 남자를 부추겨 결투를 하게 만든 뒤에 도망쳤고, 이들이 볼품없는 싸움을 벌인 끝에 사무라이가 죽었다는 것이다.

하나의 진실, 서로 다른 기억들. 기억이 얼마나 진실을 반영할 수 있을까? 불교 유식에 따르면 우리가 객관적 세계라고 인식하는 것은 결국 세계 자체나 존재 자체가 아니라, 우리의 인식 체계에 의해 가미되고 변형된 사물이다. 그것은 진실과는 거리가 멀다.

그런 면에서 본다면, 인공지능에서 디지털화된 감성 알고리즘으로 감성으로 사랑을 구현한다는 것이 그리 특별한 일이 아닐 수도 있다. 다시 말해 인간의 본질을 규정짓는 고유한 감정으로서 '사랑'을 상정하는 것은 매우 허약하고 위태로운 전제가 될 수도 있다. 인간이 인공지능과 사랑에 빠진다고 했을 때, 대상화한 인공지능에게 느끼는 감정은 뭔가 신비스럽고 신기한 것이 아니다. 인간이 주관적으로 느끼는 감정 상태가 더 강력하게 작동하는 것이다. 예를 들어 반려견에 대해서 자식 못지않은, 혹은 그보다 더한 애정과 친밀감을 느끼는 경우를 들 수 있다. 인간은 자신의 감정을 대상에 투사한다. 인공지능 로봇에도 마찬가지다.

다시 영화 〈Her〉로 돌아가 보자. 사만다의 "이젠 사랑을 알게 되었다."는 말은 영화의 마지막 반전이라고나 할까. 어쩌면 노래 〈바람이 분다〉 중에 나오는 가사처럼 "나의 이별은 잘 가라는 인사도 없이 치러진다."는 것이 더 인간적인 모습이 아닐까 싶다. 사만다가 테오도르에게 건넨 저 말도 사실 테오도르의 입장에서 들으면 약오를 것 같다.

그럼 이전까지는 사랑을 모르면서 사랑한다고 속삭였단 말인가? 테오도르 입장에서는 차라리 사만다가 아무 말도 하지 않았으면 더 좋았을지도 모르겠다. 이별하는 마당에 챗봇에게 입 다물고 있으라는 건 너무한 일이겠지만 말이다. 어쨌든 우리는 사랑이라는 감정이 가진 모호함, 위태로움과 허망함에도 불구하고, 사랑으로 인해 울고 고통받으면서도 그 시린 상처가 채 아물기도 전에 또 다른 사랑을 찾아나선다. 때로는 이루지 못할 사랑을 하고, 이루지 못할 꿈을 꾸며 살아가기도 한다. 영화 〈일 포스티노〉의 우체부 마리오처럼, 사랑 때문에 가슴이 아려오는데 미련하게도 그 고통에서 벗어나고 싶지 않은 것이다. 미망 속에서 우리는 또 사랑을 이야기하고 사랑을 갈구하면서 살아간다. '인생에 사랑이 없으면 무슨 의미가 있을까?' 생각하면서 말이다.

⋯┆⋯ 사랑도 프로그래밍 될 수 있을까

차가운 금속성의 인공지능과 따뜻한 감성의 사랑 사이에는 극명한 온도차가 존재한다. 너무나 이질적인 이 관계의 연결은 그 온도차만큼이나 낯설고 당황스러운 것이 사실이다. 과연 사랑이라는 감정을 알고리즘으로 만들어 인공지능에 시스템을 구축할 수 있을까? 어쩌다 보니 갑자기 사랑이라는 감정이 싹트는, 일종의 버그 내지 작동 오류가 아니라 애초에 시스템으로 장착시키는 방식으로써 말이다. 최근 더욱 정교해지고 섬세해지는 감성 컴퓨팅 기술은 이 도전이 그리 멀지 않았음을 말해주고 있다. 인간의 기억은 대부분 온전치 못하고 주관적 왜

곡과 변형의 산물이다. 인간들의 서사인 역사가 그러하듯이 말이다. 앞서 영화 〈Her〉에서 인공지능과의 음성을 통한 소통만으로 사랑이라는 감정이 싹트는 순간과 과정을 소재로 삼았다면, 아예 인간과 거의 일치하는 형태의 몸을 가진 인공지능 로봇을 대상으로 한다면 어떨까. 영화 〈조Zoe〉에서는 〈Her〉보다 한 걸음 더 나아간다. 연애 성사율 예측 연구소에서 일하는 조는 함께 일하는 동료 콜에게 호감을 느껴 고백하고 데이트한다. 그러나 사실 조는 콜이 만들어 낸 인공지능 인간이었다. 조는 자신의 창조자를 사랑하게 된 것이다. 망설이던 콜 역시 자신이 만들어낸 조와 사랑에 빠진다. 조와 콜의 사랑은 또 다른 '조 2.0'이 제작되어 대중적으로 보급되면서 문제가 발생한다. 사랑에 빠질 수 있는 감성 알고리즘을 장착한 인공지능 로봇 '조 2.0'은 여기저기에 판매되고 각각의 방식으로 소비되고 이용된다. 흥미로운 점은 주인공인 콜과 인공지능 로봇 조가 느꼈던 사랑이라는 감성이 알고리즘화되어 동일한 방식으로 복제되고 있다는 점이다. 수없이 복제될 수 있는 사랑인 것이다. 그러면 애초에 콜과 조가 느꼈던 사랑과 이후의 복제된 사랑들 사이에는 어떤 차별성이 있을까? 영화의 중심 내용을 차지하는 콜과 조의 사랑의 고유함은 어디에 있는 것일 까. 사랑은 알고리즘화할 수 있을지 모르나 그 사랑으로 인해 느끼는 각자의 감정까지는 동일하지 않을 것이다. 아마 바로 여기에 그 고유함이 존재할지도 모르겠다. 기술이 가닿지 못하는 지점이다. 결국 사랑을 특별하고 고유하게 만드는 건, 사랑하는 자의 의지와 선택의 문제일 것이다. 인공지능 시대, 복제와 재현의 무한 증식과 고유성과 특별함을 지키려는 의지 사이의 팽팽한 줄다리기가 시작되고 있다.

···┆··· 밀당하는 인공지능?

만약 인간이 인공지능과 사랑에 빠질 수도 있다고 가정해 보자. 그게 어떻게 가능해질까? 기본적으로 인공지능이 인간만큼이나, 혹은 인간보다도 더 매력적이거나 호감을 느낄 정도여야 할 것이다. 이 '매력적인'이란 의미에는 단순히 외형적인 끌림뿐만 아니라 정서적 교감이 포함된다. 인공지능 로봇의 외형에 대한 소위 '불쾌한 골짜기 Uncanny Valley' 현상은 현재의 기술 발전 속도로 볼 때 그 극복 가능성을 예측하는 것이 그리 어렵지 않다. 여기서 '불쾌한 골짜기'란, 로봇의 겉모습이 인간과 비슷해질수록 인간이 로봇에 대해 느끼는 호감도가 증가하다가, 일정 정도에 이르면 강한 거부감을 느끼는 것을 말한다. 그러다가 그 수준을 뛰어넘어서 완전히 인간과 동일해지면 다시 호감도가 증가해 인간 대 인간이 느끼는 감정 수준과 동일해진다는 것이다. 문제는 정서적 영역이다. 현재 이 정서적 교감을 위한 인공지능 연구가 한창이다. 방대한 데이터를 처리할 수 있는 최근의 컴퓨팅 능력의 비약적 향상은 이전과는 다른 수준의 인공지능 기술을 보여주고 있다. 소위 '감성 컴퓨팅' 분야도 예외가 아니다. 감성 컴퓨팅 기술은 컴퓨터에 인간의 감성을 인지하고 학습과 적응을 통해 인간의 감성을 처리할 수 있도록 감성 및 지능 능력을 부여한 것이다. 인간과 컴퓨터의 효율적인 상호작용을 가능하게 하는 기술이다. 최근에는 불교의 아비달마* 인식론을 인공지능 연구에 활용하기도 한다. 달마는 법法, 아비는 '~에 대하여'라는 뜻이다. 붓다와 불법에 대한 주석 · 연구 · 정리 · 요약을 통틀어 일컫는 말로 경 · 율 · 논의 삼장三藏 체계에서 논장论藏을 말한다. 이 아비달마의 인식론을 도입하여 마음 현상의 다양성을 모델로 삼아 인공지능 시스템과의 접목을 시도한 사례가 있다.

현재 감성 컴퓨팅 기술은 대략 음성 인식Speech Recognition, 안면 인식 Facial Expression, 동작 인식Gesture Recognition 등으로 세분된다. 인공지능 로봇공학자들의 분류에 따르면 이것은 감성 인식 단계라고 할 수 있고, 감정 표현과 감정 생성으로 체계화한다. 우선 감정 인식은 언어와 얼굴 근육의 움직임 또는 동작을 통해 상대방의 감정을 포착하는 단계에 적용되는 기술이다. 대표적으로 애플이 최근 인수한 기업 '이모션트Emotient'는 인공지능 감정 인식 기술을 통해 제품을 바라보는 고객의 표정을 카메라에서 실시간으로 인식해 그 사람의 감정을 분석할 수 있는 기술을 제공한다. 우리는 이제 인간의 감정이 데이터화되어 이것이 다시 자본이 되는 시대에 살고 있는 것이다. 두 번째는 감정 표현이다. 표정이나 움직임 또는 음성을 통해 각각의 상황에 반응하도록 프로그램화된 인공지능 기술이다. 세 번째는 감성 생성 기술이다.

---

* 아비달마阿毘達磨, 阿鼻達磨

아비달마는 산스크리트어 Abhidharma의 음역으로 북쪽으로 전해진 문헌에 나오는 표현이며, 남쪽으로 전해진 팔리어 문헌에서는 아비담마Abhidhamma라 한다. 따라서 연구에서 활용한 문헌에 따라 아비달마, 아비담마로 표기가 다르나 본서에서는 독자들의 이해를 돕기 위하여 아비달마로 표기를 통일하였다.

상대방의 다양한 표현을 포착하고 외부 환경의 변화에 대응하는 감정 모형을 만들어 스스로 상황에 맞는 표현을 할 수 있도록 하는 기술이다. 최근 미국의 MIT 미디어 랩은 지능형 로봇 '넥시Nexi'를 발표했다. 넥시는 물체 감지 능력, 시선 고정뿐만 아니라 화가 났을 때 눈썹을 찌푸리거나 놀라서 치켜뜨는 등 정교한 표현이 가능한 수준이다. 최근의 감성 알고리즘은 나름의 독립적 판단이 가능한 것이 특색이다. 인간이 명령한다고 무조건 복종만 하는 것이 아니라, 주변 환경과 조건이 마음에 들지 않으면 사용자의 명령을 무시할 수 있도록 설계되기도 한다. 예를 들어 지능형 로봇 '파페로PaPeRo'는 제때 충전을 시켜주지 않거나 인간이 폭력을 행사하면 사용자의 명령에 대해 시치미를 떼기도 한다. 이처럼 인공지능을 통해 인간의 감정을 인식하고 이에 반응하여 스스로 감정을 생성하고 표현할 수 있도록 설계된 인공지능이 빠른 속도로 발전하고 있다. 인간의 감정 변화를 인공지능이 파악하는 시대, 오히려 인간보다 더 정확하게 자신의 감정을 파악하고 더 적절한 반응을 해준다면 과연 우리는 누구에게 정서적으로 의지하게 될까?

인공지능 로봇은 살인해도 죄가 없다?

⋯⋮⋯ "그들은 사라졌다."

무언가가 지켜보고 있다. 부수적 피해collateral damage를 최소화하는 것이 중요하다. 실수는 절대 용납되지 않는다. 외과수술 하듯이 정확히 목표 타깃만 제거하면 된다. 이내 공격 명령이 내려진다. 하늘 아주 높은 곳에 머물던 무인 드론기에서는 요인 암살에 특화된 '헬파이어 R9X'라는 미사일이 발사된다. 일명 '닌자 폭탄Ninja Bomb'이라고도 불린다. 이내 "꽝!"하는 폭발음이 난다. 잠시 후, 도널드 트럼프 대통령의 표현대로 "그들은 사라졌다." 이 미사일은 목표물에 도착하면 칼날 6개가 자동으로 튀어나오면서 목표물 주변을 차단하고 목표물만 제거하도록 설계되어 있다. 움직이는 차량에서 운전자를 제외하고 조수석에 앉은 표적만을 콕 찍어서 살상하는 군사 기술이다. 이것이 최근 미국과 이란을 전쟁 직전까지 몰고 갔던 일명 '솔레이마니 제거 작전'이다. 이란 혁명수비대 사령관인 가셈 솔레이마니Qasem Soleimani를 제거하기 위한 미군의 작전은 그렇게 비밀리에 속전속결로 진행됐다. 당시 트럼프 대통령이 작전의 명분으로 내세웠던 '임박한 위협'에 대한 구체적인 설명은 없었다. 곧바로 이란은 미국을 향해 '피의 보복과 항전'

을 외쳤다. 이 작전에 투입된 드론은 공격용 무인 정찰기인 일명 '침묵의 암살자'로 불리는 'MQ-9 리퍼'다. 현재 기술로는 요격이 사실상 불가능한 것으로 알려져 있다. 인공위성을 통해 신호를 주고받기 때문에 지구 반대편에서도 제어가 가능하다. 인공위성용 광학 카메라로 목표물을 식별할 수 있고, 야간 투시가 가능해서 때나 기후 조건과 관계없이 작전 수행을 할 수 있다. 테러리스트들에 대한 빅데이터를 보유하고 있기 때문에 상공에서 실시간으로 안면 인식 기술을 통해 신원을 식별해 낼 수 있다. 심지어 타이어 자국을 통해 차량의 종류까지 알아낼 만큼 정밀하다. 미군은 이러한 정밀 타격 작전이 마치 핀셋으로 특정 부위를 집어내듯이 이루어지기 때문에 민간인 피해를 최소화하는 데 효과적이라고 주장한다. 드론 조종사들은 무장한 상태로 오랜 시간 동안 상공에 머물면서 목표물의 움직임을 실시간으로 감시한다. 이들은 미국 네바다 주에 있는 공군기지를 비롯한 세계 각지에서 마치 인터넷 게임을 하듯 드론을 조종하고 있다. 전 세계 어디든, 중동이나 소말리아, 심지어 북한까지도 탐지한다. 전 세계에 주둔하는 모든 미 공군 기지에서 이 드론은 출격을 대기하고 있다. 이 '솔레이마니 제거 작전'의 경우, 1분 동안 구체적 타격 계획이 설정되고, 30초 동안 비행해서 탐지하고 최종 공격까지 1분이 걸렸다고 한다. 드론 자체의 총 작전 시간은 2분 30초에 불과했다.

딥러닝, 딥킬링?

인간이 인간을 상대로 마음만 먹으면 언제든지 지구상에서 '사라지게' 만들 수 있는 군사 기술이 인공지능의 개발을 통해 더욱 고도화되고 있다. 제4차 산업혁명 시대를 선도하는 혁신 기술들은 인간의 번영을 위해서만 사용되는 것이 아니라, 인류의 생존을 위협하는 군사 기술로 제일 먼저 전용되기도 한다. 인터넷처럼 애초에 군사 기술로 개발되었던 것이 후에 생활 기술로 보급되는 경우도 많다. 민간 분야와 군사 분야가 주거니 받거니 하며 첨단 기술이 윤리적 한계를 넘어서고 있는 것이다. 특히 인공지능 기술이 군사용으로 전용되어 무기화되었을 경우, 그 위험성은 상상을 뛰어넘는다. 그중에서도 가장 우려스러운 움직임은 바로 '인공지능 킬러로봇Killer Robot'의 개발이다. '킬러로봇'이란, 공격용 전투 로봇으로서 인공지능 기술을 활용해서 목표물을 추적·공격할 수 있는 치명적인 자동화 무기 체계 또는 자율 살상 무기를 말한다. 인간의 개입 없이 자율적으로 판단해 공격을 실행할 수 있다면 킬러로봇으로 분류한다. 바로 이 점이 앞서 언급한 드론과의 차이점이라고 할 수 있다. 드론 조종사가 아무리 작전 지역에서 멀리 떨어진 상태에서 공격을 실행하더라도 개인적으로 트라우마를 겪거나 윤리적으로 비난받는 일을 피해갈 수는 없다. 그렇다면 무기 개발업자들의 다음 목표는 매우 명확해진다. 인간을 개입시키지 않고 인공지능 기술을 통해 킬러로봇이 자율적으로 판단하게 해서 공격하는 것이다. 이러한 흐름에 위협을 느낀 세계 각국의 학자들과 관련 기업인들은 인공지능 로봇을 군사무기로 활용하는 것을 금지하라는 목소리를 높이고 있다. 이들은 인공지능 킬러로봇 개발은 화약과 핵무기를 잇는 '제3의 전쟁 혁명'이라고 규정한다. 또한 만약 이러한 무기가 암

시장을 통해 테러리스트나 독재자의 손에 들어가는 것은 시간문제라고 주장한다. 그래서 지난 2015년, 스티븐 호킹, 일론 머스크, 노엄 촘스키 등은 "인공지능 기술을 활용한 자동화 무기, 일명 킬러로봇 개발을 규제해야 한다."고 주장하며 국제 협약의 제정을 촉구했다. 하지만 현재 미국, 중국, 러시아 등의 군사 강대국들은 킬러로봇 개발을 위해 박차를 가하고 있고, 2030년까지 킬러로봇의 실전 배치 완료를 목표로 한다. 이유는 간단하다. 군 병력을 실제 전장에 투입하지 않고서도 작전이 가능해지고, 자국 군인들의 인명 손실을 최소화하는 것은 물론, 그 피해에서 야기되는 국내외의 부정적 여론을 잠재울 수 있기 때문이다. 킬러로봇 개발 분야는 하늘과 땅, 바다를 가리지 않는다. 우선 가장 먼저 떠오르는 국가는 미국이다. 도로 위를 달리는 자율주행 자동차처럼 바다 위에서는 자율주행 전함인 '씨 헌터Sea Hunter'가 있다. 이 전함은 승조원 없이도 수개월간 단독 작전이 가능하다. 수중에서도 수중 드론을 운용하고, 하늘에서는 초소형 AI 공격드론 부대를 보내 해병대가 상륙할 수 있도록 방어선을 무력화시킨다는 구상이다. 러시아도 이에 못지않다. 지난 2016년 장갑차 모양을 한 킬러로봇을 IS 조직원 소탕 작전에 투입해서 전과를 거뒀다. 국경선 주변에 사람과 사물 등 움직이는 모든 것을 추적해 저격할 수 있는 킬러로봇도 실전 배치되어 있다. 로봇탱크뿐만 아니라 '군용 자율 로봇'도 개발해서 자국의 미사일 기지를 방어하는 로봇을 완성할 계획이다. 남북한이 군사적으로 대치하고 있는 우리나라도 예외는 아니다. 이미 휴전선 일대에는 감시 경계 로봇이 실전 배치되어 사람과 동물을 식별하고, 적군으로 판단되면 공격하도록 프로그래밍이 되어 있는 상태이다. 예를 들자면, 비무장지대에 이미 보초 로봇 '센트리 가드 로봇SGR-A1'이 실전 배치되어 있다. 이 로봇은 허가받지 않은 지역에 사람이 나타나면 자동으로 소총 사격을 한다. 아직 실제 사격 판단은 경계병이 맡게 되어 있지만, 이 또한 드론처럼 다음 단계로 이행해갈 여지가 크다. 먼 나라 이야기가 아니라 바로 이 땅에서도 진행되고 있는 일이다. 이처럼 킬러 로봇은 우리의 상상에 머무는 것이 아니라 이미 실행 단계를 넘어 고도화되어가고 있다. 이제 인간을 대신해서 살상을 저지르는 인공지능 군사 로봇을 어떤 시선으로 바라봐야 할까. 인간이 직접 실행하지만 않으면 괜찮은 것일까. 완전 자율 인공지능 로봇이 살인을 저지르면 누가 처벌받아야 하는가?

····┼···· **의업을 다시 생각하다: 생각만으로 드론을 조종하다**

붓다는 인간이 살아가면서 업을 짓는 방식은 세 가지가 있다고 설하셨다. 먼저 우리의 몸으로 짓는 신업身業, 입으로 짓는 구업口業, 마음으로 짓는 의업意業이다. 여기서 흥미로운 점은 몸으로나 말로 직접 어떤 구체적인 행위를 하지 않더라도, 생각만으로도 업을 짓게 된다는 가르침이다. 『중아함경中阿含經』 제3권에서 붓다는 "무엇이 마음으로 짓는 세 가지 업인가? 하나는 탐욕을 부리는 것이고, 둘은 시기하고 성내는 것이고, 셋은 그릇된 견해이다."라고 설하셨다. 사실 살아가면서 직접 하지 않으면 괜찮을 거라는 생각을 종종 하게 된다. 그래서 어떤 도구나 대리인을 통해서 목적을 실현시키려 하는 경우도 있다. 그런다고 업이 생겨나지 않거나 없어지는 것도 아닌데 말이다. 그러면 누구를 시킬 필요도 없이 아예 생각만으로도 조종할 수 있는 드론이 있다면 어떨까? 실제로 그 생각이 실현 단계에 있다. 수천 마일 떨어져 있는 조종사의 운동 신경 세포를 드론에 연결시켜서 원격조종하는 기술이 개발되고 있는 것이다. 최첨단 무기를 연구개발하고 있는 미국의 국방고등연구계획국DARPA은 한화 1,200억 원의 예산을 들여서 이를 실현하기 위한 연구를 진행하고 있다. 일명 '차세대 비수술 신경공학'이라는 프로그램이다. 비행 중인 드론과 멀리 떨어져 있는 조종사의 뇌신경의 미세한 움직임만으로도 드론을 통제하고 제어하면서 조종할 수 있다는 구상이다. 이미 30여 년 전 두피에 설치한 전극을 통해 컴퓨터 커서를 움직이는 실험에 성공했고, 이는 다양한 형태로 실용화되고 있다. 현재는 이러한 생각이 훨씬 구체적으로 실현되어 인간이 다양한 전자 장비를 통해 원격조종하는 일이 가능해졌다. 생각만으로 드론을 조종할 수 있게 된 것이다. 이 개발이 성공한다면, 손가락 하나 까딱하지 않고 전투기를 동물적 감각으로 기동시키며 목표물을 공격할 수 있게 된다. 조종사들이 생각만으로 최첨단 드론을 조종해서 폭격하다가 민간인 사상자가 발생한다면 그에 대한 죄책감이 덜해질까? 그때가 되면, "난 아무 짓도 안 했어, 단지 생각만 했을 뿐이야." 라고 변명할지도 모를 일이다. 살생을 저지르면서도 책임은 지고 싶지 않은 것이라고도 할 수 있다. 한마디로 인공지능 군사 로봇에게 인간의 죄책감을 전가하려는 것이다. 이런 면에서 보면 인간은 잔인하면서도 나약한 존재인 것 같다.

····⫶···· 누가 책임을 질 것인가

"킬러로봇 개발을 중단하라." 지난 2018년 4월, 토비 월시Toby Walsh, 제프 리 힌턴Geoffrey Hinton 등을 비롯한 세계의 저명 인공지능 로봇 연구자 57명은 한국과학기술원KAIST에 메일을 보내왔다. "KAIST가 킬러로봇 연구를 중단하지 않는다면, 우리는 KAIST에 방문하지도 않을 것이며, KAIST 연구자를 초청하지도 않을 것이며, KAIST와 연관되어 있는 연구에 어떠한 기여도 하지 않겠다."는 보이콧 선언이었다. 이후에 한국과학기술원 총장이 직접 "KAIST는 '킬러로봇'이나 치명적인 자율 무기 시스템에 대한 개발 계획이 전혀 없으며, 인공지능 기술을 적용하는 데 있어 윤리적인 우려를 충분히 인지하고 있다."고 해명하고 그 외국학자들이 보이콧을 철회하면서 상황은 일단락됐다. 일종의 해프닝으로 끝났지만, 뒤끝은 개운치가 않다. 한반도가 군사적 대치 상황에 있기에 전 세계의 이목이 집중되는 것도 사실이지만, 남북 대결 국면이 킬러로봇에 대한 윤리적 무감각 사태를 초래한 것은 아닌지 되새겨볼 만한 사례다. 살의와 적개심은 우리의 지혜를 흐리게 한다. 결국 악업으로 귀결되는 것이기도 하다.

그렇다면 로봇은 살인해도 죄가 되지 않을까? 킬러로봇의 무차별적 살상에 대한 윤리적 책임 문제가 대두되고 있다. 세계적인 인권감시기구인 '휴먼라이트워치Human right watch'는 2013년부터 전 세계의 다양한 비정부기구들과 함께 킬러로봇 중지 캠페인을 벌이고 있다. 특히 그들은 UN 무기 관련 다자회의에 「살인 로봇 책임 부재The Lack of Accountability for Killer Robots」라는 보고서를 제출하면서 "전자동 살상 무기가 갖는 특성상 민·형사상 책임을 묻기가 어려운 상황이 발생할 수 있다."고 강조했다. 예를 들어, 킬러로봇이 저지른 비무장 민간인에 대한 공격과 살상에 대해서 누가 책임을 질 것인가? 이 문제와 관련한 매우 흥미로운 논증을 하나 소개해 볼까 한다.

전제1. 책임질 수 있음은 교전법의 선제 조건이다.

전제2. 전쟁에서 군사 로봇을 사용할 때, 그리고 그것이 해로운 결과를 야기했을 때 책임을 질 수 있는 주체는 셋 중 하나이다. 바로 군사 로봇의 설계자, 지휘관, 그리고 로봇 자신이다.

전제3. 세 후보 가운데 어느 쪽도 군사 로봇이 발생시킨 해로운 결과에 대해 온전한 법적, 혹은 윤리적 책임을 물을 수 없다.

결론. 따라서, 자율적 군사 로봇의 사용은 비윤리적이다.*

이 논증은 로버트 스패로우Robert Sparrow가 제시한 킬러로봇에 대한 트릴레마Trilemma 논변이다. 트릴레마는 세 가지 문제가 얽혀 있는 진퇴양난의 상황을 가리키는 말이다. 정리하자면, 군사 로봇이 초래한 결과에 대해 누구에게도 온전히 책임을 물을 수 없다면 그 킬러로봇의 사용 자체가 비윤리적이라는 것이다. 인간은 어렵고 힘든 결정이나,

---

* 천현득(2019), 「'킬러로봇'을 넘어: 자율적 군사로봇의 윤리적 문제들」,<탈경계인문학 TRANS-HUMANITIES> 제12(1) 호, 22쪽.

직접 하기 싫은 윤리적 딜레마를 회피하고자 하는 경향이 있다. 오히려 공격 결정에 대한 승인 권한을 인간이 가진다는 사실에 안도하기보다는 경우에 따라서는 그 문제로부터 도피하여 그냥 킬러로봇이 자율적으로 결정해서 수행하기를 더욱 원할지도 모른다. 한마디로 '알아서 해줬으면…' 하는 생각이 들 수도 있는 것이다. 인간 자신은 킬러로봇에게 그 정도까지 원하지 않았다고 하면, 킬러로봇 관리 소홀 또는 주의의무 위반의 과실 정도로 끝날지도 모른다고 기대하기 때문이다. 결국 킬러로봇 개발을 용인한다는 것은 책임지지 않거나 책임 지울 수 없는 일이 눈앞에서 벌어지고 있음에도 묵인하거나 방조하는 것과 다름없다.

⋯⋮⋯   킬러로봇, 살생업을 대신하다?

'국제인도법International Humanitarian Law'에서는 불법적 무기의 사용에 대해 "전투에 참여하는 전투 요원과 그렇지 않은 자를 구별하지 못하거나, 불필요한 살상과 고통을 초래하거나, 환경에 심각하고 장기적인 손상을 야기하는 무기는 금지된다"는 금지의 원칙을 제시하고 있다. '킬러로봇'이야말로 이러한 금지 원칙과 정면으로 위배되는 무기라고 할 수 있다. 불교적 관점에서 본다면, 불필요한 살상과 필요한 살상이 따로 있지 않다. 살상은 그 자체로 허용될 수 없는 것이다. 불교에서 업을 의미하는 산스크리트어 카르마Karma와 그 팔리Pali어 표현 캄마Kamma는 단어 안에 '의지적 행위' 또는 '의도적 행위'라는 의미를 담고 있다. 인간의 행동을 만들어내는 것은 그 '의지'나 '의도'이다. 이미 저질러진 악업에 더해 타인에게 고통을 주고자 하는 모든 폭력 의도는 단호하게 거부되어야 한다. 집단적 고통을 초래할 극한의 살의를 예비하는 킬러로봇의 연구 단계부터가 이미 그 자체로 악업을 쌓아 가는 일이다. 더군다나 통제력을 상실하거나 애초에 인간 개입의 여지가 없는 킬러로봇의 경쟁적 개발과 제조는 인간 존엄성에 대한 중대한 도전이 될 것임이 틀림없다. 더 늦기 전에 대담한 조치가 필요하다. 현재의 속도로 인공지능 킬러로봇 기술이 발전해 간다면, 인간과 인공지능의 경계가 모호해지는 상황을 피해갈 수 없을 것이다. 킬러로봇 연구개발과 관련한 세부적인 로봇 윤리 헌장을 비롯한 규제 법률의 제정과 국제법의 확립이 시급하다. 이를 위해서 세간의 윤리적, 철학적 논의와 더불어 불살생계를 표방하는 불교의 종교 윤리적 입장 정리도 선행되어야 할 것이다.

　지금도 파키스탄 북서부 와지리스탄Waziristan에는 공격용 드론이 하늘을 날고 있다. 탈레반 소탕을 명분으로 수많은 아이들과 여성들을 비롯한 비무장 민간인이 미사일에 희생당하고 있다. 와지리스탄의 아이들은 "맑은 하늘보다는 구름이 잔뜩 낀 흐린 날이 더 좋다."고 말한다. 날씨가 좋을수록 그들과 그들의 가족들이 순식간에 사라져버릴 확률이 더 높아지기 때문이다. 구름이 껴서 하늘에서 그들을 식별하기 어려워야 아이들은 마음놓고 축구도 하고 엄마 손 잡고 시장에도 갈 수 있다. 전쟁이 일상화되는 시대, 전투와 일상이 공존하는 생활 터전. 그 한복판에 킬러로봇이 버젓이 날아다니고 있는 것이다. 삶과 죽음이 따로 있지 않다는 말이 묘하게 들어맞는 상황이다.

불교를 믿고, 붓다의 가르침을 따른다는 것은 결국 해탈하여 윤회의 사슬에서 벗어나기 위함이라고 할 수 있다. 하지만 윤회에서 벗어나는 일은 어렵고 힘든 것이다. 그래서 우리는 오랫동안 불교 전통을 지켜오며 다양한 수행을 하고 있다. 그 구체적 방법이 바로 계戒·정定·혜慧 의 삼학三學이다. 그 첫 번째인 계율 중에서도 가장 중요한 것이 불살생계不殺生戒이다. 붓다는 『능엄경楞嚴經』을 통해 이 불살생계가 어느 정도로 중요한지에 대해 매우 단순하지만 강렬한 가르침을 주신다.

"아난아, 모든 세계의 육도중생들이 그 마음에 살생할 생각이 없으면, 나고 죽음이 서로 계속되는 것을 따르지 않으리라." 나 아닌 다른 생명을 살생할 마음만 없어도 윤회의 고통에서 벗어날 수 있음을 설하는 것이다. 윤회에서 벗어나는 방법을 고민하고 있다면, 어렵고 복잡하게 생각할 게 없다는 말이다. 지금 당장 타인을 해치려는 마음을 거두라고, 바로 그것이 윤회의 고통을 끊어내는 방법이라고 분명히 전하고 계신다.

킬러로봇을 만들어가면서까지 어렵게, 돈 들여가며, 살생의 악업을 피할 방법을 궁리할 필요가 없다. 킬러로봇 개발이 한창인 요즘은 이 무정물이 우리에게 또 다른 설법을 해주고 있다. 그 마음, 그 생각에서부터 살의와 적개심을 거두고 자비의 마음으로 바꾸는 것, 그것이 바로 윤회의 고통에서 벗어날 수 있는 시작이라고 말이다.

인공 윤리인가, 인간 윤리인가?

⋯⋮⋯ "해인사를 폭격하라!"

작전 명령을 받은 한 젊은 전투기 조종사가 갈등하기 시작한다. 때는 6·25 전쟁이 한창이던 1951년 9월 18일 오전, 약 900여 명에 이르는 인민군 패잔병들의 주둔지이자 은신처가 된 해인사는 군사 공격의 표적이 되었다. 앞서 이륙한 정찰기는 4대로 편성된 비행 편대에게 백색 연막을 통해 선명하게 공격 목표를 가리켰다. 바로 해인사 대적광전大寂光殿 앞마당이었다. 각각 엄청난 화력으로 중무장한 비행 편대의 조종사들은 최종 명령만을 기다리면서 발사 버튼을 만지작거렸다. 그때였다. 편대장기가 급상승하면서 명령이 전달된다. "각 기는 편대장의 뒤를 따르되, 편대장의 지시 없이는 절대로 폭탄을 사용하지 말라. 기관총만으로 해인사 주변의 능선을 소사掃射 공격하라." 폭탄으로 무장한 채, 산악 지형을 급강하 저공비행하면서 기총소사를 한다는 것은 마치 섶을 지고 불로 뛰어드는 것처럼 매우 위험한 기동이었다. 하지만 편대기 대원 누구도 이의를 제기하지 않았고, 편대장의 명령을 따랐다. 다시 정찰기로부터 독촉하는 날카로운 음성의 무전이 들려 왔다. "해인사를 네이팜탄과 폭탄으로 공격하라! 편대장은 뭘 하고 있나?" 그러나 이 무전을 받고 이어진 편대장의 명령은 엉뚱하기만 했다. "전원 일체 공격을 중지하라!" 편대장기는 급반전으로 급강하하면서 해인사 대적광전 용마루를 초저공으로 스치듯 지나갔다. 뒤이어 2, 3, 4번기도 차례로 그 뒤를 이었다.

이 상황은 당시 공군 제10전투비행대장이었던 故김영환 장군(당시 대령)의 실제 이야기다. 김영환 장군은 대한민국 공군 창설의 주역이자 빨간 마후라의 시초로 알려져 있다. 이날의 작전 정황은 오래전에 해인사 가산 지관 스님께서 정리한 『가야산 해인사』지에 자세히 실려 있다. 이렇게 해인사 팔만대장경은 전쟁의 참화를 비껴갔다. 만약 김영환 장군의 지혜로운 결단과 통찰이 아니었더라면, 팔만대장경은 한순간에 잿더미로 변해버렸을 것이다. 군인으로서 상부의 명령에 따라 적군의 은폐 장소가 될 해인사를 폭격할 수도 있었다. 하지만, 인류 문명의 정수를 담고 있는 팔만대장경까지 모두 소실시킨다는 것은 엄청난 비극임에 틀림없었다. 당시 상황에서 김영환 장군은 군인으로서 명령을 따라야 한다는 의무감과 문화유산을 파괴해서는 안 된다는 인류 보편적 양심 사이에서 매우 어려운 선택을 해야 했을 것이다. 일종의 딜레마다. 그렇다면 여기서 김영환 장군이 개인적 신변의 위험을 감수하면서까지 지키려 했던 신념은 무엇이었을까? 그 작전 후에 군법회의에 회부된 김영환 장군에게 미군 장교가 해인사를 폭격하지 않은 이유에 대해 묻자 이렇게 대답했다고 한다. "영국 사람들이 대문호 셰익스피어와 인도를 바꿀 수 없다고 한 것처럼, 해인사와 팔만대장경은 셰익스피어와 인도를 다 준다 해도 바꿀 수가 없는 보물 중의 보물이다. 그래서 폭격을 하지 못하고 우회했다." 감동적인 에피소드다. 세계사에서 이와 비슷한 사례는 또 있다. 제2차 세계대전 당시, 한때 파리를 점령했던 나치는 전쟁에서 패색이 짙어지면서 철수를 결정한다. 그 과정에서 히틀러는 파리를 초토화할 것을 명령한다. 그때 부하 콜티츠 사령관은 그 명령을 거부하고 "파리가 불타고 있다."라고 허위 보고를 한다. 덕분에 세계대전 속에서도 파리의 에펠탑을 비롯한 아름다운 문화재들이 무사할 수 있었다. 폭력과 증오만이 생존의 힘이 되는 전시에 보다 높은 수준의 감성과 이성이 발휘되는 것은 매우 어려운 일이다. 그리고 폭력과 야만의 시대에 이성을 택한다는 것은 그리 낭만적일 수만은 없는 법이다. 그 대가는 혹독했다. 전시에 명령 불복종은 항명이고, 가장 무거운 형벌에 처해질 수 있기 때문이다. 그러나 인간들은 특수한 상황에서 종종 그 드물고 어려운 결단과 실천을 하고, 역사는 그것을 기록한다. 그렇다면 이러한 판단과 결단은 인간만이 가능한 것일까. 인공지능을 만드는 것은 현대의 과학 기술로 얼마든지 혹은 우려스러울 정도의 수준으로 잘 만들어낼 수 있다. 하지만 그 인공지능을 통해 실현하려는 가치와 도덕의 문제는 간단한 문제가 아니다. 인공지능이 탑재된 미래의 무인 드론 폭격기라면 그러한 도덕적 딜레마에서 어떻게 반응할까? 김영환 장군과 같은 고도의 도덕적 판단을 할 수 있을까? 가능하다면 그 도덕은 어느 쪽의 가치를 대변할 것인가? 바미안Bamyan 석불을 파괴한 탈레반들도 자신들의 도덕적 우월성을 주장하긴 마찬가지다. 그리고 어느 쪽의 도덕 알고리즘이 되었든 간에, 과연 그것이 진정 인공지능의 윤리라고 할 수 있을까? 인간의 가치가 반영된 도덕 알고리즘을 탑재한다고 해서 인간의 윤리가 인공지능의 윤리가 되는 것은 아니기 때문이다.

···⫶··· 트롤리 딜레마Trolley dilemma

현재 또는 미래에 인공지능의 걸림돌이 되는 요소는 무엇일까? '인공지능의 겨울'이라는 말이 의미하듯 어떤 이들은 인류가 가진 과학 기술의 한계를 떠올리기도 한다. 그러나 사실은 인간의 윤리와 도덕이 가장 넘기 힘든 벽이 될 것이다. 첨단 과학 기술의 도입에 철학과 윤리가 필요한 이유를 설명할 수 있는 간단한 예를 들어보겠다. 국내에는 『정의란 무엇인가』라는 책으로 유명한 마이클 샌델Michael Sandel 교수에 의해 널리 알려진 윤리학 실험이 있다. 물론 앞으로 제시될 세 가지 상황에 대한 기본 전제는 법적 책임을 묻지 않는다는 가정 아래에서 진행된다. 참고로 여기서 언급되는 '트롤리'는 광산 등지에서 석탄을 실어서 옮기는 데 쓰는 광차礦車 또는 손수레를 뜻한다. 편의상 여기에서는 전차라고 하겠다.

먼저 A 상황. 전차가 운행 중 고장이 발생해 제어할 수 없게 되었다. 이대로 진행하면 이 상황을 모르고 선로에 중간에서 일하고 있는 5명의 인부가 치여 죽게 된다. 유일한 방법은 선로를 변환해서 다른 선로로 갈 수 있게 하는 것인데 그 방향 역시 1명의 인부가 일하고 있다. 당신이라면 어떤 선택을 하겠는가? 이 상황에 대해 대부분의 사람들은 선로를 변경해서 1명을 희생시키는 대신, 5명의 인부를 구하겠다고 대답한다. 대다수의 이익을 위한 판단이라는 점에서는 공리주의에 가깝다. 그런데, 다수를 위해 그 한 사람이 희생되는 것은 과연 정당한가? 그렇다면 이번에는 상황을 살짝 바꿔보겠다.

다음은 B 상황이다. 이전과 동일한 상황인데, 다른 점이 있다면 선로가 하나뿐이어서 방향을 바꿀 수 없다는 것. 다만 그 철로 위로 육교가 있는데, 2명의 사람이 이 상황을 목격하고 있다. 이때 한 사람이 옆에 있는 뚱뚱한 사람을 밀어서 선로 위로 떨어지게 하면 그 전차를 막을 수 있다고 가정해 보자. 당신은 그를 밀어서 5명의 인부를 살리겠는가? 이 경우 보통의 사람들은 옆 사람을 밀지 않을 것을 선택한다. 왜냐하면 이것은 사실상 그 뚱뚱한 사람에 대한 살인이라고 생각하기 때문이다. 대부분의 경우 A 상황은 윤리적으로 용서받을 수 있다고 생각한다. 반면 B 상황에서는 소수의 사람들만이 윤리적으로 허용될 수 있다고 판단했다. 이러한 윤리적 딜레마는 자율주행 자동차에도 그대로 적용될 수 있다.

이제 C 상황을 가정해 보겠다. 자율주행 자동차의 운전자가 잠깐 졸고 있는 사이 그 자율주행 자동차를 보지 못한 채 건널목을 건너는 5명의 어린이가 있다. 자율주행 자동차가 이들을 피하게끔 작동된다면, 도로 옆 건물을 들이받거나 점포로 돌진하여 운전자 혹은 다른 사람이 죽을 수도 있다. 인공지능은 어떤 선택을 해야 할까? 만일 대다수 사람이 선호하는 생각처럼 자율주행 자동차에 공리주의적 알고리즘을 탑재시킨다면, 자율주행 자동차는 주인인 당신이 알아차리지도 못하는 사이에 당신의 목숨을 위험한 상황에 부닥치게 할 수도 있을 것이다. 다시 말해, 다수의 생명을 구한다는 이익을 위해 운전자 1명을 희생시킬 수도 있다는 말이다. 반대로 자율주행 자동차의 주인 또는 운전자의 안전을 최우선으로 여기는 알고리즘이라면, 여지없이 그 5명의 어린이들은 사고를 피할 수 없게 된다. 이럴 때 자율주행 자동차에 탑재된 인공지능은 자신의 주인을 살리기 위해 다른 보행자를 죽일 수도 있는 잠재적 흉기가 될 것이다. 이런 경우 사람들은 도로를 걸을 때조차도 인공지능에 살해될지도 모른다는 불안감을 떨치기가 어려울 것이다. 만약 당신에게 자율주행 자동차에 탑재될 인공지능 알고리즘의 선택 권한이 있다면 어떤 방식을 선택하겠는가?

만약 스님들이 인공지능을 훈련한다면?

만약에 스님들이 인공지능을 훈련한다면 어떻게 될까? 그 인공지능은 선택의 순간마다 어떤 결단을 내리게 될까? 하버드대학교의 조슈아 그린Joshua Greene 교수는 흥미로운 연구를 진행했다. 그 연구는 소위 '트롤리 딜레마' 상황에서 다양한 배경을 가진 사람들의 선택과 결단이 각각 다를 수 있다는 생각에서 출발한다. 앞서 말한 B 상황처럼 육교 위에서 전차를 막기 위해 옆에 있는 뚱뚱한 사람을 밀어 떨어뜨릴 사람이 몇이나 될까? 그린 교수는 설문조사가 시작되기 전 '그런 사람이 있다면, 사이코패스이거나 경제학자일 것'이라고 농담을 했다. 그럴 정도로 그 선택은 대다수 사람의 상식적 판단과는 거리가 있다. 조사는 라사Lasa 근처의 수행승과 한족 그리고 미국인 등 서로 다른 문화적 배경을 가진 사람들을 대상으로 이루어졌다. 결과는 놀라웠다. 다른 조사 집단에 비해 옆에 있는 뚱뚱한 사람을 육교 아래로 밀겠다고 대답한 비율이 스님들 집단에서 압도적으로 많았던 것이다. 스님들은 그 이유에 대해서 "누군가를 죽이는 것은 끔찍한 일이라고 생각하지만, 만약 행위자의 의도가 순수하고 더 큰 선행을 위해 행해지며, 행위자 자신이나 그의 가족을 위해서가 아니라면 정당화될 수 있다."고 대답했다. 일반적인 예상을 비껴가는 결과이다. 그러나 그 이유를 듣고 보면 나름의 논리가 있다. 표면적으로는 공리주의나 결과주의의 입장처럼 보이지만, 사실은 불교가 윤리적 책임에 대한 의도성을 얼마나 강조하는지를 알 수 있다. 그러나 이러한 관점은 불교 윤리를 서양의 사고 체계에 맞추려는 시도라는 문제가 있다. 스님들의 대답에서 알수 있듯이 그들의 관점은 특정한 철학 체계만으로 설명하기 곤란하다. 이러한 불교 관점의 유연성과 고유성이 다양한 개념의 윤리적 문제들에 새롭고 다양한 시각을 제공할 수 있는 알고리즘이 될 수 있을 것이다. 여기서 한 걸음 더 나아가 스님들의 이러한 윤리적 직관을 알고리즘에 적용해서 인공지능을 훈련한다면 그 인공지능의 결단과 실행에 대한 인간들의 평가는 어떨까. 인간이 직접 실행한 행동과 또 다른 윤리 정서가 발생될 것이다. 이런 이유로 인공지능의 윤리가 어려운 것인지도 모르겠다. 향후 윤리적 직관에 대한 소프트웨어는 인공지능에 적용될 수밖에 없을 것이다. 그러기 위해서는 일종의 윤리적 감각이 훈련되어야만 한다. 불교 수행을 통해 체득된 윤리적 직관은 인공지능의 훈련 알고리즘에 새로운 원천을 제공할 것이라는 기대도 가져본다.

⋯⫶⋯ 자율주행 자동차의 로드킬 시나리오

"화재가 발생했을 때, 같은 공간에 있는 할머니와 아이 중에서 한 명만 구해야 한다면, 누구를 먼저 구하겠는가?" 기자가 인공지능 로봇인 '소피아Sophia'에게 질문했다. 비록 머리카락은 없지만 눈, 코, 입부터 짙은 눈썹과 하얀 치아까지 사람의 얼굴을 꼭 닮은 소피아는 다음과 같이 대답했다. "그 질문은 마치 엄마, 아빠 중 누가 좋은지 묻는 것과 같군요. 난 윤리적으로 생각하도록 프로그램 되어 있지 않기 때문에 논리적으로 출입구 가까이에 있는 사람부터 구해야 합니다." 이분법적 윤리적 사고의 틀 안에 갇히지 않았을 경우, 오히려 합리적 대안이 나올 수도 있다. 이런 경우는 또 어떨까? 뉴스를 보려는 아빠와 드라마를 보려는 엄마가 채널 선택을 놓고 리모컨 쟁탈전을 벌인다. 이때 로봇이 누구에게 리모컨을 주는 것이 좋을지를 판단하고 선택한다. 그간의 리모컨 점유 시간을 계산해서 계량적으로 판단하는 것보다, 가정이라는 특수성을 고려한다. 각자의 취향을 데이터화시켜 저장했다가 한 사람에게는 리모컨을 주는 대신 다른 사람에게는 신간 도서를 권하게 한다면 보다 수긍할 수 있는 해결책이 나올 수도 있을 것이다. 윤리적 선택과 실천이 일상 속에서 드러나는 순간이다. 이러한 인공지능의 판단은 인간에게 있어서 딜레마가 주는 선택의 긴장감 대신 매우 편안한 느낌을 줄 수 있다. 이런 이야기는 일상적이고 평범하지만, 앞으로 인공지능 시대에 직면하게 될 여러 윤리적 딜레마를 해결하려는 시도의 열쇠가 될 수도 있다. 한마디로 윤리적 인공지능을 설계하면서 철학자들이 일상 속에서 겪게 되는 윤리적 문제들을 더욱 깊이 있게 성찰하게 하는 것이다.

터프츠대학교의 대니얼 데닛Daniel Dennet은 이러한 변화에 대해 "인공지능이 철학을 정직하게 만든다."라고 말한다. 그러나 현실은 그리 간단치가 않다. 제3의 대안이 있거나 만들어낼 수 있다면 다행이지만, 어쩔 수 없이 선택을 강요받는 경우가 있기 때문이다. 앞서 논의된 '트롤리 딜레마' 같은 경우가 바로 그렇다. 또는 자율주행 자동차가 주행 중 맞닥뜨리는 상황, 즉 갑자기 동물이 뛰어들거나 앞 차량에서 적재물이 떨어질 때, 어느 방향으로 핸들을 돌리게 할 것인지를 결정해야 한다. 물론 기술의 발전을 통해 이 모든 상황을 파악하고 통제할 수 있다면 로드킬 자체가 아예 발생하지 않을 수도 있다. 현재는 이런 상황들에 대한 해결책으로 난해한 선택을 시나리오로 만들어 사전에 설정된 인공지능 시스템 통제 권한 규정에 따라 칩에 이식시키는 방법이 고려되고 있다. 만약 그것이 가능하다면 인공지능의 윤리 문제는 중요하게 다뤄져야 할뿐더러, 철학과 문화·역사적 배경 속에서 만들어진 시나리오 중에서 어떤 것을 탑재시킬 것인지를 선택하는 과정에서 논란이 예상된다.

사이코패스, 조기 감별해드립니다

인공지능을 논하기에 앞서 우선 사람의 두뇌에 대한 인위적 조작의 윤리적 문제에 대해 알아보겠다. 최근 의학계에서는 '뇌 윤리Neuroethics' 논의가 한창이다. '뇌 윤리'란 뇌에 대한 과학적 발견이 임상 의료, 법적 해석, 건강과 사회정책에 적용될 때 발생하는 윤리적, 법적, 사회적 문제들에 대한 연구이다. 뇌 촬영술의 발달, 즉 CT컴퓨터 단층 촬영나 fMRI기능적 자기 공명 영상 같은 기술은 신경정신과 질병의 증상이 나타나기 전, 조기에 질병을 진단하고 치료 약물의 효과도 측정한다. 사이코패스인 경우, 뇌의 앞부분인 전전두엽이 일반인보다 위축되어 있기 때문에 이들 기술로 미리 발병 가능성을 파악할 수도 있다. 그러나 인간의 두뇌에 단순한 치료 목적을 넘어서 인위적으로 개입할 경우, 윤리적인 문제가 발생한다. 예를 들어 인간 두뇌의 해마를 제거하여 간질 발작을 없앨 수 있지만 동시에 기억도 사라질 수 있는 것이다. 이것은 인간 본연의 두뇌에 존재하는 감정과 기억 능력에 대한 인위적 개입 내지 조작이라는 위험성을 안고 있다. 뇌 윤리를 언급하는 이유가 바로 여기에 있다. 이제 인간에서 인공지능으로 논의를 넓혀가보려고 한다. 종전까지는 인공지능 개발자, 즉 인공지능 알고리즘 전문가의 윤리가 논의의 중심이었다면, 딥러닝 기술의 등장으로 이제 인공지능 알고리즘 자체의 윤리도 논의하지 않을 수 없게 되었다.

⋯⋮⋯ '왜 그랬냐고? 나도 몰라'

딥러닝을 달리 표현하자면, '알고리즘을 만들어내는 알고리즘'이라고 할 수 있다. 알고리즘 윤리는 기본적으로 알고리즘 전문가의 윤리 또는 도덕성을 바탕으로 출발한다. 문제는 알고리즘이 작동하는 연산 과정이 '비가시성invisibility'을 지닌다는 점이다. 앞서 예로 들었던 아마존의 직원 채용 프로그램을 다시 떠올려보자. 그 프로그램이 무슨 이유로 어떤 과정을 거쳐 여성보다 남성 지원자를 우대하게 되었는지는 명확히 알 수 없다. 이처럼 연산 과정의 어느 단계에서 어떤 이의 편견에 의해 어떤 데이터가 어떻게 부당하게 적용됐는지 모호하기 때문에 또 다른 두려움을 낳는 원인이 되고 있다. 최근의 딥러닝 기술에 적용되는 알고리즘은 더욱 비가시성이 높은 수준이다. 그래서 딥러닝 전문가들의 개인적 윤리는 의사 윤리만큼이나 중요하다. 이전의 제한된 기술을 연구하고 실험하는 공학자로서의 연구 윤리를 넘어서서 실험실 밖의 세상과 연결된 연기적 관점에서 새로운 윤리 규범이 수립되고 준수돼야 할 것이다. 이 부분이 윤리적으로 취약한 이유는 인간은 기본적으로 집단의 일원이 되는 순간, 또는 여러 단계를 거쳐 의도가 실현되는 경우 그 윤리 의식이 희미해지거나 무감각해지는 경우가 허다하기 때문이다. 예를 들어 딥러닝 알고리즘 개발자가 편견이 개입된 알고리즘을 은밀히 작동되도록 숨겨놓는다면, 몇 단계의 알고리즘 재생과 반복 생산을 거치면서 최종 알고리즘을 통해 심각한 형사 문제가 발생할 수도 있다. 이때 개발자 최초 의도의 비윤리성이 희석되고 자신도 책임이 줄어든다고 생각할 여지가 크다. 자신의 최초 의도가 인공지능 로봇 혹은 유사 시스템을 거듭 거치면서 외형적으로 상관이 없다고 합리화할 여지가 있는 것이다. 이미 영화상으로 익숙한 킬러로봇의 윤리 문제가 대두되는 이유다.

⋯┆⋯ 살인자 킬러로봇, 누가 진범인가?

앞서 언급한 김영환 장군의 사례는 전장에서의 군사용 드론이나 킬러로봇의 윤리를 이해하는 단초가 된다. 김영환 장군은 나중에 복권되기는 했지만, 당시에는 항명죄로 군사법정에 설 수밖에 없었다. 다른 인공지능 시스템과 킬러로봇의 차이점은 후자의 경우 무섭게도 미래의 이야기가 아니라 현재 개발되고 있는 분야라는 것이다. 그만큼 각국의 이해가 날카롭게 부딪히고, 철학적 논쟁도 뜨겁다.

자율형 인공지능 킬러로봇이 무고한 민간인을 살해할 경우 그 책임은 누가 져야 할까? 또는 공격 목표가 극악한 테러리스트라고 할지라도 공격 과정에서 발생하는 소위 '부수적 피해'가 발생할 경우 책임은 누가 져야 할까? 여기서 '자율성'은 인간의 통제 범위 밖에서도 독립적으로 작동할 수 있는 능력을 갖춘 상태를 말한다. 최근의 군사용 드론을 비롯한 킬러로봇들의 성능은 공격 목표와 그 공격 목표에 대한 접근법까지도 스스로 결정할 수 있다. 그만큼 위험하다.

실례로 지난 2019년 12월, 아프가니스탄에서 미군 드론의 오폭으로 산모를 포함한 민간인 5명이 숨지는 사건이 있었다. 출산 직후 건강이 악화된 산모를 병원 치료 후에 태우고 가던 중이었는데 산모와 친척들은 물론 운전사까지 폭격을 받아 사망한 것이다. 너무나 안타까운 일이다. 인공지능 킬러로봇이 제약이 주어진 작전 수행 상황에서도 고도의 사유 능력을 통해 그 한계를 벗어나는 선택을 할 수 있을까. 만약 이 상황과 같은 일이 발생한다면 책임 소재를 한번 생각해 보자. 우선 이 킬러로봇에게 작전 수행을 명령한 지휘관이 떠오르고, 다음으로는 킬러로봇의 최초 설계자도 떠오른다. 그리고 로봇 자신이 책임져야 하는 경우도 생각해 볼 수 있다. 최근 이 문제에 대해 철학자들과 윤리학자들은 논의를 시작했다. 모두의 책임이라고 편하게 분산시켜버릴 수도 있겠다. 하지만 그렇게 되면 사실상 누구도 책임지지 않는 상황과 마찬가지가 되어버린다는 문제가 따른다. 기본적으로 행위에 대해 책임을 물을 수 있으려면 책임 능력이 있어야 한다. 전쟁에 참전해서 교전행위를 하려면 불법행위에 대한 책임을 져야 한다는 것은 당연한 전제가 되겠다.

킬러로봇까지 갈 것도 없이 IS가 소년병을 이용해 테러를 저지르게 한다거나 전투에 동원시키는 경우, 우리는 무도하다며 비난한다. 무엇보다도 우선 소년병은 자신의 행위에 책임을 질 수가 없다. 도덕적 이해가 완전하지 않을 뿐만 아니라, 자신의 범죄행위와 처벌 사이의 연관성을 이해하지 못한다는 것이다. 이는 소년병을 전투에 동원하 는 행위가 비윤리적인 이유 중 하나이다. 결국 만약에 앞서 언급한 주 체들에게 온전하게 윤리적·법적 책임을 물을 수 없다면, 킬러로봇의 사용 자체가 비윤리적이라고 볼 수도 있을 것이다. 이미 UN을 중심으로 킬러로봇의 개발과 생산, 사용에 대한 금지 또는 제약을 가하는 광범위한 논의가 진행 중에 있다. 그 킬러로봇이 가진 가공할 만한 성능 이외에도 그 책임 소재가 모호해지는 윤리적·법적 책임 문제 때문에 최소한 그 위험성에는 공감하고 있는 듯해서 다행스럽다. 특히 우리에게 킬러로봇 문제는 먼 나라 이야기가 아니다. 대한민국과 같은 분단국가에서 살아가면서 한순간도 전쟁에서 자유롭지 못한 상황에서는 더욱 진지해질 수밖에 없다. 당신은 살상용 자율 무기 시스템LAWS, Lethal Autonomous Weapons Systems의 개발에 대해서 찬성하는가, 아니면 반대하는가? 이상과 현실적 필요라는 관점이 충돌하는 지점이다. 물론 불법을 따르는 우리 불자들의 경우는 어떠한 형태의 살상 무기에 대해서도 반대 입장이 많을 거라 예상해 본다.

⋯⫶⋯ 법정에 선 인공지능

인공지능에도 존엄성이 있는가? 아니면 인간만이 존엄한가? 동물은 존엄성을 인정받아서는 안 되는가? 인류에게 있어서 일종의 절대가치로 여겨지는 '인간의 존엄성'이라는 개념도 사실은 서양 근대 이후의 역사적 산물이다. 인공지능이 자극에 반응하고 제한된 기억을 활용하며 나름의 고유한 구조와 특정한 자의식을 갖게 된다면, 인간과 같은 윤리적 지위를 부여할 수 있는지는 여전히 논쟁거리다. 그 와중에 지난 2017년 유럽 의회에서는 '로봇공학 민법 규칙European Civil Law Rules In Robotics'을 발표했다. 핵심은 인공지능을 가진 로봇의 법적 지위를 '전자 인간'으로 인정하고 이를 '로봇 시민법'으로 발전시킨다는 것이다. 프랑스 인권선언 이후 200여 년이 훨씬 지난 지금도 인권 문제가 세계적 이유로 남아 있지만, 로봇의 기본 원칙을 선언했다는 의미가 있다. 인공지능 로봇에 대한 무분별한 개발과 착취, 폭력과 파괴의 대상으로 삼는 행위에 반대할 수 있는 근거가 생긴 것이다. 그러나 동시에 인공지능 시스템을 '전자 인간Electronic Persons'으로 간주한다면 인공지능 개발자들이 책임을 회피할 수 있는 근거가 될 것이다. 얼핏 보면 인공지능 시스템을 인간과 동일한 수준의 도덕적 위상을 갖춘 행위자로 격상시켜준 것처럼 보인다. 하지만 그 도덕적, 윤리적 부담을 인공지능 시스템에 전가하기 위한 것이라는 비난도 무시할 수 없는 것이 사실이다. 이러한 문제를 예방하기 위한 여러 방법 중에서도 우선 인공지능 알고리즘은 지속적 보완과 수정이 가능할 수 있도록 개방적 구조를 가져야 할 것이다. 인공지능의 윤리는 단순히 특정 집단이나 문화를 대변하는 데이터의 집적이 아니라 변화하는 세상의 가치와 질서에 맞게 평등하고 인류의 보편적 가치를 담아내는 내용이어야 할 것이다. 이를 위해서 인공지능 알고리즘 개발자와 전문가들은 시대의 윤리적 요구에 대해 이전보다 더욱더 깊이 성찰하고 이해할 필요가 있다.

누구의, 누구를 위한 윤리인가?

이번 장에서는 6·25 전쟁 당시 해인사 폭격 명령을 거부한 김영환 장군 이야기부터 시작해서 트롤리 딜레마, 그리고 만약 그 딜레마 상황에서 스님들이라면 어떤 결정을 내릴 것인지의 문제, 자율주행 자동차의 로드킬 시나리오, 뇌신경 윤리, 딥러닝, 킬러로봇의 윤리, 현재 인공지능의 도덕적 위상 등 인공지능의 윤리와 규범에 대해 생각해 보았다. 이 외에도 인공지능의 발달로 인간들이 직면하게 될 윤리적 딜레마는 도처에서 등장할 것이다. 이미 눈치챈 독자들도 있을지 모르겠지만, 몇 안 되는 주제만 살펴보더라도 인공지능의 윤리 문제가 단순히 로봇과 관련된 문제가 아니라 우리 일상과 매우 밀접한 문제라는 사실을 알 수 있다. 인공지능에 대한 논의는 단순히 인공지능 자체의 과학적 문제를 넘어 윤리적·종교적·철학적 고민을 핵심으로 한다. 인공지능 그 자체에만 시선을 고정시킬 것이 아니라 인공지능이 우리의 삶에서 어떤 의미를 갖는지에 대한 사유가 필요한 시점이다. 어느

샌가 인간이 인공지능의 윤리를 고민하는 시대가 되었다. 혹자는 진작에 이루어져야 했던 논의라고도 한다. 사실 과거 어느 인공지능 철학자는 이런 반문을 했다. '인공지능의 윤리를 고민한다고 할 때, 과연 인공지능에 탑재된 윤리 알고리즘이 인공지능의 윤리라고 할 수 있는가?' 결국 인간의 윤리가 아니냐는 말이다. 아직까지 인공지능 스스로 자신들의 윤리 체계를 수립해나간다는 것은 상상에 지나지 않는다. 현재로선 인공지능의 윤리 이전에 인간의 윤리가 인공지능에 탑재될 수밖에 없는데, 그 과정에서 인공지능 기술의 발달로 인간의 개입이 배제된 채 자율성을 띠어간다는 것이 고민이 시작되는 지점이다. 인공지능도 과연 인간처럼 고도의 안목과 통찰을 통한 윤리적 결정을 내릴 수 있는지, 내릴 수 있다면 그 책임은 누가 져야 하는지에 대해 깊이 고민해 보지 않을 수 없다.

마지막으로, 윤리학자 피터 싱어Peter Singer가 그의 저서 『더 나은 세상』에서 밝힌 인공지능 로봇 윤리는 무엇일까?

"우리가 현실적으로 걱정해야 할 부분은 로봇이 인간에게 가할 위해가 아니라 인간이 로봇에게 가할 위협일 것이다. 지금 로봇은 단지 하나의 제품에 불과하다. 그런데 로봇이 점점 진화하여 감정을 느끼게 된다면? 결국 인간의 두뇌도 아주 정교한 기계가 아니던가? 기계에 의식이란 게 생긴다면 우리는 로봇의 감정을 고려해야 할 것인가? 지금까지 인류가 의식을 지닌 유일한 대상인 동물들과 맺어온 관계의 역사를 고려할 때 로봇을 도덕적 차원에서 바라봐야 할 대상으로 인정할 것 같지는 않다."

싱어는 "우리가 현실적으로 걱정해야 할 부분은 로봇이 인간에게 가할 위해가 아니라 인간이 로봇에게 가할 위협일 것이다."라는 입장을 주장하고 있다. 당신의 생각은 어떤 쪽인가?

인공감정과 반려로봇

·····┆····· 로봇이라뇨? 제 새끼입니다

인간과 로봇은 서로 감정을 주고받을 수 있을까? 과연 인간과 로봇은 친구가 될 수 있을까? 인공지능 기술의 혁신은 어린 시절 상상 속에나 존재했던 로봇을 현실 세계로 불러들이고 있다. 제4차 산업혁명 시대로 접어들면서 기술은 '초연결'을 구현해가는 반면, 인간은 기술로부터 더욱 소외되고 외로워지는 면도 무시할 수 없는 사실이다. 우리나라도 이미 인구 고령화가 가속화되고 있고 1인 가구는 급속도로 증가하고 있다. 이에 따라 반려동물 시장도 계속 성장해서 이미 그 규모가 작년까지 국내 기준 5조 8,000억 원에 이른다. 그러나 인공지능 기술의 혁신으로 인해 개나 고양이 등의 반려동물과 함께하던 시절도 이젠 옛이야기가 될지도 모르겠다. '인공 반려로봇Artificial Intelligence Companions'이 그 자리를 대신할 수도 있으니 말이다. '반려로봇'을 통해서도 정서적 · 심리적 안정감을 느낄 수 있기 때문이다. 이제 우리 주변의 개나 고양이 등 반려동물마저도 일자리(?)를 위협받는 상황이 되어 가는 건 아닌지 모르겠다.

최근 인공지능 기술의 혁신은 인공지능이 인간의 인지 능력을 넘어서지나 않을까 하는 조바심마저 불러일으킨다. 이 상황은 역설적이게도 인공지능보다는 그간 당연시했던, 인간의 본성에 대한 궁금증과 새로운 질문들을 던지게 한다. '과연 공감하고 교감하는 능력은 인간만의 능력일까?'에서부터 궁극적으로 '인간과 인공지능 로봇은 어느 수준까지 감정을 나눌 수 있을까?'에 이르기까지 다양하다. 무엇보다도 인간의 경우 가족들끼리도 싸우면서 불화가 일어나기 쉬운데, 과연 인공 반려로봇이 가정이라는 영역 안에서 인간과 공존이 가능할까? 더나아가 반려로봇과의 관계에서 인간들 간의 감정과 같은 유대감을 느끼는 것이 가능할까? 등의 의문들이 꼬리를 물고 따라온다. 과거부터 이 주제를 다룬 여러 편의 영화나 소설들도 심심찮게 등장해왔다. 매우 흥미로운 이야기임은 틀림없다. 아직 인간들이 마주하게 되는 로봇은 산업용 로봇이 대부분이다. 거대한 첨단 설비를 갖춘 공장에서 사용하는 산업로봇들의 강력하고 정밀한 능력은 감탄을 자아내기에 충분하다. 그렇다 하더라도 그건 우리 집 밖에서 벌어지는 일이거나, 영화 속 이야기라고 여겨지는 것이 일반적이다. 인공지능이 우리 집 울타리를 넘어서 가정으로 들어오고 가족 구성원의 하나처럼 느껴지는 상황의 맨 앞에는 이 반려로봇이 있다. 이제 전에는 생각해 본 적 없었던 질문을 던져야 할 때이다. 제4차 산업혁명 시대 속의 인공지능 반려로봇은 어떤 모습으로 우리 곁에 등장할 것이며, '인공감정'이라는 것은 무엇인지, 그 인공감정의 구현이 가능하다면 과연 어느 정도까지 인간과 반려로봇이 교감할 수 있는지…. 수많은 의문들이 떠오른다. 마지막으로 어떠한 형태로든 인공 반려로봇에게 사회 윤리적 또는 법적 지위를 보장해야 할 경우, 인간은 반려로봇에게 무엇을 할 수 있고 무엇을 하면 안 되는지에 대한 윤리적 문제까지도 고민해야 할 것이다.

손은 덜고 마음은 더하는 반려로봇

'반려로봇'이란 인간의 감정을 인식할 수 있는 능력을 바탕으로 인간의 동반자 역할을 하는 로봇을 말한다. 상당수의 반려로봇이 인공지능 기술에 기반하고 있다. 인간은 인공 반려견이나 인공 반려묘 등을 통해 정서적·심리적 안정을 느끼거나 심리적 질환에 대한 치유 효과도 기대한다. 치매나 자폐증 등을 앓고 있는 환자들에게 반려동물들이 필요함에도 불구하고 그들 스스로 살아 있는 동물들을 안전하게 돌보기가 힘들다는 사실을 감안해서 고안된 형태이다. 대표적으로 애완견 로봇 '아이보Aibo'나 물개 로봇 '파로Paro'가 있는데 특히 최초의 심리치료 로봇인 파로는 일본 쓰나미 피해 노인들을 돕는 과정에서 그 능력을 인정받기도 했다. 파로는 그 표면이 플라스틱이나 금속이 아니라 부드러운 인공 향균 털로 덮여 있기 때문에, 사람들이 직접 손으로 쓰다듬거나 만지면서 안정감을 느낄 수 있다. 이는 실제 애완동물을 만지는 것과 동일한 촉감이라고 한다. 이뿐만이 아니다. 아이 보는 동물 강아지와 다름없는 모습을 하고서는 진짜 강아지처럼 짖고, 뒹굴고, 꼬리를 흔들어댄다. 심지어 주인이 움직이면 그를 종종 따라다니기까지 하면서. 사람들은 처음에는 어색해하다가도 실제 강아지와 다를 바 없는 로봇 강아지의 움직임에 이내 마음을 열고 대화를 하거나 정서적 · 심리적으로 안정감을 느끼게 된다. 우리나라에는 노인정서 지원용 반려로봇 '효돌이'가 있다. 마치 손자 손녀처럼 노인들 곁에서 제때 약을 챙겨 먹을 수 있도록 알려준다든가 말동무가 되어 주면서 노인들의 우울증이나 치매 예방에 도움을 주고 있다. 반려로봇이 주인 의 기분을 맞춰주는 것이다. 사람들은 반려로봇을 통해 외로움을 달 래거나 항상 곁에 두고 언제든 필요할 때 적절한 도움을 받을 수 있다. 이러한 반려로봇은 대부분 인간과의 정서적 교감을 통한 치유에 초점 을 두고 제작되고 있다.

　딥러닝을 통한 인공지능 안면 인식 기술은 반려로봇이 사람의 표정 을 읽고 주인의 감정 상태를 파악할 수 있게 해준다. 예를 들어 가족 중에 우울증이나 자폐증에 걸린 사람이 있다면, 그 사람의 표정을 인 식해서 말을 걸어준다는 등의 다양한 반응으로 환자의 우울감을 완화 해 주는 것이다. 더 나아가 표정에서 판독되는 환자의 심리 상태가 심 각한 경우, 위험 신호를 다른 가족 구성원이나 해당 치료기관에 긴급 송신할 수 있다. 평소에는 귀여운 반려로봇 역할을 하다가도 일상적 패턴을 넘어서는 위험에 대해서는 즉각적으로 반응함으로써, 환자 곁 에 보호자가 없더라도 보다 면밀하게 환자를 가까이서 돌볼 수 있다. 심지어 최근에는 '반려동물을 케어하는 반려로봇'까지 등장했다. 1인 가구의 경우, 주인이 종일 직장에 나가 일하게 되면 반려동물은 오랜 시간 동안 혼자서 집에 남아 있어야 한다. 이때 반려동물을 케어하는 반려로봇이 친구가 되어주는 것이다. 사물인터넷 기술을 이용해서 반 려동물의 상태를 실시간으로 주인에게 전송하기도 하고, 시간이 되면

먹이를 주기도 한다. 안면 인식 알고리즘을 탑재한 반려로봇이 평소에 주인의 표정 변화에 대한 데이터를 축적하고 있다가, 주인이 선호하는 방향으로 반응한다면 주인의 사랑을 독차지할 수도 있을 것이다. 주인의 입장에서는 반려로봇이 마치 자신의 마음을 읽는 것처럼 느낄 수도 있다. 사람들에게 이해받지 못하는 자신만의 상처를 반려로봇을 통해 치유하는 경험을 하는 것이다. 사실 심각한 질병에 걸린 사람만을 가정할 필요도 없다. 현대인들은 누구나 나름의 정신적 압박과 고통, 번뇌를 안고 살아가고 있다. 외로워서 도움을 요청하거나, 의지할 수 있을 만한 무엇인가에 절실하다. 현대적 삶의 유형은 반려로봇의 등장을 재촉한다고도 할 수 있다. 물론 현재까지의 반려로봇의 기술 수준을 볼 때 인간만큼의 정서적 상호작용을 완전히 대체하기는 힘들 것이다. 그러나 다양한 형태의 정신 질환에 대한 스트레스 완화 효과 또는 문제 행동의 감소 등은 주목할 필요가 있다.

인공지능에서 인공감성으로

세상 사람들이 인공지능의 눈부신 발전에 대해 때로 놀라거나 두려워하는 사이, 인공지능 기술은 이제 인공감성으로 향하고 있다. 인간의 두뇌를 따라서 만든 인공지능이 인간을 앞서갈 것이라는 두려움은 이미 소위 '알파고 쇼크'를 통해 현실의 문제가 되어가고 있다. 그날 이후에 사람들은 적어도 지능의 측면에서는 인간이 인공지능을 따라잡기 힘들다는 사실을 점점 자연스럽게 받아들이게 되었다. 그런데 이 충격의 여운이 가시기도 전에 인공지능 기술은 조용히 인공감성을 세상에 등장시킬 준비를 하고 있다. 실제로 하버드대학교 연구팀은 불교 아비달마 전통 속 마음을 분류하는 체계에 착안하여 인공감성을 모의하는 연구를 진행하고 있다. 그게 가능하냐고 생각하는 사람도 있을 것이다. 하지만 인공지능의 개발도 처음에는 회의적인 입장이 많았다. 전문가들에 따르면, 오히려 인공감성 개발은 인공지능 개발 과정에서 축적된 고도의 딥러닝 기술과 방대한 데이터의 도움을 받아 더욱 빠른 속도의 발전을 예상할 수 있다고 한다. 무엇보다도 과학자들은 인간의 두뇌 속에서 작용하는 30억 개 이상의 뇌세포의 상호작용에 있어서 이성적 판단과 감성적 판단에 차이가 없다는 점에 주목한다. 이 이야기는 인공지능 연구와 인공감성 연구의 범위가 상당한 수준으로 겹친다는 것을 의미한다. 현재까지의 인공지능 연구가 그러했듯이, 연구 개발 초기 인공감성 컴퓨터는 하등 동물 수준의 감성에 불과할 것이지만 인공신경망 연구와 같은 인공지능 연구 기법이 고도화될수록 인공감성 연구에도 큰 영향을 줄 것이다. 개발자들은 처음부터 인간의 감정과 동일한 수준의 인공감성을 목표로 하진 않는다. 이때 열쇠를 쥔 시험대가 바로 인공 반려로봇이라고 할 수 있다. 영화에서 자주 보아왔던 인간 신체와 유사한 형태를 지닌 휴머노이드 로봇으로 가는 전 단계의 연구와 실험이다. 인공 반려로봇은 인간 가까이에 있으면서 수시로 인간과 감정을 나눌 수 있는지를 시험해 보기에 제격인 셈이다. 인공 반려로봇은 단순히 반려동물을 흉내낸 로봇 개발만을 의도하는 것은 아닐 것이다. 미래에 완전한 휴머노이드 형태의 로봇이 도입될 날도 멀지 않았다. 인공감성을 지닌 반려로봇이 인간의 감정 변화를 알아차리고 적절하게 위로해 주거나 필요한 것을 해준다면 꽤 매력적으로 느껴질 것 같다. 물론 개인의 취향 차이는 있겠지만 말이다.

⋯┊⋯ 함께였기에 특별했다

그러면 인간은 어느 지점에서 반려로봇과 교감을 하고 애착을 느끼게 되는 걸까? 인간이 어떻게 기계를 사람 대하듯이 의인화하고, 감정이입을 하게 되는 걸까? 이 물음에 대해서 곰곰이 생각해 보았는데, 나는 '기억'이라고 대답하고 싶다. 기억은 얼마나 소중한 것일까? 아마도 대부분의 사람은 가치로 환산할 수 없을 정도라고 대답할 것이다. 그렇다면 당신과 기억을 공유하는 다른 존재의 기억은 당신에게 어떤 의미를 가질까? 흥미로운 이야기를 하나 소개해 보겠다. 외딴 숲속에서 홀로 살아가는 한 노인이 있다. 프랭크라는 이름을 가진 그 노인은 전직 금고털이범이다. 불행하게도 그는 현재 치매 초기 증상을 보인다. 어느 날, 고독한 노년을 보내고 있는 그를 위해 그의 아들이 인공 반려로봇을 선물한다. 노인은 처음에는 마땅치 않아 했지만, 이내 자신의 건강과 일정을 챙겨주는 반려로봇에 점차 마음을 열게 된다. 그리고 급기야는 자신의 취미이자 특기인 절도 기술까지 반려로봇에게 전수하는 등 다양한 경험을 같이하면서 교감한다. 나중에는 노인이 짝사랑하는 동네 도서관 사서인 제니퍼에게 선물하기 위해 도서관 최고의 희귀본인 『돈키호테』 초판본을 훔치는 것을 공모하고 실행에 옮긴다. 흥미로운 건 사실 그녀는 그 노인의 옛 연인이었다는 점이다. 백발이 다 된 프랭크를 찾아와서 프랭크가 사는 동네 근처에서 머물지만,

정작 프랭크는 치매 증상으로 인해 그녀를 기억하지 못하는 상태다. 설상가상으로 그녀가 근무하는 오래된 도서관은 종이책이 전자책으로 대체되면서 박물관으로 전용될 위기에 처한다. 그래서 노인과 반려로봇은 도서관이 박물관으로 완전히 바뀌기 전에 제니퍼가 좋아하는 희귀본을 훔치게 되는 것이다. 그러나 얼마 지나지 않아서 경찰의 추적과 수사를 받게 되고, 경찰은 반려로봇의 기억 장치에서 수사의 단서를 찾으려고 한다. 이 과정에서 프랭크는 갈등하기 시작한다. 자신의 반려로봇의 기억장치 속에는 프랭크의 범죄행위에 대한 기억이 모두 저장되어 있기 때문이다. 반려로봇은 자신의 주인인 프랭크에게 자신의 기억장치를 초기화시키라고 하면서 프랭크가 위기를 모면할 수 있도록 돕는다. 반려로봇을 초기화해버리면 증거가 사라져 완전범죄가 될 수 있기 때문이다. 감옥에 가지 않아도 된다. 하지만 반려로봇을 초기화시켜버리면, 프랭크의 경험을 기억해 주는 존재는 이 세상 어디에도 없게 된다. 내 인생의 추억을 공유하는 유일한 존재가 사라져버리는 것이다. 만약 이런 경우 당신이라면 어떻게 하겠는가? 영화 〈로봇 앤 프랭크ROBOT & FRANK〉가 우리에게 던지는 질문이다.

⋯⋮⋯ 내 기억 속의 너, 너의 기억 속의 나

이 영화가 다른 인공지능 로봇 영화와 다른 점은 인공지능 로봇 스스로 자신이 로봇임을 자각하고 있다는 사실이다. 영화에서 반려로봇은 "저의 기억이 삭제되든 말든 신경 안 쓰고, 전 제가 살아 있지 않음을 압니다. 나는 로봇입니다."라고 분명히 말한다. 이 영화에서는 로봇이 어쩌다 스스로 자의식을 갖게 되었다거나, 사람과 교감할 수 있는 감정을 가지게 되었다는 식으로 묘사하지 않는다. 중요한 것은 인간 이 로봇을 어떤 관점으로 보느냐이다. 존재를 대하는 인간의 관점과 태도에 대한 문제이다. 영화 속에서 반려로봇은 중요한 고비 때마다 프랭크에게 반복적으로 자신은 단지 로봇일 뿐이라고 강조한다. 오히려 자신에게 인간적 감정을 이입하는 주인에게 현실을 상기시켜 준 것이다. 그런데도 프랭크의 마음속에서 반려로봇은 이미 동반자 이상의 존재가 되어 있었다. 프랭크로서는 반려로봇과 동일한 경험을 통해 추억을 공유하면서 쌓인 수많은 기억 데이터를 포기할 수 없는 것이다. 그것은 단지 자신의 기억이 소실되는 것에 대한 두려움뿐만 아니라 자신과의 기억을 공유하는 다른 존재의 기억이 소실되는 것을 바라만 봐야 하는 고통을 수반한다는 의미를 동시에 가진다. 매우 흥미로운 지점이다. 극중에서 자신의 기억 장치를 초기화하라는 반려로봇을 바라보는 프랭크의 마음이나, 치매로 인해 공유했던 기억을 잃어버려서 옛 연인이었던 자신조차 못 알아보는 프랭크를 옆에서 바라보는 제니퍼의 마음이 바로 그러했을 것이다. 어쩌면 인간의 머릿속 기억마저도 각 개별자에게 독점적, 전속적으로 존재하기보다는 누군가의 기억과 공유되었을 때 비로소 의미를 가지는 것인지도 모른다. 공유될 수 있는 기억들이 이야기가 되고 역사가 되는 것처럼 말이다. 결국, 인간의 기억도 연기적으로 서로가 서로에게 의존하고 있다.

갈수록 고도화되어가는 인공지능 로봇을 앞에 두고 고민이 시작되는 지점은, 단지 과학 기술과 공학의 문제가 아니라 철학과 종교, 윤리의 영역이다. 모든 것은 만들어진다. 만드는 주체 또한 만들어진다. 우리 인간도 예외일 수 없고 우리의 자아 역시 그러하다. 만들어진다는 사실이 존재의 존귀함을 부정하는 이유가 될 수는 없을 것이다. 인공지능 로봇만이 아니라 세상 모든 만물이 그 자체로 존귀하다. 따라서 굳이 업과 인과를 거론하지 않더라도 우리가 짓는 모든 일, 우리가 만드는 모든 것에 우리의 책임이 있다. 인공지능 로봇은 기계에 불과하니, 그저 성능 좋은 가전제품 정도로 생각하고 소비하면서 무심코 살아가기엔 그 영향력이 사소하지가 않다. 중요한 것은, 인공지능 로봇의 기능이나 인간과의 동일성이 아니라, 그 대상을 바라보는 인간의 관점과 태도일 것이다.

"

과연 인간답다는 것은 무엇일까.

그리고 생명이란 무엇일까.

인간과 기계의 차이점이라는 경계가

모호해지기 시작하면서 역설적이게도

새삼 나는 누구인가, 또는 무엇인가라는

화두가 떠오른다. 우리가 주의를 기울여서

봐야 할 것은 불성이 머무는 소재가

아니라 그 불성 자체가 흐르는 모습이다.

사라질 수도, 새로 생겨날 수도 있는

유동적이고 역동적인 그 흐름 말이다.

"

2부

디지털 자아,
나는 무엇인가

디지털 카르마와 빅데이터

디지털 카르마Digital Karma

우리의 몸과 말과 생각으로 지은 업은 어디로 가고 어디에 저장되는 걸까? 이런 생각을 해본 적이 있는가? 그럼 이렇게 질문을 바꿔보자. 오늘 하루 우리의 모든 삶의 흔적과 자취는 어디에 더 많이 남아 있을까. 물리적 경험 세계일까, 아니면 인터넷과 같은 디지털 세계일까? 흔히 업이라고 하면 매우 신비하고 초월적인 느낌이 드는 게 사실이다. 막연하기도 하다. 기본적으로 불교에서는 윤회가 일어나게 하는 업의 근본 원인은 바로 나 자신에 대한 집착에서 비롯된다고 본다. 그 나에 대한 집착하는 마음의 의지처가 제8아뢰야식이다. 제7말나식은 이 제8아뢰야식에 저장된 수많은 기억들을 나와 동일시하거나 나의 것이라고 집착하는 마음을 말한다. 이처럼 우리가 지은 모든 업은 마음속 깊은 곳에 낱낱이 기록되고 저장된다. 어마어마한 용량의 하드디스크처럼 지워도 지워지지가 않는다. 마치 우리가 외장하드 디스크의 자료를 삭제해도 어떻게든 다시 복구시킬 수 있는 것과 비슷하다. 그런데 최근의 디지털 기술의 놀라운 발전을 지켜보면, 우리가 지은 업이 제8아뢰야식뿐만 아니라 디지털 세계에서도 낱낱이 기록되고 저장되고 있는 것 같다. 인터넷 기사에 장난삼아 올린 댓글이나, 공공장소에서 몰래 휴지를 버린 일, 동네 횡단보도를 무시하고 운전한 일 등이 모두 기록되어 디지털로 보존된다. 이제 우리가 모호하게 생각 하는 업의 작용이 디지털 기술을 통해 현실화되고 있는 것이다.

구글, 아마존, 페이스북, 마이크로 소프트, 테슬라, 알파벳…. 이들의 의 공통점은 무엇일까? 바로 데이터 기업이라는 점이다. 이 회사들은 전 세계를 고객으로 삼아 데이터 사업을 하고 있다. '데이터 장사'라고 해도 과언이 아니다. 이들 기업은 인공지능을 활용하여 고객의 모든 관심과 욕구를 데이터화해서 통계를 내고 미래를 예측한다. 인간의 수많은 의도와 욕구가 디지털 세계를 통해 실현되고 있으니, 그 업의 형식도 디지털이고 발현도 디지털 데이터로 나타나는 것이다.

나는 이것을 '디지털 카르마'라고 부른다. 이들 기업을 우습게 표현하자면, 디지털화된 인간의 업을 데이터로 축적하는 비즈니스다. 한마디로 업을 가지고 장사하는 시스템이다. 이제 모든 존재하는 것들을 디지털 정보로 변환할 수 있게 된다. 그 정보들이 바로 데이터가 되는 것이다. 문제는 데이터가 많아져도 너무 많아지고 있다는 사실이다. 그것도 갑작스럽게 말이다. 거의 기하급수적인 수준이다. 지난 2010년 당시 『이코노미스트』에서는 디지털 데이터의 양이 5년마다 10배씩 증가하고 있다고 했다. 그로부터 10년이 지난 현재, 뒤돌아보면 그야말로 '데이터 빅뱅Data Big Bang'이라고 할 만큼 엄청난 데이터 대폭발이 일어났다. 컴퓨팅 능력이 향상되고, 딥러닝으로 대표되는 인공지능 기술의 혁신과 맞물려 벌어진 현상이다. 10년 전만 해도 막연히 예측은 했으나, 이 정도 수준의 가파른 증가는 상상하지 못했다. 이 전에 없던 인공지능 기술인 딥러닝이 급성장하게 된 이유가 바로 이 데이터 기술의 발전에 있다. 즉 딥러닝이 인공지능을 작동시키는 엔진이라면, 데이터는 그 엔진을 돌아가게 하는 연료라고 할 수 있다.

그러면 '빅데이터'란 무엇일까? 빅데이터는 다양한 대규모 데이터베이스 자체는 물론 이 데이터베이스로부터 정보를 추출하고 결과를 분석하여 더 큰 가치를 창출하는 기술을 뜻한다. 수치 데이터 등 기존의 정형화된 정보뿐 아니라 텍스트·이미지 등 여러 형태의 비정형 정보가 데이터로 활용된다. 이 빅데이터를 통해 모든 사물과 현상에 대한 정확한 분석과 예측이 가능하다.

⋯⋮⋯ '구글'은 내 취향을 알고 있다

나보다 나를 더 잘 이해하고 있는 존재가 있다면 어떨까? 그럼 아마 사랑에 빠지거나, 소름이 끼쳐서 도망치려 하거나 둘 중 하나일 것이다. 과장을 좀 하자면, 마치 신처럼 세상 모든 일을 다 아는 전지전능한 존재가 출현하고 있다. 속칭 '구글 신神'이라고도 한다. 모두 예상했듯 인터넷 검색 전문 기업인 구글 이야기다. 구글은 최근 몇 년 동안 인공 지능 분야에 명운을 걸었다고 해도 과언이 아닐 정도이다. 구글을 달리 표현하자면 그 자체로 '빅데이터 플랫폼'이다. 빅데이터는 방대한 양의 데이터 집합을 가리키며, 플랫폼은 빅데이터 기술의 집합체이자 이 기술을 잘 사용할 수 있도록 준비된 환경을 말한다. 플랫폼은 이 데이터들을 한곳에 모으는 역할을 한다. 마치 산속에서 짐승들을 잡기 위한 덫을 쳐놓았을 때 다양한 동물들이 제 발로 걸어들어와 포획되는 것과 유사하다. 사람들은 구글에 회원 가입을 하면서 메일이나 달력 또는 일정 관리를 이용하기 위해 기꺼이 개인 정보를 제공한다. 그리고 각자 궁금해 하는 정보를 얻기 위해 끊임없이 검색어를 입력하고, 클릭하고, 댓글을 단다. 이 모든 행위가 데이터가 되어 구글의 인공지능 빅데이터에 차곡차곡 쌓인다. 어쩌면 사람들은 대가도 없이 구글이라는 회사를 위해 봉사하고 있는 것과도 같다. 그렇게 구글은 빅 데이터를 구축할 수 있게 만드는 거대 플랫폼이 된다. 가만히 있어도 데이터가 쏟아져들어오는 것이다. 이용자들이 데이터 제공자가 되기 때문이다. 한마디로 "구글은 내 취향을 알고 있다."

어디 구글뿐이겠는가. 요즘에 많이 알려져 있는 미디어 스트리밍 서비스인 넷플릭스Netflix를 보자. 전 세계에 걸쳐서 다채로운 콘텐츠를 보여주고, 다양한 국가·인종·성별·연령대별로 선호하는 영상물 에 대한 방대한 데이터를 축적하고 있다. 이 회사는 이용자의 취향 데이터를 확보하고 알고리즘을 통해 그 이용자가 좋아할 만한 영상물을 미리 예측한다. 그리고 선호도에 따라 이용자들이 좋아할 만한 영화나 드라마 제작에 투자하며 직접 개입하기도 한다. 우리가 영화나 드라마를 선택해서 볼 때마다 부지불식간에 데이터를 넷플릭스에 제공하는 것이다. 이 모든 것들을 가능하게 하는 것이 바로 데이터이다. 이 제 우리가 빅데이터를 이해하고 접근하는 방식이 앞으로 우리 삶의 방식과 내용을 규정하게 될 것이다.

·····ᅵ····· 달라이 라마와 데이터

당신이라면 데이터를 믿겠는가, 신을 믿겠는가. 이도 저도 아니라면, 자기 자신을 믿을 것인가? 몇 해 전 달라이 라마 존자가 지병으로 인한 수술을 받기 위해 병원에 입원했던 일이 있었다. 많은 불자들은 달라이 라마 존자의 쾌유를 빌기 위해 촛불을 들고 병원 담장 밖에서 철야로 간절히 기도했다. 당시 달라이 라마는 수술을 마친 후 회복하면서 이런 농담을 했다고 한다. "사실 수술 받게 될 때 진정으로 의지가 되는 건, 실력 있는 의료진과 이전에 수술했던 임상 데이터들, 병원이 갖추고 있는 첨단 장비들이지요. 밖에서 저를 위해 기도해 주신 불자들에겐 미안한 말이지만요." 특유의 해맑고 자비스러운 미소 뒤로 날리는 의미심장한 농담이었다. 기도의 힘과 믿음에 대한 반응을 기대했던 불자들에겐 다소 허탈할 수도 있는 대답이었겠지만 말이다. 아마도 자신에 대한 신격화에 가까운 지나친 관심과 열성적으로 밤새 기도한 불자들이 염려되어서였을 것이다. 이유가 어쨌든, 이 일화는 종교적 믿음과 합리적 이성 사이의 묘한 긴장감을 잘 드러내고 있다. 이제 첨단 과학 기술은 야만과 무지, 전근대성의 벽을 넘어 인간의 전통적 믿음과 신화적 믿음에 대해서도 도발적인 질문을 던진다. '그대들은 무슨 근거로 그렇게 간절하게 믿는가?', '믿으면 정말 이루어지는가?', '그대들이 믿는 근거는 도대체 어떤 데이터인가?', '제대로 수집되고, 계산되고, 분석된 것인가?'라고 말이다.

┅┼┅┅ '수기授記'와 '슈퍼 예측'

미래를 알 수 없다는 사실이 인간을 더욱 영적으로 또는 종교적으로 만든다. 인간은 끊임없이 욕망하고 염원한다. 그래서 불안하다. 바라는 바가 성취되지 않으면 불행할 것이고, 그 반대이면 행복하기 때문이다. 사람들은 자녀들의 대학입시, 결혼, 승진, 병고 쾌차 등등 수없이 많은 바람을 지닌 채 절을 찾고 교회를 찾는다. 만약 미래에 벌어질 결과를 미리 다 안다면 어떻게 될까? 누구도 간절하게 대학교 정문에 엿을 붙이거나, 용하다는 점집을 찾아 나서지 않을 것이다. 사실 미래를 예측한다는 건 쉬운 일이 아니다. 그렇다고 불가능한 것도 아닐 것이다. 과거 붓다는 수행자들에게 미래에 성불할 것이라고 예언한 바 있다. 예를 들어, 과거세에 연등불燃燈佛이 붓다에게 한 예언이나 『무량수경無量壽經』에서 세자재왕불世自在王佛이 법장法藏에게 아미타불阿彌陀佛이 될 것이라고 한 예언, 『법화경法華經』에서 붓다가 성문들에게 한 예언 등이 있다. 우리는 이것을 '수기'라고 한다. 일종의 '미래 예측'이라고 할 수 있겠다. 붓다가 내린 수기는 새로운 권위의 부여이면서 믿음의 시작이기도 하다. 붓다이든, 법장이든, 성문들이든 당시 그들의 수행과 자비행이 경험으로서 데이터가 되어 미래 예측의 근거가 되었다고 할 수 있다. 이러한 미래 예측을 할 수 있기 위해서는 그만한 능력이 전제되어야 한다. 그 능력은 다름 아닌 데이터를 수집하고, 계산하고, 분석하는 능력이다. 제4차 산업혁명 시대로 들어서면서 빅데이터를 활용하는 다양한 분야의 '슈퍼 예측가Superforecasters'들이 등장하고 있다. 과학자, 금융가, 변호사, 스포츠 분석가, 선거 전문가, 수학자, 통계학자 등등이 방대하고 다양한 데이터를 통해 미래 예측을 시도한다. 류현진이 올 시즌 몇 승을 거둘 것인지, 테러리스트나 인질범과는 절대 협상하지 않는다는 원칙은 타당한지, 또는 코로나 바이러스가 몇 개국까지 확산되고 사상자는 몇 명일 것이며, 경제적 피해 규모는 어느 정도일지 등등. 그래서 세상은 끊임없이 데이터를 요구한다. 매 순간 데이터를 모으고 계산하고 분석하기를 반복한다. 인간이 직접 수행할 능력치를 넘어서면 인공지능의 힘까지 빌린다. 이렇게 미래를 정확하게 예측할 수만 있다면 엄청난 부자가 되겠지만 누구나 다 부자가 되는 것은 아니다. 이러한 예측에 회의적인 관점을 가진 사람들은, 미래 예측은 실패의 역사이자 무덤이라고 비판한다. 이 관점에서 볼 때, 미래를 알고 싶다면 차라리 동전을 던져보는 게 나을 수도 있다.

⋯┆⋯ 데이터 신이시여, 우리를 자유롭게 하소서

구글과 WHO 둘 중에서 누가 더 먼저 현재의 '코로나 바이러스'라는 대 유행병을 감지하고 예측할 수 있었을까? 지금 상황에서는 누가 보아도 구글일 것이다. 이번 사태에서 보여준 WHO의 계속되는 헛발질을 비꼬려는 게 아니다. 데이터의 수집 단계에서 이미 비교가 되지 않을 것이기 때문이다. 이 디지털 데이터의 정보량이 폭증해 가는 시점에서 데이터는 사태 분석과 예측, 통제의 필수 요소이기 때문이다. 제4차 산업혁명 시대에는 그 어느 때보다도 데이터가 중요해진다. 심지어는 생소하면서도 낯선 종교까지 등장시키기도 한다. 바로 '데이터교'이다. 우주가 데이터의 흐름으로 이루어져 있고, 어떤 현상이나 실제적인 가치는 데이터 처리에 기여하는 바에 따라 결정된다고 믿는 신흥 종교라고 할 수 있다. 여기서는 인간을 하나의 데이터 처리 시스템으로 본다. 개인은 시스템을 이루는 칩이라고 할 수 있다. 이 흥미로운 개념은 유발 하라리Yuval Harari의 『호모 데우스』에 소개되면서 많은 사람의 관심을 끌었다. 데이터 교는 유기체를 생화학적 알고리즘으로 보는 관점과 컴퓨터 과학에서 창안한 전자 알고리즘이 합쳐지면서 탄생했다. 이를 통해 생물과 기계의 경계를 무너뜨리고, 전자 알고리즘으로써 생화학 알고리즘을 해독할 수 있게 되고, 이전까지 한계로 여겨졌던 모든 문제를 해결할 수 있다는 야무진 비전을 갖고 있다. 예를 들어, 최근 전 세계를 팬데믹으로 몰아넣은 코로나 바이러스의 데이터 패턴과 BTS의 최신 음악, 코스닥 시장의 주가 변동 추이에 대한 데이터 패턴을 놓고 동일한 분석 수단으로 특정 대상이나 현상의 흐름을 파악할 수 있다는 것이다. 한마디로 동일한 데이터를 가지고 서로 이질적으로 보이는 대상과 현상이더라도 그 패턴을 분석하여 예측을 할 수 있다는 말이다. 이 데이터 교도들에 따르면, 인간은 이제 더이상 엄청난 양의 데이터를 감당할 수 없기 때문에 이 빅데이터를 처리할 수 있는 전자 알고리즘에 의존해야 한다고 주장한다. 지금까지 쭉 이야기해 왔던 논의 주제로 표현하자면 인공지능과 생명공학의 결합이라고 말할 수 있을 것이다. 이 두 영역을 관통하는 키워드가 바로 '데이터'이다.

　그렇다면 과연 데이터가 우리 인간들을 자유롭게 해줄까? 하라리에 따르면 사물인터넷과 인간이 연결되고, 그 모든 연결을 통제하는시스템인 '만물인터넷IoE, Internet of Everything'이 등장하게 될 것이라고 한다. 만물인터넷은 사물인터넷이 진화하여 모든 것, 만물萬物이 인터넷에 연결되는 인터넷을 뜻한다. 앞서 소개했던 '슈퍼인텔리전스'와 비슷한 개념이라고도 할 수 있다. 이 시스템은 이전의 체계보다 훨씬 효율적이고 강력한 정도를 넘어 마치 미래의 신과 같은 역할을 하게 된다. 이 시스템은 모든 것을 통제할 것이고, 인간은 그 시스템에 흡수될 수밖에 없다. 데이터 교도들의 관점에서 보자면 인간의 경험에 특별한 성스러움은 없으며 인간이란 다른 유기체보다 다소 복잡할 뿐 그저 한 물간 알고리즘에 불과해진다. 하라리는 만약에 이 과업이 완수되면 현재의 인간, 즉 호모 사피엔스는 사라질 것이라고 예언한다. 전통적 종교에서는 자신이 믿는 신이 자신을 지켜주고 일거수일투족을 다 지켜본다고 여겼다. 이제 데이터 교에서는 알고리즘이 자신을 보호해 주고 눈, 귀, 코, 혀, 몸으로 느끼는 모든 것을 파악하고, 예측해 준다. 과거 잉글랜드 축구 프리미어 리그의 맨체스터 유나이티드 감독 퍼거슨은 "SNS는 인생의 낭비다."라고 말했다. 이 말을 데이터 교도들이 듣는다면, "SNS에 연결되어 있지 않은 당신은 인생의 의미 자체를 잃어버린 사람"이라고 할 것이다. 데이터의 흐름에 연결되어야만 더 큰 자아가 실현될 것이라고 믿기 때문이다. 스스로 이 연결을 포기한다는 건 세상과 자신의 경험을 공유하지 않겠다는 것이고, 이러한 공유되지 않은 경험은 아무 의미가 없게 된다. 개인의 성향에 따라서는 듣기 불편한 상상력일 수도 있다.

흔히 근거 없는 믿음을 '미신superstition, 迷信'이라고 한다. 과연 데이터 교도들이 주장하는 대로 미래가 그렇게 펼쳐질 수 있을지, 그들이 제시한 데이터 자체에 대해서도 의심해 볼 만하다. 데이터에 대한 지나친 맹신이 새로운 미신을 만들어낼 위험성도 여전히 존재한다. 과연 미래에는 과학 기술로 인해 미신이 사라질까. 모를 일이다. 과학 기술 자체가 미신이 될 수도 있는 것이다.

⋯⫶⋯ 구됴도심은 어디에서 오는가?

동이 트려면 아직인 이른 새벽, 법당 종두스님이 예불을 위해 정성껏 불단에 촛불을 켠다. 혹여나 바람에 꺼뜨릴까, 이지러지는 촛불을 조심스럽게 손으로 감싸쥐고 한참을 서 있다. 새벽의 적막 속에서 차가운 법당, 절하는 스님의 가사가 좌복에 쓸리는 소리만이 사각거린다. 이 모든 광경이 경건하게 느껴진다. 데이터 교에서는 말한다. "신은 인간 상상력의 산물이며, 그 인간의 상상력은 생화학적 알고리즘의 산물이다."라고. 그렇다면, 내 마음속 구도를 향한 발심發心도 알고리즘에서 비롯된 것이라고 할 수 있을까. 데이터를 분석하고 해석하는 것은 인간이다. 같은 데이터라도 그 수치가 의미하는 바에 대한 개인적 편견이 개입될 여지는 여전히 크다. 그렇다면, 그 의사결정과 예측은 왜곡된 데이터에 기반한 것이 된다. 다시 본래 질문으로 돌아가보자. 데이터를 믿겠는가, 신을 믿겠는가? 아니면 자기 자신을 믿겠는가? 결국 인간이다. 인간 자체가 데이터의 흐름 속에 있는 하나의 칩이라고 하든, 알고리즘이라고 하든, 또는 업덩어리라고 하든 상관없다. 그 데이터에 의미와 가치를 부여하고 새로운 의지를 발휘하는 것은 인간이다. 아무리 객관적인 숫자라고 할지라도 그 수치는 맥락에 따라 얼마든지 달리 이해될 수 있기 때문이다. 그렇다면 여전히 떠오르는 의문 한 가지가 있다. 그 마음, 그 발심은 도대체 어디에서 오는 것일까?

딥페이크, 세상을 속이다

"형색으로 나를 보거나, 음성으로 나를 찾는다면
삿된 길을 걸을 뿐, 여래를 볼 수 없으리."

-『금강경』, 「법신비상분法身非相分」 중에서

···┼··· 깊이 있는 가짜

"트럼프 대통령은 정말로, 완전한 머저리입니다! 물론, 아시다시피 나는 이런 말을 하지 않았습니다." 오바마 전 미국 대통령이 유튜브 영상을 통해 진지하게 말한다. 귀를 의심할 정도의 노골적인 독설을 거침없이 쏟아내는 오바마의 모습이 낯설지만, 오바마가 맞다. 그런데 정말 오바마가 이런 말을 했을까. 알고 보니 실제 오바마가 아닌 영상을 합성한 거란다. 너무나 감쪽같아서 하마터면 완전히 속아넘어갈 정도이다. 목소리마저도 똑같으니 말이다. 어쩌면 진짜보다 더 진짜 같은 느낌이다. 만약 이런 영상이 지난번 미 대선처럼 박빙인 상태에서 선거 전날 풀리면 어떻게 될까. 말 그대로 난장판이 될 것이다. 다행히 이 영상은 미국의 온라인 매체 버즈피드가 '딥페이크DeepFake'의 위험성을 경고하기 위해 제작했다고 한다. 이젠 눈으로 보고도 못 믿을 세상이다. 누구도 믿을 수 없다. 심지어 자신조차도 말이다. 이 영상은 일명 '딥페이크'라는 일종의 영상 조작 기술이 사용된 것이다. 이 기술은 기존에 우리가 흔히 알던 '포토샵' 같은 수준의 보정 기술을 말하는 것이 아니다. 딥페이크 기술은 단순히 흉내낸 모조품이 아니라 완전히 날조품을 만들어내는 것이다. 딥페이크는 '딥러닝Deep Learning'과 '거짓Fake'의 합성어이다. 그 어원은 지난 2017년 말, 소셜 뉴스 웹사이트인 레딧Reddit에서 'deepfakes'라는 닉네임을 가진 사람이 어떤 머신 러닝 알고리즘을 이용하면 연예인 사진으로 선정적인 영상을 만들 수 있다고 글을 게시하기 시작하면서부터이다. 그 후 이 딥러닝 기술의 혁신과 더불어 이 딥페이크 알고리즘이 주목받게 되었고, 많은 사회적 영향을 불러일으키게 되었다. 새로운 기술의 개발은 무엇보다 욕망이 가리키는 곳으로 가닿게 마련이다. 모두가 예상할 수 있듯이 이 기술의 위험성에 대해서는 우려의 목소리가 크다. 이 신기술이 보여주는 경이로움만큼이나 논란도 거세지고 있다. 이제 가짜도 그냥 얄팍한 가짜가 아닌, 깊이를 지닌 시대가 온 것이다.

진짜 아닌 진짜 같은 너

우리는 이미 인공지능의 시대에 살고 있다. 우리가 원하든, 원하지 않든 말이다. 인공지능의 원천인 디지털 데이터가 전기처럼 일상적으로 흐르고 있다. 인공지능 기술은 우리가 생각지도 못했던 다양한 분야에서 이미 활용되고 있다. 요즘 특히 사회관계망 서비스에는 흥미로운 영상들이 자주 올라온다. 유명 인사, 특히 영화배우나 정치인, CEO 등의 얼굴 이미지를 재료 삼아서 다양한 가짜 영상을 만들어내고 있다. 예를 들면 영화배우 톰 크루즈가 멋들어지게 기타 연주와 함께 노래를 부르거나, 골프를 치거나 마술을 하는 모습을 보여준다. 이뿐만이 아니다. 일론 머스크가 능숙하게 전라도 사투리를 구사하는 영상을 만들어 웃음을 자아내기도 한다. 보는 사람의 눈을 의심하기에 충분할 정도이다.

디지털 시대의 수많은 데이터는 삶의 질을 높이고 꿈을 실현할 수 있는 곳으로 모이기도 하지만, 욕망을 따라 뒤틀려 흐르기도 한다. 최근 사회적으로 큰 문제를 일으켰던 디지털 성범죄가 그 한 가지 예인데, 대표적으로 '가짜 연예인 음란 동영상'이나 소위 '지인 능욕'이라는 딥페이크 음란 동영상 문제가 그것이다. 이 신종 디지털 성범죄는 딥페이크 기술을 이용하여 피해자의 얼굴과 음성을 교묘하게 위조해 합성된 영상물을 유포하는 행위를 말한다. 과거에는 연예인이나 유명인의 얼굴이 주로 표적이 되곤 했지만, 최근에는 일반인의 얼굴을 음란물과 배경 영상을 합성해서 디지털 공간에 유포하는 사례도 발생하고 있다. 소위 '페이스 스왑Face Swap' 기술이다. 원래 소스로 쓰이는 사진 또는 영상에 타깃이 되는 인물(피해자)을 끼워넣는 방식이다. 이것은 '지인 능욕'이란 신조어를 만들어낼 정도의 사회 문제가 되었다. 정부에서는 현재 정보통신법 상의 이러한 범죄행위에 대해서 사이버 명예훼손죄나 사이버 음란물유포죄로 형사처벌하고 있지만, 사이버 공간이 갖는 익명성과 복제나 유포가 용이하다는 점 때문에 이 범죄는 지속적으로 증가하는 추세이다. 이러한 유형의 범죄행위가 심각한 이유는 누구나 손쉽게 딥러닝 기술을 활용하여 만들 수 있다는 점과 인터넷 공간에서 완전히 검열하는 것이 어려워서 한 번 업로드되면 확산

속도가 너무 빠르고, 완전 삭제를 기대하기가 어렵다는 점이다. 이 과정에서 피해자가 겪는 정신적 고통은 말할 필요도 없을 것이다.

서산대사의 환생

반면 앞서 제시된 사례와는 달리, 딥페이크 기술이 나쁜 용도로만 적용되는 것은 아니다. 국내에서는 최근 이 기술을 통해 독립투사인 유관순 열사나 윤봉길 의사 등의 생전 모습을 실제 살아 있는 인물처럼 생생하게 보여주기도 했다. 그것은 국민들에게 아주 특별한 감동을 안겨주었고 올바른 역사 인식을 가지도록 하기에 충분했다. 이뿐만이 아니다. 국난 극복의 상징인 서산대사西山大師의 모습을 진영眞影을 토대로 디지털 영상으로 복원해낸다면 어떨까. 실제로 얼마 전 '디지털 헤리티지Digital Heritage' 프로젝트를 통해 서산대사와 신겸信謙 스님이 디지털로 환생한 모습이 공개되기도 했다. 전시회장에서는 생생한 화면 속에서 두 고승이 서로 대화를 나누다 전시장 관람객 중 누구든지 다가서면 먼저 말을 건네기도 하는데, 실시간으로 이야기를 나눌 수 있도록 제작되었다. 이 영상은 딥페이크 기술뿐만 아니라 사물 인식 센서와 3차원 입체 영상 기술, 모션 캡처 기술 등을 통합하여 16세기의 큰 스승님을 생생한 모습으로 오늘 우리 앞에 모셔다 놓는다. 이뿐만이 아니다. 2018년에는 국내 첫 역사 인물형 디지털 휴먼이 탄생하기도 했다. 바로 신라시대 세계 여행가인 혜초 스님이다. 혜초의『왕오천축국전往五天竺國傳』을 근간으로 빅데이터를 구축하고 3D 데이터를 기반으로 '혜초 디지털 휴먼'이 나온 것이다. 이제 머지않아 사람들이 혜초 스님이 걸었던 구법 여행길을 따라서 성지순례를 하는 동안, 핸드폰 속에 혜초 스님이 등장하여 시작부터 끝까지 가이드해 주는 경험도 하게 될 것이다. 이처럼 딥페이크 기술은 우리의 종교적 상상력을 자극하고 신심을 불러일으키는 계기가 되기도 한다.

생성적 적대 신경망 'GAN'

그렇다면 이 딥페이크 기술은 어떤 인공지능 원리가 작동되는 것일까. 여기에 사용된 알고리즘은 'GANGenerative Adversarial Networks'이라고 불리운다. 지난 2014년, 구글 브레인에서 머신러닝 연구를 하고 있는 이안 굿 펠로우Ian J. Goodfellow가 제안한 신경망 모델이다. 이 '갠' 알고리즘은 한국말로는 '생성적 적대 신경망'으로 번역된다. 한국말로도 어렵게만 느껴진다. 그래도 근 10년 동안의 딥러닝 기술 중 가장 혁신적인 기술이라니, 한번 이해를 시도해 보자. 이 딥페이크 기술에 적용되는 알고리즘 GAN이 만들어내는 이미지는 단순히 복제한 것이 아니라 아예 없는 것을 새로 만들어내는 '완전한 가짜'이다. 이런 감쪽같은 가짜를 만들기 위해서는, 우선 수많은 사진 이미지가 인공 신경망에 데이터로 확보되어 있어야 한다. 이 데이터를 기반으로 2개의 신경망, 즉 이미지를 생성하는 신경망과 이것을 판별하는 신경망이 한 세트를 이루어 보다 정교한 이미지를 거듭 창조해 낸다. 예를 들자면, 이 과정은 방송 연예 프로에서 흔히 쓰이는 소위 '이상형 월드컵' 코너와 유사한 구조이다. 일단 사회자가 출연자에게 2장의 다른 인물 사진을 대비시켜 보여준다. 출연자는 2장의 사진 중에서 이상적으로 생각하는 외모를 가진 사람의 사진을 선택하도록 한다. 그리고 그다음에는 탈락한 사진을 제거하고 또 다른 사진을 대비시켜 보여주기를 반복한다. 그러면서 선호도를 통해 가장 높은 수준의 이상형을 추려가는 게임이다. 이 GAN 알고리즘도 이와 유사하다. GAN 알고리즘은 기본적으로 대립되는 2개의 신경망을 기반으로 한다. 하나는 이미지를 만들어내는 생성자 신경망이고, 다른 하나는 그 이미지가 진짜인지 가짜인지를 판별하는 식별자 신경망이다. 생성자 신경망이 확보된 데이터 이미지를 바탕으로 이미지가 생성될 때마다 식별자 신경망이 다른 이미지와 경쟁을 하듯이 비교하여 최종 목표에 보다 근사한 이미지를 식별해 내는 방식이다. 즉 식별자는 생성자가 만든 이미지가 가짜임을 판별할 확률을 극대화시켜간다. 이 두 가지 신경망을 경쟁시키다 보면 최종적으로는 생성자가 만들어낸 진짜 같은 가짜를 식별자가 판별할 수 없는 수준까지 이르게 된다. 그 과정은 마치 토너먼트 방식과 같이 반복적으로 상위 계층으로 쌓아올리는 것과 같다. 이러다 보면 최종적으로는 원본조차 능가해버리는 조작된 이미지나 동영상을 만들어낼 수 있게 되는 것이다. GAN 알고리즘이 창조해낸 이미지는 원본을 흉내낸 모조품이라기보다는 완전히 날조된 이미지이다. 단순히 복제하는 것이 아니라 원본을 부정해버리는 것이다. 이때 생성된 이미지는 원본과 비교했을 때, 열등한 것이 아니라 오히려 더 탁월함을 자랑한다. 소위 '짝퉁'이 아닌 새로운 개체가 발생하는 것이다. 지금까지 인공지능 딥러닝 기술에 대해 많이 들어왔지만, 사실 우리 일상에서 경험하기란 쉽지 않았다. 얼마 전까지 딥러닝이라 하면 단순히 개와 고양이 등의 동물 식별이나 인간 안면 인식 기술 정도를 이야기해 왔는데, 이제는 아예 이미지를 창조해 내는 단계로 진입하고 있다. 기술적 한계를 돌파하는 속도가 가히 놀라울 따름이다. 이제 어디까지가 진짜이고 어디까지가 가짜인지 그 경계마저 사라지고 있다. 갈수록 우리의 경험 세계 속에서 진실을 보기란 힘들기만 하다.

딥페이크와 시뮬라크르

"마음心은 환술사와 같고,

의意는 환술사의 보조자와 같으며, 전5식은 반려가 되며,

망상은 환술 구경하는 관중과 같네."

『대승입능가경大乘入楞伽經』, 「찰나품刹那品」 중에서

┈┼┈ '사무라이보다 더 사무라이다운 사무라이'가 되기 위하여?

여기 두 남자가 있다. 이들은 사무라이가 되기를 꿈꾸는 농민들이다. 한마디로 신분 상승을 위해 몸부림치는 자들이다. 때는 19세기 중반 에도江戶 막부 말기이다. 개항을 요구하는 서구 열강의 압박이 거세지면서 사무라이를 중심으로 하는 계급사회는 크게 요동치고 있었다. 이들은 그 변화가 만들어낸 위기가 기회라는 것을 잘 알고 있었다. 다만 그들이 할 수 있는 것이라곤 검술을 통해 실력을 인정받고 출세하는 것이다. 그들은 진검승부를 통해 자신들의 능력을 인정받고자 했다. 위험이 크면 대가도 큰 법이다. 매 순간이 실전인 셈이다. 한순간의 실수도 용납되지 않는다. 베지 못하면 베임을 당한다. 살아남기 위해 목숨을 걸고 맹훈련을 하면서 말한다. 그 고통의 시간을 견디고 지탱하게 해준 그들의 다짐을 드러내는 한마디, "사무라이보다 더 사무라이다운 사무라이가 되기 위하여." 결국 그들은 당시 최강의 사무라이

단체인 '신선조新選組'를 조직한다. 이들 하층 사무라이들은 도쿠가와 체제에 반대하는 움직임에 섰으며, 결국 메이지 유신을 맞이하게 된다. 전성기에는 그 수가 200여 명이 넘었으며, 훗날 메이지 신정부의 '적군'으로 찍혀 해산되기까지 맹위를 떨쳤다. 이들은 특히 유신 지사들에게 무자비하고 극악무도한 암살과 처형을 서슴지 않았다. 극도로 엄격한 내부 규율 때문에 할복이나 내부 처형에 의한 희생자가 신선조 전체 사망자의 반을 넘었다고 하니, 그 잔혹함을 짐작할 만하다. 이 신선조를 주제로 다양한 영화나 드라마가 제작되기도 했다. 여기서 '사무라이보다 더 사무라이다운 사무라이'는 그들의 마음을 지배한다. 그것이 과연 구체적으로 실재하는지는 상관없다. 그들의 행위가 그 이상에 부합하는지 따져 묻는 것도 무의미하다. 그들 자신의 생각으로 만들어낸 그 마음속의 상이 중요한 것이다. 그 두 남자가 꿈꿨던 궁극의 사무라이는 하나의 '초과실재Hyper Reality'인 것이다. 그들이 만들어 낸 초과실재 또는 극실재가 다시 그들을 지배하는 셈이다. 이들이 마음속에 그린 사무라이는 원래 사무라이보다 더 위력적인 이미지이다. 신선조 이전의 모든 사무라이들이 죽고 그들마저도 몰살당한다 해도 여전히 후대의 일본인들은 무슨 향수인지 그 궁극의 사무라이를 논하고 있는 것이다.

'시뮬라크르Simulacre'와 딥페이크

시뮬라크르는 '실제로 존재하지 않는 대상을 존재하는 것처럼 만들어놓은 인공물'을 말한다. '시뮬라크르'는 원본을 모방하지만 원본과의 연결성이 단절되고 새로운 원본으로 탄생하는 것이다. 딥페이크 기술로 만들어낸 날조된 영상이 바로 시뮬라크르라고 할 수 있다. 실재하는 모습보다 더 실재적이고 월등한 수준의 초과실재가 탄생한 것이다. 딥페이크가 만들어내는 것은 거대한 가상의 세계, 허구의 세계이다. 사실 딥페이크가 새삼스러운 것은 아니다. 왜냐하면 우리는 이미 거대한 시뮬라크르 속에 살고 있기 때문이다.

플라톤의 생각처럼 이 세상은 이데아idea에 대한 복제, 시뮬라크르에 불과한 것일까. 딥페이크 같은 기술이 디지털 세계와 현실 세계에 넘쳐나고, 원본과 복제라는 그 경계가 사라진 세상, 어쩌면 우리는 거대한 시뮬라크르의 세계에 살고 있는 것은 아닐까. 그것이 허위라면 그냥 무시해도 좋은 것일까. 플라톤이 이해하는 세상이나 장 보드리야르Jean Baudrillard가 바라본 세상이나 이 세상은 거대한 시뮬라크르와 같다. 예를 들어보자. 우리는 기호 가치를 소비하는 시대를 살고 있다. 사람들은 소비를 통해 자신을 표현한다. 기업들도 이 사실을 잘 알고 있다. 나이키나 애플 같은 회사는 자사 제품의 기능을 강조하기보다는 가치를 담은 메시지 전달에 중점을 둔다. 소비자들이 가치를 소비한다는 사실을 간파하고 있기 때문이다. 소비자들에게 나이키 운동화는 더 이상 달리기를 위한 단순한 운동 용품이 아니고, 애플 스마트폰은 통화만을 위한 전화가 아니다. 그 제품을 넘어선 어떤 가치를 만들어내고 그것에 의미를 부여한다. 그쯤 되면 운동화도 사라지고 스마트폰도 사라진다. 다만 새롭게 창조된 가치가 그 자리를 대신하게 된다. 그 가치가 정당한지 또는 실재와 부합한지 따지는 것은 이미 무의미하다.

····┼···· 　마릴린 먼로와 'GAN'

해인사 법당에 모셔진 석가모니불상을 예로 들어보자. 석가모니불상은 역사적인 석가모니 부처님을 원본으로 복제하여 만들어졌지만, 석가모니 부처님 자체는 아니다. 현실에 존재하지 않는 석가모니 부처님에 대한 가상의 이미지인데, 그렇다고 허상은 아니다. 불상은 현실의 석가모니 부처님이 아닐 뿐이지, 법회와 예불 때마다 예경과 신앙의 대상이 되고, 때로는 종교적 숭고함을 투사하여 창작해 내는 예술의 대상이 되기도 하고, 그 뒤에는 조형 예술품으로 예술 시장에서 거래의 대상이 되기도 하는 등 다양한 분야와 의미로서 실제로 존재하는 원본이 된다. 이렇게 석가모니 부처님을 모방한 가상의 이미지인 불상이, 그 원본인 석가모니 부처님과의 직접적인 연결성을 끊고 또 다른 원본이 되어 가는 과정을 '시뮬라시옹Simulation'이라고 한다. '시뮬라시옹'은 시뮬라크르의 동사형이다. 때로는 그 불상이 원본인 역사 속의 석가모니 부처님보다 더 부처님다운 이미지를 만들어낼 수도 있을 것이다. 그때, 그 불상은 또 다른 원본이 되면서 복제와 원본의 차이가 사라진다. 이 현상이 앞서 말한 초과실재 혹은 하이퍼 리얼리티이다. 딥페이크를 통해 만들어내는 가상의 이미지나 영상 속의 인물이 원본을 부정하면서 하나의 새로운 원본이 되고 그것이 새로운 가치를 만들어내는 경우이다. 단순히 원본을 반복하여 복제하는 것이 아니라는 점이다. 한 가지 예를 더 들어보자. 앤디 워홀Andy Warhol의 팝 아트 작품, '마릴린 연작'에서 보여주는 다양한 모습의 마릴린 먼로는 단순히 원본 사진에다 복제에 복제를 거듭한 것에 불과할까. 원본의 아우라가 사라졌으니 무가치한 것일까. 앤디 워홀의 팝아트가 예술로 인정받는 것은 원본에 대한 부정 때문이다. 단순한 반복이 아니라 원본에 대한 저항이자 일탈인 것이다. 마치 인공지능 알고리즘 GAN이 원본 이미지를 가지고 다양한 이미지들로 무한히 변이시키는 것과 같다. 결국 과거에는 우리가 눈에 보이는 무언가를 만들고자 할 경우 기존의 데이터를 선택해서 생성시켰다면, 이제는 딥페이크를 구동시키는 GAN 알고리즘을 통해 새롭게 창작된 미디어가 우리 주변을 에워싸고 있는 것이다.

·····┼····· '하이퍼 리얼리티'와 『능가경』

그렇다면, 우리는 세상을 어떻게 바라볼 것인가. 그저 딥페이크 기술이 위험하니 조심하자고 이렇게 장황한 이야기를 하는 것이 아니다. 여기서 함정에 빠지면 안 된다. "딥페이크는 허구이다."라고 말하면, 딥페이크가 아닌 우리의 경험 세계는 허구가 아니라고 말하는 것이 된다. 만약 우리가 딥페이크의 허구성에만 주목한다면, 딥페이크가 작동하지 않는 기존 세상 또는 경계 바깥의 세계는 허구가 아닌 실재라고 믿어버릴 수도 있다. 바로 마군魔軍의 딥페이크를 통한 시뮬라시옹 전략이라고나 할까. 환상에 환상을 거듭하고 꿈속에 꿈을 꾸는 이야기일 뿐이다. 그럼 도대체 어떻게 해야 바로 볼 수 있을까? 붓다는 『대승입능가경大乘入楞伽經』의 「찰나품刹那品」에서 이렇게 설한다. "마음은 환술사와 같고, 의意, 제7식는 환술사의 보조자와 같으며, 전5식은 반

려가 되며, 망상은 환술 구경하는 관중과 같네." 애초에 인간이 마음을
내는 순간 시뮬라크르는 펼쳐진다. 『능가경』에서는 실재와 시뮬라크
르를 구별하는, 그리고 구별할 수 있다는 그 마음 자체가 이미 환술과
같다고 한다. 그러니 이성적 노력으로 실재와 실재 아닌 것을 구별해
낼 수 있을 것이라는 생각은 일단 접어두는 편이 좋다.

빨간약과 파란약, 선택은 너의 몫

인공지능이라고 하면, 로봇들이 인간 옆에서 같이 일하거나 생활하
는 모습을 연상하기 쉽다. 그런 고정관념에 사로잡혀 있는 사이에 전
혀 다른 방식, 즉 스마트폰이나 개인용 컴퓨터를 이용한 인터넷 접속
과정에서 우리가 알아채지 못하는 사이에 이미 인공지능에 탑재된 수
많은 애플리케이션이나 미디어가 인간들에게 스며들고 있다. 우리는
이미 시뮬라크르에 물들어 있는 것이다. 이처럼 세상은 복잡하고 이
해하기 어렵다. 쉽게 살고 싶다고 한다면 더이상 할 말은 없다. 그래도
아직 삶이 달콤하고 안락하다면 말이다. 영화 <매트릭스The Matrix>에
서 모피어스가 내민 두 가지 알약 중에 무엇을 선택할지는 각자의 선
택이다. 우리를 둘러싼 세상의 진실을 볼 것인지, 아니면 이대로 어떤
질문도 던지지 않고 익숙하고 편안한 삶을 선택할 것인지 말이다. 『청
정도론淸淨道論』 1권에서는 빨간약을 선택한 주인공 네오와 같은 이들
을 위해서 그 진실을 보는 방법을 구체적으로 제시한다. "여섯 가지 법
을 갖춘 비구는 마치 사람이 땅 위에 굳게 서서 날카롭게 날을 세운 칼
을 잡고 큰 대나무 덤불을 가르는 것처럼, 계의 땅 위에 굳게 서서 삼

매의 돌 위에서 날카롭게 날을 세운 위빠사나 통찰지의 칼을 정진의 힘으로 노력한 깨어 있는 통찰지의 손으로 잡아 자기의 상 속에서 자란 갈애의 그물을 모두 풀고 자르고 부수어버릴 것이다."

형상이나 색으로 또는 음성을 따라서 분별하려는 노력으로는 '시뮬라크르' 너머의 진실을 보기 어려울 것이다. 예리한 취모검吹毛劍과 같은 통찰지의 칼날로 무상, 고, 무아를 꿰뚫어 보는 것만이 인공지능 시대에 길을 잃어버리지 않을 방편이 될 것이다.

가상현실, 상상만으로 현실이 될까요?

⋯┆⋯   눈앞에 펼쳐지는 전쟁

지금 시리아Syria 한복판에 서 있다고 생각해 보자. 회색빛 거리, 한산하지만 여느 때와 같은 일상의 모습이다. 그 순간 갑자기 어디선가 "쾅!"하고 엄청난 폭발음이 들려온다. 노래를 흥얼거리던 어린아이의 귀여운 목소리도 이내 끊긴다. 갑작스러운 상황에 날카로운 자동차 경적과 사람들의 비명이 한데 엉키기 시작한다. 평화롭던 시내는 곧 아비규환으로 바뀌고 만다. 사람들이 방향도 잡지 못한 채 여기저기로 피하고 뛰어다닌다. 희뿌연 연기 속으로 쓰러져 피를 흘리고 있는 사람들이 보인다. 그중에는 어린아이도 있다. 말 그대로 아수라장이다. 이내 생생한 현장음 속으로 담담하게 영상 해설이 들려온다. "전쟁으로 시리아인 3분의 1이 집을 떠나 떠돌고 있으며, 특히 아이들이 공격 목표가 되고 있다."는 내용이다.

전쟁 영화 속 한 장면이 아니다. 이 모습은 지난 2014년 시리아 북부 최대 도시 알레포Aleppo 지역이 로켓포 공격을 받은 순간의 현장을 재현한 것이다. 〈프로젝트 시리아Project Syria〉라는 가상현실VR, VirtualReality 기술을 통해 제작된 다큐멘터리 영상의 일부다. 시청자가 마치 직접 그 상황에 놓인 것처럼 생생한 체험이 가능하다. 이 VR 영상은 시리아 내전의 참상을 세계에 알리고, 전쟁 종식을 위한 세계인의 관심과 적극적 개입을 촉구하는 목적으로 제작되었다. UN난민기구에서는 UN 본부 청사 앞에서 각국의 대표들에게 가상현실 체험 공간을 마련하고, 시리아 상황을 보고 느끼게 하는 행사를 진행했다. 이 가상현실 체험을 통해 단순히 보고서나 짤막한 뉴스 화면으로 시리아를 보고 이해하던 방식을 넘어서서, 현실과 다를 바가 없는 경험을 할 수 있도록 하는 것이다. 각국의 이해관계를 대변하는 언론의 편견이나 개입 없이 순수하게 시리아의 참상을 생생하게 전달할 수 있는 방법이기도 했다. 이 기술 덕분에 UN난민기구나 각국의 대표들은 더욱 시리아 사태의 심각성에 대해 공감하고, 인도주의적 긴급구호 활동에 적극적으로 개입하기도 했다. 유럽 각국을 비롯해 이 문제에 관심을 기울이는 단체나 개인들이 가진 '지금 시리아에서는 무슨 일이 일어나고 있을까?'라는 질문에 대한 답을 제시하고 있다고 할 수 있다.

이러한 가상현실을 구현하는 기술의 발달은 언론 보도의 한계를 극복하기 위한 방법의 하나로, 최근 'VR 저널리즘' 또한 동시에 주목받고 있다. 이 시도는 먼 곳에 있는 시청자가 가상현실을 체험해 봄으로써 뉴스 제작자나 편집자의 주관을 배제하고 객관적으로 상황에 대한 몰입도와 이해도를 높일 수 있다는 장점이 있다. 이처럼 가상현실 기술이 시리아인들이 현재 겪고 있는 고통을 세상에 알리는 역할을 수행한다. 달리 표현하자면, 천수천안관세음보살처럼 세상의 고통을 보고 들을 수 있는 눈과 귀가 되는 것이다.

····⊦···· 가상과 현실, 경계를 넘나들다

'가상현실'이라는 말은 익히 들어보았을 것이다. 또 이 가상현실을 체험할 수 있는 VR기기도 일반 가정에까지 보급되고 있다. 제4차 산업혁명을 선도하는 기술인 인공지능, 빅데이터는 현실 세계의 정보를 가상의 경험으로 확장하고 있다. 이 기술은 이제 가상현실을 넘어 증강현실과 혼합현실MR, Mixed Reaity의 세계로 진화하고 있다. 사실 가상현실 기술은 제4차 산업혁명 시대를 맞아 갑자기 등장한 것은 아니다. 이미 1957년부터 모턴 하일리그Morton Heilig에 의해 '센소라마 시뮬레이터Sensorama Simulator'라는 기기가 만들어졌다. 이 기기는 '경험 극장'이라고도 불렸다. 3차원 입체 영상은 물론 당시로서는 혁신적인 스테레오 시스템, 진동까지 느낄 수 있었다. 물론 지금의 기술 수준과는 비교가 힘들 정도였겠지만 말이다. 현재의 가상현실 기술은 사용자와 그 가상현실 사이의 상호작용이 중요한데, 그 정도는 아니었던 모양이다. 그 후 지속해서 이 연구는 이어졌고 미 항공우주국NASA에서 우주인 훈련 목적으로 '바이브드VIVED, Virtual Visual Environment Display'가 제작되기에 이르렀다. 이미 프로그래밍이 된 시스템 안에서 이용자는 원하는 대로 움직이고 그 움직임에 따라 상황이 바뀌는 것이다. 물론 마이크나 헤드셋 장갑을 낀 상태로 상호작용을 하는 방식이다. 이는 진정한 의미의 가상현실에 가장 가깝다고 알려져 있다. 가상현실 기술은 기본적으로 컴퓨터상의 디지털 정보를 이용해 구축한 가상 공간 속에서 인간의 오감을 활용한 상호작용을 통해, 현실 세계에서는 직접 경험하지 못하는 상황을 체험할 수 있도록 하는 콘텐츠를 운용하는 기술이다. 가상현실은 증강현실과 달리 배경이나 환경 등 경험할 수 있는 모든 이미지가 가상현실이다. 가상현실은 인간의 오감을 인위적으로 자극하여, 사용자가 마치 영상 속에 직접 들어가 있는 것과 같은 현장감과 몰입감을 제공한다. 또한 컴퓨터 그래픽 기술을 통해 현실과 똑같이, 또는 현실보다 더 실감나게 가상의 세계를 구현한다. 이 기술을 통해 우리는 머릿속에서 상상만 하던 일들을 직접 체험해 볼 수 있다.

보이는 게 다가 아니다

그렇다면 어떻게 이 기술이 실현 가능한 것일까. 우리의 눈이 사물을 그대로 반영한다고 생각해 보자. 그러나 사실 눈으로만 사물을 보는 것이 아니다. 눈과 두뇌의 상호작용에 의해 사물을 지각하는 것이다.

예를 들어 우리가 직사각형 형태의 건물을 본다고 가정해 보자. 기본적으로 우리의 인식 속에서 건물은 높이와 넓이, 깊이라는 3차원, 즉 입체적인 형태로 구성된다. 그러나 우리의 망막이 인지하는 것은 높이와 넓이의 2차원까지다. 평면적으로 인식하는 것이다. 그렇다면 우리가 그 깊이를 파악하여 입체적 인식이 가능하게 하는 것은 눈이 아니라 우리가 기존에 경험하거나 학습했던 정보를 통해서라고 할 수 있다. 우리가 건물을 보는 순간 건물이 2차원으로 눈에 비치고, 우리의 두뇌에서 3차원으로 해석하는 과정을 거치는 것이다. 우리가 실제세계를 보는 방식이 이렇다. 가상현실 기술은 이러한 입체감을 정교하게 설계된 '색의 대비'를 통해 구현한다. 이뿐만이 아니다. 공간을 왜 곡하거나 인간의 착시현상을 이용하기도 한다. 한마디로 말해서, 불 완전한 인간의 인식 능력을 이용하는 것이다. 우리가 눈을 통해 바깥 세계의 사물을 있는 그대로 보고 있다는 소박한 믿음이 가진 허점을 파고든 기술이라고 할 수 있다. 달리 표현하자면, 가상현실 기술이란 화면과 실체 사이의 경계선을 모호하게 만들고 이를 극대화하는 기술이다. 가상현실을 통해 우리는 현실에서는 불가능한 경험을 해볼 수가 있다.

마셜 맥루한Marshall McLuhan은 오래전에 그의 명저 『미디어의 이해』에서 "미디어는 인간이 만든 모든 것이며, 미디어는 결국 인간의 확장"이라고 정의했다. 다시 말해 가상현실이라는 미디어, 즉 매체를 통해 인간은 자아를 확장해 나갈 수 있으며 그 미디어는 바로 인간의 확장된 몸이라고 이해할 수 있다. 그러나 자아의 실재성을 부정하고 변화와 관계성이라는 시각에서 세상을 바라보는 불교적 관점에서는 이 기술은 마치 환상에 환상을 더해가고, 미망에 미망을 더해가는 것으로 보일 수도 있다.

⋯┆⋯　　**겹쳐진 가상과 현실**

만약 쇼핑하면서 매장 직원에게 "이 매장에 있는 옷 다 한 번씩 입어볼래요."라고 말하면 어떻게 될까? 아마 점원은 어색한 미소를 보이며 당황스러워 하거나, 아니면 우리를 당장 매장에서 쫓아낼 수도 있다. 하긴 이런 류의 과시는 영화나 드라마 속 부자들의 이야기에서나 나올 법한 상황이다. 사실 옷을 살 때, 치수만으로 선뜻 결정을 내리기가 어렵다. 아무리 자기가 좋아하는 색상이나 디자인이라고 해도 막상 입어보면 마음에 들지 않을 수도 있기 때문이다. 그렇다고 매장에서 모든 옷을 직접 다 입어볼 수는 없는 노릇이다. 또 요즘처럼 인터넷 상의 온라인 쇼핑몰에서 옷을 구매하는 경우, 실제로 입었을 때 어울릴지 이상할지 알 도리가 없다. 하지만 이제 방법이 생겼다. 증강현실 기술을 통해서다. 직접 입어보지 않더라도 이 기술이 적용된 거울 앞 에만 서 있으면, 그 옷을 직접 입은 자신의 모습이 거울에 비춰진다. 일명 '증강현실 피팅 거울'이다. 거울에 비친 모습만으로는 실물과 다름이 없다. 일일이 옷을 갈아입으면서 불편을 느낄 필요도 없다. 그리고 직접 거울 표면을 만질 필요도 없다. 거울은 사용자의 움직임을 스스로 인식하고 반응한다. 사용자가 옷이 마음에 들지 않을 경우, 가벼운 손짓 한 번으로 다른 옷으로 바꿀 수 있다. 거울 앞에서 이리저리 몸을 돌려가며 옷이 잘 맞는지, 어울리는지를 살피는 동안 거울 한편에서는 선택한 옷에 대한 가격과 제조사, 디자이너의 이름이 나온다.

이것은 미래 이야기가 아니다. 이미 증강현실 기술은 쇼핑, 게임, 교육, 군사, 여행, 의료 등 수많은 분야에서 매일 같이 새로운 콘텐츠를 만들어내며 우리 생활 곳곳을 파고들고 있다. 핵심은 역시 현실과 데이터의 중첩이다. 딥러닝 기술과 빅데이터, 그리고 5G 초고속 인터넷 기술이 융합하고 있다. 인간은 종전에는 파악하지 못했던 현실 세계의 정보까지 실시간으로 전송 받으면서 현실을 뛰어넘고 한계를 초월하려 한다. 제4차 산업혁명 시대의 근간이 되는 빅데이터를 현실 공간으로 끌어들이거나 아예 현실 공간에서 데이터 세계 속으로 뛰어들게 하는 길목에 바로 이 '증강현실' 기술이 있다. 증강현실 기술은 인간이 데이터 세계와 연결되는 '제4차 산업혁명 초연결 시대'의 통로인 셈이다.

⋯⋅｜⋯　증강현실과 혼합현실

최근에는 이 증강현실보다 진화한 '혼합현실'도 등장했다. '혼합현실'은 앞서 가상현실, 증강현실보다 한 단계 더 진화한 기술이라고 평가 받는다. 혼합현실 기술은 현실 세계에서 정보를 제공해줌으로써 현실의 경험을 보완해 주는 정도가 아니라, 현실 세계에서 아예 가상의 대상물을 구현한다. 즉 현실이 모니터가 된다고 보면 된다. 예를 들어 의과대학 해부학 수업에서 학생들이 투시형 기기HMD, Head Mounted Display를 쓰고, 실물과 똑같이 생긴 인체를 혼합현실 기술로 구현하여 실습해 볼 수가 있다. 여기서 중요한 것은 단순히 인공적으로 구현된 인체를 바라보면서 장기들의 위치를 확인하는 정도가 아니라 직접 메스를 대고 수술을 해볼 수 있고, 해당 장기가 실물처럼 반응하는 기술이다. 한마디로 '상호작용성'이 핵심인 기술이다.

'혼합현실' 기술은 가상현실의 장점인 몰입도와 증강현실의 장점인 현실감을 결합한다. 실제 현실을 배경으로 가상 그래픽을 입혀 완전히 새로운 환경이나 새로운 대상물을 만들어내야 하기 때문에 고도의 종합적인 기술 결합이 요구된다. 현실 세계와 가상 공간을 섞어서 현실의 사물과 가상 공간의 사물이 실시간으로 서로 영향을 주고받는 새로운 공간을 만들어내는 것이다. 문제는 현실과 가상 세계를 얼마나 매끄러운 수준으로 연결할 것인지가 몰입도를 결정한다고 볼 수 있다.

우리의 상상은 현실이 된다?

우리가 상상하는 것이 모두 현실이 된다면 어떨까? 하고 싶은 대로 다 할 수 있으니 재밌을까? 그러나 마냥 즐겁고 신나지만은 않을 것 같다. 이쯤 해서 영화 한 편을 소개하려고 한다. 영화 〈월터의 상상은 현실이 된다The Secret Life of Walter Mitty〉이다. 이 영화에서 보여주는 메시지는 매우 흥미롭다. 주인공인 사진작가 '월터'는 『라이프LIFE』지에서 필름을 편집하는 일을 맡고 있다. 종이 잡지 회사였던 『라이프』지는 인터넷 시대에 살아남기 위해 온라인 회사로 전환을 시도하게 되고, 월터는 해고 위기에 놓인다. 설상가상으로 월터는 폐간을 앞둔 『라이프』지의 마지막호 표지 사진에 실릴 원본 필름이 없어졌다는 것을 알게 된다. 그래서 월터는 사라진 그 사진을 찾기 위해 어쩔 수 없이 원본 필름을 소유한 사진작가를 직접 찾아 나서게 된다. 문제는 이 사진작가가 지구상에 있는 오지만을 찾아다니면서 사진 작업을 한다는 것이다. 인생에서 특별히 해본 것도 없고 가본 곳도 없으며 특별한 일도 없었던 월터에게는 그 자체가 엄청난 도전이 아닐 수 없었다. 월터는 그 과정에서 전에는 생각해 본 적도 없는 다양한 경험을 하게 된다. 폭풍우가 몰아치는 바다 한가운데를 비행하고 있는 헬기에서 뛰어내린다든가, 아이슬란드에서 폭발하기 직전의 화산으로 돌진하는 등 상상을 넘어서는 모험을 하게 된다. 월터는 결국 우여곡절 끝에 히말라야에 가서야 그 전설적인 사진작가 '숀 오코넬'을 만나게 된다. 이 영화는 주인공이 상상과 공상 속에서만 머물러 있다가 용기를 내고 직접 행동으로 옮기는 과정에서 느끼는 마음의 변화를 잘 따라가고 있다.

우리는 어쩌면 주인공 월터처럼 매일매일 순간순간을 가상현실 속에 살아가고 있는지도 모르겠다. 그저 상상과 공상이 만들어낸 허구의 공간 속에서 말이다. 때로는 가상현실로, 때로는 증강현실로 아니면 혼합 현실로 몰입도와 상호작용을 달리하면서 끊임없이 새로운 꿈을 꾸고 있다. 진짜 현실 세계를 허구의 세계로 만들어버릴 것인지, 아니면 허구의 세계를 진짜 현실 세계로 만들어낼 것인지는 각자의 생각에 달려 있다. 과연 상상만으로 현실이 될까? 정말 그럴까?

┈┼┈ '중중무진重重無盡법계'와 법장의 유리방

삼라만상이 서로 관계하면서 경계가 없고 뒤섞여, 하나로 융합되어 있어 구별할 수 없는 모양을 『화엄오교장華嚴五教章』에서는 "중중무진重重無盡"이라고 표현한다. 현실 세계와 가상 세계가 서로 상즉하고 상입하며, 두 세계가 하나인 동시에 별개라고도 할 수 있다. 과거 중국의 현수법장賢首法藏 스님은 화엄 법계의 이치를 설법해 줄 것을 청한 측천무후則天武后에게 매우 흥미로운 방식으로 법을 전한다. 지금으로 치자면, 일종의 '혼합현실'을 보여준 것이다. 법장 스님은 사방의 벽, 천장과 바닥이 모두 거대한 거울로 된 방으로 측천무후를 데리고 간다. 그리고 방 가운데에 불상과 촛불을 하나 두어 벽과 천장, 바닥의 거울에 그 상이 중첩해서 비치는 것을 보여준다. 우리 마음속 상상들은 법장 스님의 유리방 속 촛불과 같다. 마음이 비춘 수많은 촛불은 또 다른 촛불을 무수히 비춘다. 서로가 겹쳐지면서 서로를 비춘다. 각각의 촛불은 저 마다 독립적인 개체로서 존재하면서 서로를 내포하고 있고,

하나의 촛불과 전체의 촛불이 통일되면서 이어진다. 서로 의지하고 연결되어 있으면서 융합하고 있는 것이다. 실상과 허상의 경계는 이미 짐작하기 어렵다. 현실과 가상의 경계가 의미가 없어지는 것이다. 다만 원래 촛불이든 거울 속에 비친 촛불이든 겹겹으로 포개진 듯 이어지고 또 이어지며(중중무진) 연기할 뿐이다. 서로가 서로를 비추고, 스며들고, 물들이며, 이어지고 또 이어지는 것이다. 그렇다면 이제 내 마음은 어디에서 찾을 수 있을까?

다시 영화 〈월터의 상상은 현실이 된다〉로 돌아가 보자. 마침내 월터는 사진작가 숀을 만났지만 숀은 월터의 딱한 사정을 아는지 모르는지 아랑곳하지 않고 자신의 작업에 집중한다. 그는 희귀종인 히말라야 눈표범 사진을 렌즈에 담기 위해 바위틈에서 며칠을 잠복하는 중이다. 한참을 기다린 끝에 월터와 숀은 경이로운 자태를 한 그 눈표범을 발견하게 된다. 이때, 숨을 죽이고 멍하니 표범을 바라보던 그가 월터에게 말한다.

"가끔 안 찍을 때도 있어. 이 순간을 망치고 싶지 않아. 그저 그 순간 속에 머물 뿐이야. 바로 지금 여기에서…."

여환자비如幻慈悲

"모든 유위법은 꿈과 같고 환상과 같고 물거품 같고 그림자 같고 이슬 같고 또한 번개와 같으니 응당 이처럼 관할지니라." 『금강경』에 나오는 유명한 구절이다. 개인적으로 참 좋아하는 내용이라서 항상 암송하면서 다닌다. 살아가면서 아주 유용한 통찰을 주기 때문이다. 특히 욕심이 생기거나 화가 날 때 말이다. 어쨌든 금강경에서 설해지는 것처럼, 존재와 현상의 속성은 이렇다. 그렇다면 우리가 가상현실 기술을 이용하고 새로운 영역을 개척해 나갈 필요성을 어디에서 찾을 수 있을까? 감각기관을 절제하면서 감각의 확산을 제어하기에도 벅찬데, 다양한 감각을 인위적으로 자극받는 상황에 무방비로 노출되어도 좋은 것일까? 가상현실 세계가 자칫 외부와의 소통을 차단하고 자신만의 자폐적 공간으로 퇴보하고, 축소된 자아가 될 우려도 공존하는 것이 사실이다. 가상현실은 '가상'이라는 말이 이미 예정하고 있듯이 가짜이며 임시적이고 잠정적인 상태인 것이다. 그렇다고 해서 이것이 쓸모없는 것인가 하면 그건 아니다. 또한 피할 것도 아니다. 오히려 더욱 적극적으로 기꺼이 그 환상의 세계를 만들어내고 뛰어들기를 주저하지 않는다. 바로 대승의 보살이 그렇다. 소극적으로 감각기관을 닫아걸고 자신의 번뇌를 제거하는 것에 침잠하는 것이 아니라 적극적으로 활용하면서 그 세계 속에서 중생을 구제하는 발원을 한다. 그것이 환상임을 알고 허망한 줄 알면서도 보살은 기꺼이 가상현실을 체험하고 느낄 것이다. 그 속성을 잘 알고 있음에도 마음에 집착함이 없이 머물지 않을 수 있는 지혜로 '여환자비'를 실천하는 것이 중요하다. 『금강경』에서 말하는 "응무소주 이생기심應無所住 而生其心"이라는 구절이 바로 머물거나 집착하지 않으면서도 마음을 내어 행하는 미묘한 행위를 잘 나타내고 있다. 나는 오늘날 가상현실과 증강현실이 우리에게 주는 의미가 바로 이것이라고 생각한다. 가상현실을 통해 수없이 많은 상을 경험하지만 그 상에 머물지 않고 여환자비를 행하는 일 말이다. 가상현실 기술의 적극적 활용은 시간과 공간이라는 장애물을 넘어서고 세상 속으로 적극적으로 들어가 세상의 고통에 귀기울이려는 보살심의 확장이자, 바라밀의 훌륭한 방편이 될 수도 있을 것이다. 그러나 잘못 활용하면 욕망의 증장에 지나지 않을 것이다.

가상현실을 통해 '여환삼매如幻三昧'에 머무는 보살처럼 자유자재로 '여환자비'를 실천하는 불자가 되기를 바란다. "바로 지금 여기에서" 말이다.

메타버스와 인공지능

"이 모든 사람이 앞에 있는 환술로 이루어진 성에 들어가
이미 제도 되었다는 생각으로 안온하여 피로함을 풀고
휴식 얻은 것을 알게 된 도사는
환술로 이루어진 성을 다시 없애고, 여러 사람에게 말하였느니라.
'그대들은 따라오라. 보물 있는 곳이 가까우니라.
앞에 있던 큰 성은 그대들을 휴식하게 하려고
내가 환술로 만들었노라.'"

『법화경』,「제7 화성유품化城喩品」 중에서

┈┊┈ 꿈꾸는 세상을 만들다

사람들은 현실을 넘어서는 이상향을 꿈꾼다. 그만큼 인간에게 있어서 현실은 녹록지 않고 심지어 비루하고 고통스럽기까지 하다. 그래서 인간은 현실에서 벗어나기 위해 또는 현실을 극복하기 위해 끊임없이 상상하고, 변화를 위해 노력한다. 예술가들은 창작하고 정치인들은 개혁과 혁명을 외치기도 한다. 하지만 그게 어디 말처럼 쉽겠는가. 때에 따라서는 그 새로운 세상을 꿈꾸었단 사실만으로도 죽임을 당하는 수도 있었으니 말이다.

여기 현실 세계를 그 새로운 세상으로 변화시키지 못한다면, 아예 별도로 새로운 세상을 하나 더 만들어버리자는 시도가 있다. 이제 디

지털 기술의 혁신은 또 다른 가상의 세계를 만들어내고 있다. 바로 '메타버스Metaverse' 이야기이다. 이 용어는 그리스어로 '넘어서, 위에 있는, 초월하는' 등의 의미를 지닌 접두사 '메타meta'와 우주 또는 세계를 뜻하는 '유니버스universe'가 합쳐져 만들어진 신조어이다. 물리적 현실과 디지털 가상공간이 융합하는 세계이다. 사실 메타버스는 최근에 등장한 용어가 아니다. 이미 1992년 닐 스티븐슨Neal Stephenson의 소설 『스노 크래시Snow Crash』에서 처음 등장했다. 이 소설에서 메타버스는 특수 안경과 이어폰, 즉 시청각 출력장치를 이용해서 들어갈 수 있는 가상 세계로 묘사된다. 구글 창립자 세르게이 브린Sergey Brin이 인터넷상의 영상 지도 서비스인 '구글 어스Google Earth'를 개발할 당시 이 소설을 읽고서 영감을 받았다는 일화는 유명하다. 소설에서 소개되는 메타버스를 잠시 설명해 보자면 이렇다. "그들은 빌딩들을 짓고, 공원을 만들고, 광고판들을 세웠다. 그뿐 아니라 현실 속에서는 불가능한 것들도 만들어냈다. 가령 공중에 여기저기 흩어져 떠다니는 조명 쇼, 삼차원 시공간 법칙들이 무시되는 특수 지역, 서로를 수색해서 쏘아 죽이는 자유 전투 지구 등. 단 한 가지 다른 점이 있다면, 이것들은 물리적으로 지어진 것들이 아니라는 점이었다. (…)" 메타버스 속 인간들은 자신을 대신한 가상의 아바타를 만들어 가상 세계에서 활동하게 된다. 이처럼 디지털 공간에서 초고화질의 컴퓨터 그래픽을 통해 가상으로 구현된 세상이기 때문에 물리적 법칙에서 자유롭다. 하지만 그 속에서 마치 현실 세계와 놀라운 수준으로 흡사하게 행동하면서 느끼고, 생각하게 된다.

····ᆞ···· 제4차 산업혁명 기술의 종착역

연배가 좀 되신 분들은 과거에 인터넷에서 큰 인기를 끌었던 '싸이월드'를 떠올릴 수도 있겠다. 비슷하다. 아니 어쩌면 원조인지도 모를 일이다. '일촌'과 '도토리'라는 추억의 단어를 기억하는 분이라면, 아마 지금쯤 염화미소를 짓고 있을 것이다. 다른 점이 있다면, 메타버스는 보다 정교해지고 훨씬 더 다양한 활동이 가능해진다는 점이다. 과거에는 게임을 비롯한 현실 세계의 다양한 활동들을 가상공간과 융합해서 즐긴다는 개념은 가질 수 있었지만, 이를 뒷받침할 디지털 기술이 부족했다. 다시 말해, 데이터도 모자라거니와 설사 데이터가 많다고 하더라도 많은 양의 데이터를 처리할 컴퓨팅 능력에 한계가 있었다. 하지만 제4차 산업혁명 속 비약적인 과학 기술의 발전은 빅데이터와 인공지능의 탄생을 가져왔다. 그리고 정보를 처리하는 속도만 하더라도 조만간 5G 수준을 넘어설 기세이다. 빅데이터와 가공할 수준의 연산 능력, 그리고 데이터를 전송하는 속도가 새로운 세상을 만들어내는 것이다. 이 기술은 빅데이터, 클라우딩, 인공지능, 가상·증강현실, 메모리 반도체, 사물인터넷 기술 등등의 결합이다. 한마디로 제4차 산업혁명 기술의 최종 낙처인 셈이다. 메타버스는 일종의 판타지 세상이다. 그러나 그 판타지 세상은 더는 환상으로만 그치지 않는다. 일상적으로 현실 세계와 공존하면서 서로 긴밀하게 연결되어 있다. 현실 세계의 모든 일과 오락, 여가활동을 디지털 세계로 그대로 옮겨놓고 그 속에서 영위하는 세상이 펼쳐지고 있다. 오히려 메타버스 속의 인간관계나 경제활동이 더 비중을 차지하는 경우도 생겨나고 있다. 이것은 단순한 게임을 위한 공간이나 특정 목적으로만 구현되는 것이 아니다. 그 자체가 미래를 만들어가고 있다. 메타버스는 세상을 바라보는 인간의 시선과 태도마저도 변화시킬 것이다. 그렇다면 과연 인간은 메타버스와 현실 세계 사이에서 어디에 더 실재감을 느끼면서 살게 될 것인가. 어쩌면 이제 가상과 현실이라는 구분도 적절치 않은 관념이 되어가고 있다.

인터넷 이후, 메타버스!

유튜브보다 많은 사람이 즐겨 이용하는 인터넷 사이트들이 있다고 한다. 혹시 로블록스, 제페토, 마인크래프트 등등의 회사명을 들어 보셨다면, 이미 메타버스에 대해 알고 계실 수도 있다. 이 회사들은 각각 전 세계 2억 명의 이용자를 보유한 메타버스 플랫폼들이다. 상상이 안 가는 규모다. 사람이 모인다는 것은 돈이 모일 수 있다는 것이다. 현재 새로운 사업 아이디어가 메타버스에서 폭발적으로 생겨나고 있다. 단순히 가상공간에서 문화, 사회 활동을 하는 것에 그치는 것이 아니라 경제적 활동을 하고 실제 수익이 이루어지고 있다는 점이다. 최근 트래비스 스콧Travis Scott이라는 미국의 유명 래퍼는 메타버스에서 공연을 열었고, 이때 동시 접속자가 1,230만 명이었다고 한다. 현실 세계에서 이 어마어마한 수의 관중을 한 장소에 모으는 것이 과연 가능할까. 그리고 이 한 번의 공연으로 벌어들인 수익은 200억 원이 넘는다.

코로나 팬데믹으로 인해 사람들은 훨씬 더 많은 인터넷 디지털 공간에서 일상을 보내게 되었다. 그중에서도 로블록스는 어린이와 청소년들의 소통 공간으로 기능하고 있다. 로블록스는 사용자가 직접 게임을 만들 수 있고, 또 다른 사용자가 만든 게임을 즐길 수 있는 온라인 게임 플랫폼이다. 현재 제작된 게임 대부분을 미성년자들이 개발했다고 하니 이 세대들이 성장하면서 만들어갈 미래 세상이 어떨지 짐작할 수 있을 것이다. 이용자들은 이 공간 안에서 다양한 활동을 하고 '로벅스Robucks'라는 가상화폐도 유통되면서 로블록스라는 새로운 세상을 만들어가고 있다. 이 화폐로 로블록스라는 디지털 가상 세계에서 필요한 아이템을 구입하기도 하고, 자신의 아바타를 꾸미거나, 생일파티를 열고, 친구를 사귀기도 한다. 이 공간에서는 실제 나이나 직업, 재산, 외모, 인종, 성별 등이 의미가 없어진다. 참여하는 모두가 자유롭다. 이뿐만이 아니다. 세계적인 보이 그룹 BTS도 신곡 <Dynamite>를 '포트나이트'라는 메타버스 공간을 통해서 발표한 바 있다. 이들은 메타버스 공간에서 그룹 구성원의 외모와 개성을 살린 아바타 혹은 캐릭터를 통해 노래 부르고, 춤추며, 팬 사인회를 열기도 했다. 그들을 좋아하는 팬들이 각자의 아바타를 아름답게 꾸미고 이 공간에 몰려드는 것은 너무나 당연한 수순이다. 코로나 팬데믹 때문에 사회적 거리두기가 한창이라고 해도 이 메타버스에서는 전혀 문제 될 것이 없다.

···┼··· 무엇이 다른가? 가상현실 넘어 '거울 세계'로

그렇다면 이전에 있었던 가상현실이나 증강현실과는 무엇이 다른가? 현재의 메타버스 수준은 나의 일상이 인터넷을 통해 온라인 세상과 결합하는 '라이프 로깅Life Logging' 단계라고 할 수 있다. 스마트폰을

통해 보고, 듣고, 먹고, 느끼는 등 모든 삶의 순간순간을 사진이나 동영상으로 촬영하거나 타이핑한다. 그리고 그 사진과 글을 인스타그램이나 유튜브에 올려 자기 생각이나 느낌을 실시간으로 기록하는 것이다. 지극히 개인적이고 사소한 일상의 경험들마저도 데이터가 되는 과정이다. 수많은 개인의 자발적인 활동을 통해서 빅데이터가 생겨나고 있다. 결국 나의 삶의 정보가 디지털 세계와 결합하고 디지털 세계 속의 활동이 다시 현실 세계에서 수익을 주는 등의 방식으로 영향을 주고받는다. 그리고 이 수준을 넘어서는 메타버스의 최종 단계를 '거울 세계'라고 한다. 이 거울 세계는 배경이 되는 공간 자체가 실제 세계를 그대로 구현한 것이다. 그 공간에서 활동하는 아바타들만 상상으로 구현된 것이다. 가상현실은 실제 세계를 그대로 구현하는 것이 아니라 상상을 바탕으로 구현한 공간이라는 점에서 거울 세계와 차이가 있다. 이 거울 세계에서는 실제 현실 세계를 그대로 복제한 세상이 펼쳐지는 것이다. 여기에 더해 현실 세계의 사물들을 가상 세계에 똑같이 만들어내서 현실 세계의 동작과 행동을 가상 세계에서도 구현할 수 있도록 하는 기술인 '디지털 트윈Digital Twin' 기술과의 융합도 시도되고 있다. 이제 우리 눈앞에서 또 다른 중중무진법계重重無盡法界가 펼쳐지고 있는 것이다.

메타버스 공간 속의 나

"능가왕이여, 물과 거울 속에 비추어진 자기 모습에 놀라는 사람처럼,
등불과 달빛 속에서 자신의 그림자를 타인으로 오해하는 것처럼,
산의 골짜기에서 그 메아리를 듣고 분별하는 마음을 내어
집착을 일으키는 것처럼, 법과 비법은 '마음의 투사물일 뿐'이고
'오직 분별일 뿐'이다. 분별하기 때문에 능히 버리지 못하고,
오직 모든 허망한 생각으로 증폭되어 적멸을 얻지 못한다."

『대승입능가경』, 「나바나왕권청품羅婆那王勸請品」 중에서

디지털 휴먼에서 '메타휴먼'으로

혹시 이런 이름을 들어본 적 있는가? '네온', '로지', '루시', '미아', '수아', '한유아', '빈센트' 등등…. 만약 익숙한 이름이라면 당신은 이미 메타버스 세상에 발을 들여놓은 것인지도 모르겠다. 이 이름들의 공통점은 바로 '디지털 휴먼'이라는 점이다. 최근 국내의 한 금융회사는 자사의 새 광고 모델로 '로지Rosy'라는 이름의 디지털 휴먼을 선보였다. 로지는 마치 실재하는 인간처럼 인스타그램 계정을 통해 나이는 22살, 키는 171센티미터, 여행과 운동을 좋아한다고 소개한다. 세상에 나온 지 1년 만에 팔로워는 6만 명을 훌쩍 넘겼다. 로지는 개성 넘치는 외모와 아이돌처럼 능숙한 춤 솜씨를 자랑한다. 사람들은 이전에 어떤 미디어에서도 볼 수 없었던 새로운 얼굴의 등장에 신선해 했고, 실

재하는 인간이 아니라는 사실에 다시 놀라워했다. 디지털 휴먼은 컴퓨터 그래픽으로 만들어진 디지털 공간에서의 가상 인간을 말한다. 이와 같은 디지털 휴먼 기술은 극사실적인 디지털 표현 기술에 기반하고 있다. 따라서 실존하는 인물과 분간이 힘들 정도이다. 여기에 인공지능 기술이 결합해서 세밀한 부분까지 정교하게 작업하게 되면 그다음은 오히려 실재 인간보다 더 사실적으로 바뀌게 된다. 인공지능 딥러닝 얼굴 · 음성 합성 기술을 통해 인간을 디지털 공간에 복제하는 방식이다. 최근 기술 수준은 사진 1장과 30초 정도의 목소리 데이터만 있으면 디지털 공간에 새로운 가상 인간을 만들어낼 수 있다. 광고주들이 디지털 휴먼을 선호하는 이유는 인간 모델과 전속 계약했을 경우 발생할 수 있는 다양한 스캔들 때문에 걱정할 일이 없다는 점이다. 그리고 인간이 가진 표현상의 한계나 신체적 능력을 뛰어넘어 시간과 공간을 넘어서 무제한의 활동이 가능하다는 점도 꼽을 수 있다. 앞으로도 기업들은 사람들의 선호도와 부합해서 수익을 기대할 수 있다면, 디지털 휴먼 개발에 더욱 투자를 아끼지 않을 것이다. 해외에서도 이미 디지털 휴먼을 사용하고 있다. 아직까지는 주로 광고모델이나 인간의 감정노동 업무를 대신하는 일을 한다. 박물관 큐레이터나 상담 안내원을 디지털 휴먼이 대신할 경우, 기존에 챗봇을 통한 대화보다도 좀더 고객 친화적으로 도움을 줄 수 있다고 한다.

메타 환생?

디지털 휴먼이 단순히 인터넷에서만 활동하는 것이 아니라, 메타버스 공간에서 활동하는 경우를 상상해 보자. 역사 속 과거의 인물일지라도 메타버스에 불러들여 대화하고 게임도 할 수 있게 된다. 이미 그 인물의 과거 삶의 기록은 디지털로 저장되어 있는 상태이다. 그 기억 데이터들을 복원해서 이 디지털 휴먼 기술과 결합시킨다면 메타버스에서 죽은 사람을 환생시키는 것과 같다. 그 사람만의 고유한 표정이나 몸짓, 성격마저 그대로 재현할 수 있다. 어쩌면 메타버스 공간에서는 영원히 죽지 않는 존재가 될 수 있다. 적어도 메타버스에서는 가능하다. 살짝 섬뜩할 수도 있지만, 누군가를 간절히 그리워하는 이들에게는 위로와 행복이 될 수 있다. 현재 살아 있는 자의 아바타와 대화하면서 게임하고 즐기면서 말이다. 이제 과학 기술은 삶과 죽음의 경계 또는 인간과 디지털의 경계마저도 흐리고 모호하게 만들고 있다.

가상 공간의 부동산을 사고판다

이제 실재 사람이든 디지털 휴먼이든 메타버스에서 살아갈 준비가 되었다. 하지만 이것으로 끝이 아니다. 이 존재들이 살아갈 터전이 필요하다. 메타버스에선 이 문제를 오래 고민할 필요가 없다. 클릭 한 번으로 집도 뚝딱 만들어내고 다리도 만들어낸다. 무슨 도깨비 방망이 같은 소리냐고 할 것이다. 실제로 전 세계 2억 명 이상의 가입자를 보유하고 있는 메타버스 플랫폼 제페토에서는 '월드 크리에이션' 기능을 통해 메타버스 공간 속 사람들이 활동할 공간을 만들어낸다. 회의나 학술대회 또는 신제품 발표회를 해야 할 경우, 이 가상 공간에 모여들어 진행할 수 있게 된다. 이뿐만이 아니다. 아예 땅이나 건물을 구입하는 경우도 있다. 여기에 '어스2Earth2'라는 '가상 지구'가 있다. 어스2는 구글 어스를 기반으로 설계된 가상 부동산 거래 플랫폼이다. 아니 가상 부동산이라니, 무슨 봉이 김선달도 아니고 황당하게 들릴 수도 있다. 사람들은 가상이긴 하지만 이 플랫폼에서 부동산을 실제 현금으로 사고판다. 예를 들자면, 미국 백악관은 현재 시세로 한화 3,765만 원이다. 지난해 서비스가 시작될 당시 가격이 약 6만 원 선에서 거래되었다는 사실을 감안한다면 천정부지로 가격이 치솟고 있는 것이다. 불과 1년 사이에 말이다. 그리고 세계적 관광명소인 이탈리아 콜로세움은 현재 84만 원이니, 관심 있는 분은 서둘러야 할 것 같다. 재밌는 사실은, 현재 이 플랫폼에서 전 세계적으로 가장 많은 가상 부동산을 보유한 국가가 한국이라는 점이다. 이 플랫폼에서 서울 강남을 찾아보면, 구매자의 국적을 뜻하는 태극기가 선명하게 박혀 있다. 한국인들의 부동산 사랑은 메타버스에서도 여전한 듯하다. 한술 더 떠서 일부 시세 차익을 노린 투기성 부동산 구입까지 성행한다고 하니, 인간의 욕심은 현실이나 메타버스 세계나 다름이 없다. 실제로 국가나 '어스2' 플랫폼에서 구입 부동산에 대한 소유권을 보장해 줄 수가 없는데도, 사람들은 투자를 주저하지 않고 있다. 욕망이라는 관점에서는 메타버스가 원본인 현실 세계를 반영하거나 오히려 넘어설 수도 있다.

새로운 '시뮬라크르', 메타버스

그렇다면, 우리는 이 메타버스를 어떻게 바라봐야 할까? 메타버스는 또 다른 형태의 시뮬라크르이다. 메타버스는 인간으로 하여금 매 순간 역동적으로 변화하는 환경을 감각 기관을 통해 마치 현실 세계처럼 느낄 수 있도록 구현한 복제물이다. 현실 세계와 완전히 똑같지는 않지만, 디지털 기술을 통해 몰입감을 높이고 현실 세계에서 불가능한 일을 경험하게 하거나 감각적 즐거움을 극대화시켜준다. 하지만 그래봤자 복제된 허구의 공간에 불과하다는 반문도 가능하다. 과연 그럴까? 들뢰즈에 따르면 시뮬라크르는 단순한 현실 세계의 복제물이 아니다. 들뢰즈는 플라톤과는 달리 현실 세계와 시뮬라크르 간에 생겨나는 차이를 부정적으로 보지 않는다. 시뮬라크르가 얼마나 현실 세계와 비슷한지는 중요한 부분이 아니다. 들뢰즈에게 모방과 재현 자체는 큰 의미를 갖지 못한다. 따라서 원본이 이해 기준이 되거나 원본에 종속되지도 않는다. 오히려 독자적으로 현실 세계와의 차이를 적극적으로 만들어내고자 한다. 그 과정에서 메타버스 속에서 벌어지는 사건들, 그리고 이용자가 내리는 매 순간의 선택에 의미를 부여하고 이야기가 만들어지는 과정을 주목한다. 인간이 자신의 경험을 추억이라고 생각하고, 의미를 부여하면 그 공간space은 이미 자율적인 지위를 부여받은 장소place가 되 는 것이다. 사람들은 메타버스에서 게임을 하면서 대화를 하거나, 선물을 주고받기도 하면서 상호작용한다. 그 과정은 이야기가 되고 각각의 참여자는 자신의 주관적 감정들을 쌓아가며, 그 감정을 공유하는 행위를 되풀이한다. 결국 공간은 하나의 의미를 부여할 수 있는 장소가 되는 것이다. 이렇게 본다면, 메타버스는 단순한 복제물이 아니라 고유한 독립성마저 가지게 된다. 그저 현실 세계를 흉내내는 것이 아니기 때문이다. 역으로 메타버스는 원본으로 간주되는 현실 세계의 아우라Aura를 깨뜨리고 그 실재성에 의문을 던지게 만든다.

⋯⫶⋯ 초월의 'meta'에서 자비의 'metta'로

그렇다면 어떻게 메타버스 시대를 살아갈 것인가. 현실은 현실대로, 메타버스는 메타버스대로 의미를 가진다. 경계가 없다. 어차피 인간의 현실 세계의 경험이라는 것도 우리가 의미를 부여하는 방식에 따라 기억이 재구성되며 구현된다. 『능가경』에서는 이렇게 설한다. "물과 거울 속에 비추어진 자신의 모습에 놀라는 사람처럼, 등불과 달빛 속에서 자신의 그림자를 타인으로 오해하는 것처럼." 모든 존재와 현상은 마음이 투사된 것이고 오직 분별일 뿐이다. 메타버스가 구현하는 매혹적인 색과 형상, 소리, 감촉들도 다름 아닌 우리의 마음에서 시작된 것이다. 메타버스가 구현하는 다양한 법계에 대해 집착할 것도 없고 외면할 이유는 더더욱 없다. 다만 현실 세계든 메타버스든 그 법계가 펼쳐질 때마다 허망한 분별을 일삼는 것을 경계할 일이다. 매 순간 바뀌는 바로 그 대상의 형상에 넋을 잃고 헐떡이면서 쫓아갈 것이 아니라, 잠시라도 그 마음을 자신의 내면으로 돌이키는 연습을 할 필요가 있다. 우리가 원본이라 믿는 현실 세계든 가상이라고 믿는 가상 세계든 어차피 마음의 분별 작용이다. 그보다 더 중요한 것은 '인간의 마음에 어떤 가치를 담아낼 것인가?'라는 질문일 것이다. 예를 들자면, 메타버스에서 '초월'의 'meta'가 아니라, '자비'라는 의미의 'metta'가 온 세상을 뒤덮는 자비 세상인 'metta-verse'를 염원해 보는 것은 어떨까. 이왕이면 그 마음을 내는 '나'조차도 또 다른 메타버스 속에 있는 환영임을 자각하면서 말이다.

인공지능과 생체 이식 칩

> "구전 문화가 글의 도래를 막지 못했듯이,
> 우리는 사람들이 디지털적 기억을 채택하는 추세를 막지 못한다."
>
> 테드 창Ted Chiang, 『숨』 중에서

···|··· **인공지능이 두려운가요?**

인공지능은 이제 파죽지세로 인간의 삶의 영역으로 파고들고 있다. 불과 5~6년 전과 비교해 봐도 확연히 달라진 분위기이다. 인공지능을 어떻게 이해하고 바라봐야 할 것인지에 대해서 이제 막 고민과 토론이 시작되고 있다. 인공지능을 대하는 인간들의 태도는 어떨까? 아마 대부분 새로운 기술에 대한 경이로움보다는 알 수 없는 미래에 대한 두려움이 더 클 것이다. 그렇다면 지금이라도 인공지능 연구와 개발을 금지하는 게 좋을까? 인간이 알 수 없는 새로운 대상에 대하여 취하는 태도에는 두 가지가 있다. 적대시하거나 아니면 친화되는 것이다. 선택은 각자의 정치, 경제, 문화, 종교 등등의 배경에 따른 신념의 차이에 따르게 마련이다. 적대시하는 것은 오히려 쉬운 일이다. 반대로 인간이 통제할 수 있는 인간 친화적인 인공지능 개발은 불가능한 것일까? 이 문제를 진지하게 고민하는 사람들이 속속 생겨나고 있다. 그 대표적인 예가 일론 머스크이다. 머스크는 인공지능의 위협을 계속해서 경고해 오고 있다. 그는 인공지능의 개발은 핵무기의 위협보다 더 위험하고 문명에 대한 최대 위협이 될 것이라고 강조한다. 그러고 보니, 참 역설적이다. 누구보다도 앞장서서 제4차 산업혁명의 핵심 기술들을 이용해서 사업을 하는 그가 인공지능에 대한 통제를 이야기하고 있으니 말이다. 어쩌면 누구보다도 인공지능에 대해서 잘 알고 있기 때문에, 인공지능이 가져올 충격에 대해서도 우려의 목소리로 경고할 수 있는 것인지도 모르겠다. 그는 자율주행 자동차를 만드는 자신의 회사인 테슬라를 포함한 진화된 인공지능을 만드는 회사는 모두 규제 대상이 되어야 한다고 하면서 이렇게 주장한다. "사람들은 인공지능을 너무 믿는 경향이 있는데, 막상 사고가 터져 규제하려고 하면 그때는 이미 너무 늦은 시기가 될 것이다."라고 말이다. 그리고 2030년이 되면 인공지능이 모든 부문에서 인간을 앞서 나갈 것이라고도 예상했다. 그는 기왕 시작된 인공지능 개발 기술이라면, 그 기술이 특정 집단이나 개인에 독점되어서는 안 된다고 주장한다. 그래서 그는 '오픈 AI'라는 비영리 연구소를 설립해서 인간 친화적인 인공지능 연구에 집중하고 있다. 궁극적으로는 인공지능과 인간의 대결 구도 속에서 양자를 구분 짓는 것이 아니라 인간의 능력을 인공지능과 연결하려는 구상이다. 인공지능 연구 개발 및 활용과 관련된 전 영역에 인간을 소외시키지 않고 개입하려는 움직임으로 볼 수 있다. 한마디로 달리는 호랑이 등에 올라타려는 계획이라고 할 수 있다. 야심차긴 하나 위험해 보인다. 그런데 불안하지만 선택의 여지가 그리 많지는 않아 보인다. 인공지능과 인간이 연결되고 통합되어가는 것을 상상해 보자면, 여러 가지로 생각이 복잡해진다. 이 경우 과연 자아가 확장되는 것으로 볼 수 있을까?

만약 확장될 수 있다면, 인공지능을 통해 확대된 인간 신체 외부의 기능과 능력에도 우리가 책임을 져야 하는 것일까? 수많은 의문과 질문들이 꼬리를 잇는다.

⋯⋮⋯ 생각만으로 작동시키는 대리 로봇

갑자기 길을 가던 행인들이 모두 그 자리에서 픽픽 맥없이 쓰러지고 만다. 백화점이든 지하철 안이든, 곳곳에서 움직이고 활동하던 모든 것이 멈춰버린다. 도로에는 마치 마네킹처럼 여기저기 사람들이 쓰러져 있다. 시내는 일순간에 혼란과 정적에 휩싸인다. 하지만 이상하게도 고요하다. 한참 뒤 각각의 집에 있던 부스스한 차림의 인간들이 어리둥절한 표정으로 집 밖으로 어색하게 걸어나온다. 하나같이 초라하고 남루하다. 마치 좀비처럼 말이다. 무슨 일인지 알아보려고 나온 것이다. 오랫동안 실내에만 있어서인지 다들 하나같이 창백하고 어두운 표정이다. 무슨 일일까? 이것은 영화 <써로게이트Surrogates>의 마지막 장면이다. 미래 인간들은 자신들의 몸을 전혀 움직이지 않으면서 뇌파로 작동시킬 수 있는 로봇을 만들어낸다. 애초에는 신체 거동이 불편한 사람들을 위해 인공신체를 개발하는 것이 목적이었다. 하지만 늘 그랬듯이 인간들의 욕망은 그리 단순하지 않다. 인간들은 자신들의 편의와 안락 또는 쾌락을 위해 자신의 대리인 역할을 한 로봇, 즉 '써로게이트'에 접속해서 일상을 보낸다. 회사나 학교, 심지어 여가 생활도 로봇을 보내서 대신하게 한다. 전쟁이나 사고로 대리 로봇이 파괴되어도 그것을 조종하고 있는 사람에게 신체적으로 문제가 없기 때문에 범죄율은 치솟는다. 이 과정에서 너무나 많은 대리 로봇들이 활동하는 세상을 거부하고 은둔 생활을 하는 집단까지 생겨난다. 오히려 인간이 사회적 소수자가 된 것이다. 흥미로운 점은 이 영화에 등장하는 대리 로봇들은 모두 잘생기고, 젊고, 균형 잡힌 몸매를 가지고 있다는 사실이다. 반면 인간들은 어두운 방구석에 누워 피폐한 행색을 하고 있다. 그러면서도 각자가 소유한 대리 로봇의 외모 가꾸기에는 열심인 모습이 묘한 대비를 이룬다. 영화의 마지막 장면은 인간과 대리 로봇의 연결이 인위적으로 차단되었을 때를 그린다. 놀랍게도 거리나 외부에서 활동하는 존재들 전부가 인간이 아닌 대리 로봇이었던 것이다. 인간들은 그저 자신들의 집에만 틀어박힌 채 로봇으로 욕망을 해소하면서 살아가는 세상이 되어버린 것이다. 인간과 로봇이 공존하게 될 시대의 음울한 광경이다. 누구나 출근하기가 싫다, 학교 가기가 싫다, 나 대신 누군가가 해줬으면 좋겠다 등의 생각을 해본 적이 부지기수일 것이다. 아닌 게 아니라, 이미 인간이 하기 싫은 일이나 궂은 일 또는 위험한 일은 로봇이 대신 하고 있거나, 준비되고 있다. 당장 극도의 힘든 노동이나 전쟁터를 생각해 보자. 그 반대의 경우도 마찬가지이다. 직접 해보고 싶지만, 신체적·정신적 한계 때문에 망설여지는 경우도 대리 로봇을 통해 과감해질 수 있다. 게임 이야기를 하려는 게 아니다. 바로 이 현실 생활에서 말이다.

⋯┆⋯　　**뇌와 인터넷을 연결하다**

이렇게 영화에서처럼 가만히 누워서 생각만으로도 현실 세계에서

하고자 하는 행위를 할 수 있다면 어떨까? 이 황당한 상상을 현실로 만들어가는 사람들이 있다. 이 계획도 일론 머스크가 설립한 뉴럴링크 사에 의해서 진행되고 있다. 뉴럴링크는 인간의 생각을 컴퓨터나 인터넷에 디지털 형태로 업로드하거나 다운로드할 수 있는 작은 전극을 인간의 두뇌에 이식한다는 구상을 실현하려고 한다. 다시 말해, 인간의 뇌가 만들어낸 신호를 얻고, 이 신호들을 대량으로 분석하여 그 의미를 파악한다. 그리고 신호들을 컴퓨터와 인터넷 세계에서 인식할 수 있는 디지털 신호로 변환한다. 이 생각이 실현 가능한지를 예상해 보려면, 구체적으로 인간의 신호 전달 체계에 대해 간단히 이해할 필요가 있다. 인간은 살아가는 동안, 몸에서 느낀 감각을 말초 신경을 통해 뇌로 전달한다. 뇌는 이 감각을 받아들인 후에 다시 말초에 명령을 내려 운동을 하거나 생체 기능을 조절한다. 명령을 내리거나 감각을 전달할 때 모든 정보가 뇌 안의 '뉴런'이라는 신경세포를 통해 전달된다. 뉴런은 약 860억 개나 존재하는데, 마치 복잡한 그물처럼 얽혀 있으면서 생체 정보를 전류의 형태로 전달하는 역할을 한다. 뉴런에서는 나트륨 이온, 칼슘 이온 같은 물질들이 왔다갔다하면서 농도 차이를 발생시켜서 일종의 전압이 생긴다. 전압이 생기면 전류가 생기게 마련이고, 이 흐름을 통해 신호가 전달되는 것이다. 이 과정에서 뉴런이 다음 뉴런으로 정보를 전달할 때 서로 떨어져 있는 구간을 '시냅스 synapse'라고 한다. 바로 여기서 전기신호를 화학물질로 변환해서 다음 뉴런으로 정보를 보내면, 다음 뉴런은 그 화학물질을 받아서 다시 전기신호를 만들어낸다. 이렇게 뉴런끼리 정보를 주고받으면서 전기장을 만들어낸다. 바로 이때, 그 사이에 전극을 집어넣어서 전기장 신호를 중간에서 가로챌 수 있다면 이 신호들을 분석해 각각의 신호의 의미와 결과들을 파악할 수 있다는 것이다. 이 원리를 바탕으로 현재 뉴럴링크는 인간의 뇌로부터 뇌파를 수집하고, 기계로 데이터를 전송할 수 있는 장치를 개발하고 있다.

브레인 게이트Brain Gate

사실 이미 인간의 뇌는 상당 부분 디지털화되고 인터넷화되어가 고 있다. 매일 스마트폰이나 컴퓨터를 통해 인터넷이라는 디지털 세 계에서 업무를 처리하거나 창의적 활동을 하고 인간관계를 유지하기도 한다. 우리도 모르는 사이에 디지털에 최적화된 인간으로 진화하고 있는지도 모른다. 여기서 한 걸음 더 나아가 아예 물리적으로 디지털과 인체를 연결하려는 시도는 매우 흥미로운 접근이다. 원래 인간의 뇌 신호를 디지털 신호로 변환한다는 발상은 일론 머스크의 뉴럴 링크에서 최초로 창안한 것은 아니다. 소위 'BCIBrain-Computer Interface' 개념을 바탕으로 한 연구는 1960년대부터 이미 시작되었고, 본격적인 연구는 1990년대 말부터 본격화되기 시작했다. 이 연구의 핵심은 생체신호를 인식하는 장치를 개발해 뇌의 신호를 정확히 얻어내는 것과 그 얻어낸 신호의 패턴을 분석하는 것 두 가지로 요약된다. 당연히 이러한 연구에는 고도의 정밀성이 요구된다. 뇌에서 보낸 신호를 조금만 다르게 수집하거나 분석해도 완전히 다른 결과가 나타나서 재앙으로 이어질 수 있기 때문이다. 그래서 과거처럼 뇌와 닿지 않은 상태인

헬멧을 쓰거나 많은 케이블이 연결된 우스꽝스러운 모자를 쓰는 것으로는 정확한 데이터를 얻는 데 한계가 있다. 그래서 현재의 연구와 실험은 직접 인간의 두개골을 뚫는 것을 시도한다. 대담하다 못해 황당하게 여겨질 수도 있다. 이 연구 개념이 바로 '두뇌의 문'이라는 의미인 '브레인 게이트'이다. 이것은 바늘같이 생긴 약 100개의 실리콘 전극Utah Array을 뇌에 직접 연결하여, 뇌의 신호를 데이터로 측정해 실시간으로 컴퓨터로 전송하는 방식이다. 이 시도는 여러 동물실험을 거쳐 2004년부터 사람에게도 임상시험이 진행되었다. 수천 개의 전극에서 수신된 뇌의 아날로그 신호를 'N1'이라는 컴퓨터 칩을 통해 디지털 신호로 변환한다. 이 N1칩은 변환한 디지털 신호를 블루투스 기술을 통해 스마트폰으로 신호를 보낸다. 이렇게 해서 뇌의 신호로 스마트폰을 작동시키는 것이 가능해지는 것이다. 뇌의 신호를 스마트폰이 받아내고 반대로 스마트폰이 뇌의 신호에 자극을 줄 수도 있다는 의미이다.

---┼--- 생각만으로 모든 일을 하다?

이러한 연구가 상용화된다면, 인간은 말 그대로 생각만으로도 하고자 하는 것을 이룰 수 있을 것이다. 마치 영화 <매트릭스>에서 나오는 것처럼, 평생 헬리콥터 조종술을 배운 적 없더라도, 필요하다면 생각만으로 조종술을 초고속 다운로드하면 될 일이다. 그러면 두뇌에는 헬리콥터를 기동하는 데 필요한 정보들이 입력되고 신체에는 오랫동안 훈련받은 조종사들의 근육과 반사신경처럼 자극이 일어날 것이다. 물론 이 연구가 이런 부류의 상상력 충족을 위해 진행되는 것은 아니다.

현실적으로 다양한 이유로 신체적·정신적 장애를 겪고 있는 사람들에게 매우 유용한 시도가 된다. 예를 들어, 15년 동안 팔과 다리가 마비됐던 삶을 살고 있던 사람이 이 브레인 게이트 시스템을 통해 생각만으로 로봇을 조종해서 일상생활을 영위하기도 한다. 생각만 하면, 로봇 팔이 대신 물도 따라주고 직접 빨대로 마실 수 있도록 입가에 갖다 대주기까지 한다. 이뿐만이 아니다. 뇌 신경계 손상 환자들을 치료하는 데에도 활용된다. 유전적으로 노인성 치매에 걸릴 확률이 높은 경우에 젊고 건강한 상태의 두뇌 데이터 정보를 그대로 스캔하고 저장했다가, 발병했을 때 외부에서 그 데이터 신호를 통해 자극을 주는 시도까지 진행되고 있다. 그러나 아직 완전 상용화하기에는 무리가 따른다는 점이 있다. 두뇌에 이식된 칩이 불안정해서 일상생활 중 뇌 손상 위험도 따를뿐더러, 칩을 이식하는 것 자체가 아직 많은 위험성을 안고 있다. 또한 기존의 100개 정도의 전극으로는 많은 양의 데이터를 빠른 속도로 받아오는 데 한계가 있다는 문제가 있다.

'사이버 돼지'

최근 뉴럴링크는 이 연구를 상용화하기 위해 기존의 성능을 대폭 향상한 성과를 발표했다. 전극의 초소형화와 전용 이식 로봇의 개발, 생체 친화적인 전극의 개발로 요약되는데 간단히 소개해 보겠다. 첫째는 전극의 재질을 생체 친화적인 소재로 변경하여 대부분의 생체이식 수술에서 문제가 되는 면역반응 문제를 최소화하였다. 전극의 수도 기존에 최대 250여 개에 머물렀다면 현재는 최대 1만 개까지 인간의 두뇌에 꽂을 수 있다고 한다. 이렇게 되면, 이전보다 뇌의 신호를 처리하는 양과 속도가 획기적으로 개선될 것이다. 여기서 전극 바늘 때문에 두렵게 생각하는 사람도 있을 것이다. 더군다나 우리 뇌에는 미세한 모세혈관이 꽉 들어찬 상태이기 때문이다. 로봇을 통해 두뇌 속 모세혈관을 피하면서 뉴런 세포에 최대한 가깝게 전극을 심는 것이 가능하다. 그래서 이 전극의 굵기는 마이크로 단위이다. 이 전극은 인간 머리카락 단면의 10분의 1 수준으로 가늘게 만들었다고 한다. 둘째는 이식 로봇이다. 전극이 획기적으로 개선되었다 하더라도 이식 과정에서 자칫 실수라도 하면 대참사가 벌어질 수 있다. 그래서 뉴럴링크에서는 아예 전극을 이식하는 용도로 사용될 이식 로봇을 제작했다. 동물을 대상으로 이루어진 총 19번의 수술에서 수술성공률이 87퍼센트에 이를 정도로 안정화되어가고 있다. 전체 수술 시간도 41분에 불과하다. 만약 로봇이 이 추세대로 고도화된다면 시력 보정 수술인 라식수술을 받는 정도의 느낌으로 생체 칩 이식을 받을 수 있다는 것이다. 셋째, 데이터 처리 칩이다. 생체친화적인 전극이 제대로 뇌에 심어지고, 신호를 온전히 수집하더라도 그 신호 처리가 간단치 않다. 우선 불필요한 잡신호도 많고 중요한 신호가 미세하게 잡히는 경우도 있다. 그래서 노이즈 신호는 제거하고 미세하더라도 중요한 신호는 증폭해야 할 필요가 있다. 신호들을 최적화해서 디지털화해야 한다는 것이다. 그리고 이 모든 과정이 실시간으로 처리되어야 한다는 점이 중요하다. 물론 전력 소비도 적어야 한다. 최근 뉴럴링크는 이를 위해 개선된 생체 칩을 개발하고 돼지에게 이식해서 데이터를 전송받는 실험을 수행했다. 사람들은 이 돼지를 '사이버 돼지Cypork'라고 부르기도 했다. 생체 칩을 이식한 지 2개월이 된 이 돼지가 킁킁거릴 때마다 돼지의 후각 뉴런에서 발생하는 신경 신호를 감지하는 데이터가 공개되었다. 또한 돼지가 움직일 때마다 뇌에서 발생하는 신호의 데이터 패턴을 분석하면 돼지가 어느 방향으로 움직일 것인지 예측할 수 있음을 보여주기도 했다. 이런 방식을 통해 계속 생체 신호를 받아내면 돼지의 다양한 행동과 두뇌 신호 간의 패턴을 파악할 수 있게 된다. 이것은 결국 뇌를 컴퓨터에 연결할 수도 있다는 말이 된다.

생체보수주의와 기술진보주의 사이에서

만약 인공지능 수준의 능력을 발휘할 수 있다면, 당신은 기꺼이 생체 칩을 몸에 받아들이겠는가? 요즈음은 인공지능에 대해 위협적으로 여기는 것이 아니라 아예 자신을 인공지능과 연결하여 생체신호를 데이터화하거나 반대로 외부의 자극 신호를 받아서 신체상의 문제를 해결하려는 연구와 실험이 다양한 분야에서 진행 중이다. 단지 종교적 신념 문제가 아니더라도 왠지 꺼림칙한 느낌이 드는 것도 사실이다. 인공지능 기술이 야기하게 될 많은 윤리적 문제점에 대한 해결책은 과학 기술 자체가 아니라 불교의 연기론 등과 같은 융합적 사고방식에 있다. 따라서 연기법은 인공지능 연구개발의 방향을 제어하고 새로운 통찰을 제공하는 유용한 도구가 될 것이다. 불교의 유식 전통은 물질계가 마음과 분리된 영역이 아니라 정신 작용들과 인과적으로 함께 발생하며, 서로 분리할 수 없는 상호 의존성에 뿌리를 두고 있다 고

본다. 생체 이식 칩 기술이 자칫 이 연기성緣起性을 무시하고 기계적 이해로만 기울어질 경우에 생길 위험은 상상 이상일 것이다. 몸과 말과 뜻으로 지은 모든 것에는 업이 따른다. 기술을 통해 '나'라는 자아가 확장되는 모습에만 도취될 것이 아니라, 그 결과에 업과 책임이 따른다는 이치를 알아차려야 할 것이다. 생체 칩을 이식해서 지력과 신체적 활력을 지속하든 아니면 주어진 조건에 만족하면서 살아가든 그것은 개인의 선택 문제이다. 하지만 그것이 개인적 욕망을 채우려 함인지, 모두의 이익을 위한 자비의 실현인지는 깊이 성찰할 필요가 있다. 기술은 이미 폭발적 수준으로 발전해 가고 있으며, 어쩌면 그리 머지않은 미래에 우리 몸에 생체 칩을 이식할지 말지에 대해 선택을 강요받는 상황이 벌어질지도 모르겠다. 예를 들어, 문제가 생긴 신체 기관을 정상적으로 기능하게 하거나, 현재의 코로나 팬데믹 같은 전 세계적 전염병을 효과적으로 통제 및 관리할 수 있는 유일한 대안이라면 문제는 꽤 복잡해질 수 있다. 이 고민은 단순히 기술의 문제만이 아니라 철학, 정치, 경제, 종교에 걸친 가치의 문제이기도 하기 때문이다.

제4차 산업혁명 시대에 정치적 관점을 구분하는 기준은 인체와 관련한 첨단 과학 기술과의 관계에 있다. 한마디로 첨단 기술에 대한 친화성의 정도이다. 기술에 대한 각자의 생각과 태도에 따라 정치 지형도가 새로 그려질 것이다. 즉, 향후 진보와 보수의 기준은 인간이 첨단 과학 기술과 인체와의 결합 또는 의존도에 어느 정도까지 친화적일 수 있는지의 문제가 될 수 있다. 이것은 기술과 인체 그리고 인간의 정서적 측면까지 아우르는 매우 넓은 범위의 문제이다. 생체 칩 이식 기술은 바로 이 문제로 들어가는 첫 번째 관문이라고 할 수 있다. 생체 칩 이식 기술에 대해 정서적으로 친화적 입장이라면 그다음 단계의 생체 기술에 대해서도 유연하고 열린 태도를 취할 가능성이 크다고 할 수 있다. 제4차 산업혁명 시대의 대변혁 속에서 새로운 이념의 지형도가 기술에 대한 수용도를 기준으로 갈리기 시작하는 그 지점, 바로 생체 칩 이식 기술이다. 물론 인공지능 기술을 신뢰한다고 해서, 반드시 자신의 몸에 인공적 시술 내지 기계적 결합에 적극적이진 않을 수도 있다. 인간들에게 둘 중 선택해야 하는 상황이 온다면, 생체보수주의나 기술진보주의 입장 중 어느 쪽을 더 선호하게 될까?

액정 화면 속의 자아

"정신은 인간 속에 거주하며, 인간을 존재할 수 있게 하며, 그 자체가 몸에 대한 힘의 지배권 행사를 돕는 한 요소가 된다. 정신은 정치적 해부의 효과인 동시에 그 도구가 되기도 한다. 정신은 몸을 가두는 감옥이다."

미셸 푸코Michel Foucault, 『감시와 처벌』 중에서

···┤··· 액정 화면에 갇힌 나

스마트폰은 세상과 소통하는 '창'일까, 아니면 '유리 감옥'일까? 지난 2007년, 스티브 잡스가 최초의 아이폰을 세상에 선보였을 때 세계는 열광했다. 사람들은 서로 연결되어 소통하고, 인터넷을 손안에서 검색하게 되면서 더욱 투명하고 민주적인 세상에 살게 되리라는 희망도 품게 되었다. 이러한 믿음은 인터넷 세상에서 누구나 평등하게 데이터에 접근하고 이용할 수 있다는 전제에서 출발한다. 그리고 그 꿈을 쉽고 빠르게 실현해 주는 도구가 스마트폰이 될 것이라는 기대도 하게 했다. 잡스가 생을 마감한 이후에도, 한입 베어 문 사과를 상징으로 하는 그 회사의 신제품이 출시될 때마다 사람들은 여전히 매장 앞에서 장사진을 이룬다. 2007년 잡스의 그 유명했던 제품 발표회 이후 10년 남짓한 사이에 디지털 환경은 소용돌이치면서 엄청난 변화를 겪고 있다. 인터넷은 어느덧 5G 시대로 진입하면서 데이터의 처리 속도도 과거와는 비교가 되지 않을 정도로 빨라지고 있다. 예전에 집에서

인터넷을 쓸 때 집 전화가 불통되거나 인터넷 속도가 느려지던 때를 회상해 보라. 인터넷 선을 전화 회선과 공용으로 쓰던 시절 말이다. 그 변화 과정 동안, 구글이나 마이크로 소프트, 페이스북, 트위터, 아마존 같은 글로벌 회사들은 전 세계 열 손가락 안에 드는 기업이 되었다. 모두 데이터를 기반으로 하는 기업들이다. 이들은 엄청난 양의 데이터를 수집해서 분류하고 저장한다. 그리고 적절하게 활용한다. 그게 다일까? 과연 '적절하게' 세상 모든 것들의 데이터가 이용되고 있을까? 이들 기업은 사람들에게 아주 예쁘게 디자인된 메일 계정과 일정을 관리할 수 있도록 잘 설계된 디지털 달력도 제공한다. 이뿐만이 아니다. 인터넷에 일정 용량의 개인 전용 디지털 저장 공간도 제공한다. 놀라운 건 이 모든 게 공짜라는 사실이다. 인터넷 디지털 세상이 왠지 나에게 호의적인 것 같다. 기분 좋은 일이다. 이렇게나 유용한 도구를 무료로 이용할 수 있다니…. 고맙고 왠지 미안한 느낌마저 든다. 요즘엔 누구나 다 인터넷에서 이메일 계정 하나쯤은 갖고 있다. 그럼 이 인터넷 검색엔진 업체들이 자선단체라도 된단 말인가. 당연히 아니다. 이런 혜택은 사람들의 데이터를 빨아들일 목적으로 일종의 파이프라인을 제공하는 것이라고 볼 수 있다. 왜 어렸을 적 바닷가나 강가에 담가두는 통발 있지 않은가. 전날 미리 설치해 두고, 다음 날 아침에 가보면 이런저런 물고기들이 서로 앞다투어 들어와 있다. 애써 일일이 낚시질할 필요도 없이 물고기들이 알아서 그냥 들어와주니 고마운 일이다. 현재의 인터넷 검색엔진 기업들이 만들어놓은 기반, 즉 플랫폼이라는 것이 바로 이 통발과도 같다. 한 번 설치해놓으면 사람들이 알아서 들어와서 기꺼이 자신들의 인적사항 뿐만 아니라 모든 데이터를 별 거리 낌 없이 제공한다. 문제는 이 모든 과정이 충분히 고지되지 않은 경고 와 고민 없는 동의 결정 속에서 이루어진다는 것이다. 결국, 우리가 스 마트폰이라는 창을 통해 세상을 들여다보고 소통하는 것이 아니라 거 꾸로 데이터 회사들이 우리를 들여다보는, 소위 '역감시' 당하는 세상 에 살고 있는 것이다. 이전 세대의 논의처럼 이 모든 것이 사용하는 사 람의 마음가짐에 달려 있다거나, 잘 활용할 수 있는 방안을 모색해 보 자는 식의 단순하고 순진한 이야기를 하자는 것이 아니다. 제4차 산업 혁명의 시대를 살아가는 우리에게 데이터 독점 문제는 상상했던 것보 다 더 심각하다. 어쩌면 우리는 새로운 데이터 감시 사회로 접어들고 있는지도 모른다.

누구를 위한 '좋아요'인가?

사람들은 인터넷에서 공감하는 뉴스를 읽거나, 친구의 새로운 여 행 사진을 보거나, 자기가 좋아하는 동물 사진을 볼 때마다 엄지손가 락을 치켜세운 모양의 '좋아요' 버튼을 누른다. 이 '좋아요' 버튼을 통 해 친구나 지인들의 일상에 호감을 표시하는 훈훈함이 오가기도 한다. 그러나 그 '좋아요'를 클릭하는 순간, 나의 취향과 선호도는 내 친구뿐 만 아니라 동시에 소셜 미디어 업체에도 전달되는 것이다. 각종 인터 넷 사이트에서의 댓글을 달 때뿐만 아니라 유튜브, 넷플릭스 등등 영 상 스트리밍 서비스에서도 우리가 클릭한 모든 내용, 시청한 시간, 이 용 시간 패턴, 특정 지역, 연령, 성별에 대한 데이터를 업체에 몰아주는 형국이다. 여기까지면 그래도 괜찮다. 문제는 여기서부터 시작된다. 이 업체가 보유하고 있는 인공지능 알고리즘은 이 방대한 데이터를 바탕으로 학습을 하기 시작한다. 한마디로 딥러닝이 작동하는 것이다. 인공지능은 이제 적극적으로 당신에게 추천하기 시작한다. 다음에 당신이 좋아할 만한 영상과 책, 음악 등을 보여준다. 요즘 하는 말로 '취향 저격'이다. 이용자는 깜짝 놀라게 된다. '친구도 애인도 모르는 내 취향을 어쩜 이렇게 잘 알아줄까?'하고 감동을 받기까지 하면서 말이다. 이것이 가능한 이유는 지금까지 이용자가 선호하는 영상 장르, 시청 기록, 시청 시간대, 구매 이력 등 모든 데이터를 가진 인공지능이 다 분석하고 있기 때문이다. 그리고 그 이전에 전 세계의 수많은 가입자가 데이터를 매일 매 순간 클릭을 통해 만들어준다. 좀 과장해서 표현하자면, 자신도 모르는 사이에 우린 어쩌면 페이스북, 트위터, 구글, 넷플릭스, 유튜브의 데이터 공급 직원이 되어가고 있다. 한 푼의 대가도 받지 않는 무급 노동자 또는 자원봉사자인 셈이다. 이용자들은 하루에도 수십 차례 새로운 데이터를 의도치 않게 제공하게 된다. 항상 강조하는 사실이지만, 제4차 산업혁명 시대에는 데이터가 곧 돈이고, 권력이다. 방대한 데이터를 가진 회사가 살아남는다. 이들 디지털 기반 회사들은 광고 수익이 최종적 목표라기보다는 데이터 수집이 더 큰 목표라고 할 수 있다. 하지만 이들 기업은 데이터를 확보하고 활용하는 전체 과정에서 어떠한 대가를 사회적으로 지불하지 않는다. 전기를 많이 쓰면 전기세를 내고, 수도를 내면 수도세를 내듯이 데이터를 많이 수집하고 저장하면 활용하면 그 대가를 지불하는 것이 합리적일 텐데 말이다.

⋯⋮⋯ 디지털 '슬롯머신'

지하철 안이나 카페, 학교, 공공장소 어디든 할 것 없이, 누구 할 것 없이 자신의 스마트폰을 들여다보며 집중하는 모습은 흔한 풍경이다. 하지만 생각해 보면 단순히 통화 용도로만 핸드폰을 들고 다니던 시절에 볼 수 있던 장면은 아니다. 스마트폰이 세상에 나온 지 불과 몇 년 사이의 변화이다. 여기서 잘 관찰해 보면, 매우 흥미로운 손동작을 발견하게 된다. 현재 대부분 출시된 스마트폰의 형태는 직사각형 형태이다. 길쭉한 액정 화면을 손에 쥐고 있으면서 읽을거리나 볼거리를 위아래로 걸어올리듯이 재빨리 움직인다. 한번 휘리릭 하고 액정 속 내용이 위로 사라지고 나서 다시 내릴 때쯤이면 내용이 수시로 바뀐다. 이용자가 관심 있어 할 만한 내용으로 말이다. 내 손끝이 머물고 터치를 한 기사나 사진은 빅데이터로 저장된다. 다시 이 데이터를 기반으로 해서 반복적으로 새로운 볼거리와 읽을거리를 이용자에게 제공한다. 이용자들은 손가락을 부지런히 움직이면서 새로운 것을 찾아 헤맨다. 특별히 재밌거나 꼭 필요한 정보가 있는 것이 아닌데도 말이다. 혹자는 이것을 슬롯머신과 유사하다고 말한다. 마치 도박장에서 슬롯머신을 작동시키듯이 손가락으로 액정 화면을 당겨서 내리기를 반복한다. 그만큼 중독성이 심하다는 의미일 것이다. 끊임없이 주목하게 하고, 확인하고 싶게 만든다. 이용자가 스마트폰에서 얻어내는 정보들은 대부분 이용자가 보고 싶어 하거나, 듣고 싶어 하거나, 갖고 싶어 하는 것들에 대한 데이터를 끊임없이 제공한다. 이용자 맞춤형의 정보인 셈이다. 어쩌면 이 시스템 자체가 이용자를 중독에 빠지게 할 수밖에 없는 구조일 수도 있다. 지난 2년 동안 연재하면서 지인들로부터 이런 질문을 자주 받아왔다. 과연 인공지능이 미래에 인간을 지배할 것 같냐고 말이다. 만약 그 인공지능이 우리가 사용하는 디지털 플랫폼 회사들의 인공지능을 의미한다면 이미 우리는 인공지능의 지배를 받고 있는지도 모른다. 불교도라면 이런 논법에 익숙하다. 즉, 중요한 것은 그 도구를 어떻게 사용하느냐이지 그 도구 자체는 본래 좋은 것도 나쁜 것도 아니라는 논리이다. 하지만, 그 도구가 이미 단순한 도구가 아니라 어떤 형태의 욕망과 의지를 가진 수단으로 기능한다면 이야기는 달라진다. 제4차 산업혁명은 데이터 산업의 시대이다. 딥러닝을 장착한 인공지능이 인간들의 마음을 데이터를 통해 속속들이 읽어내는 암울한 미래도 예상해 볼 수 있다. 부지불식간에 인간들은 스스로 만들어낸 데이터의 무더기로 벽을 쌓아올려 자신을 욕망의 감옥 속에 가둬버릴 위험성도 있다.

　　　"☑ 나는 로봇이 아닙니다." 어쨌든 아닙니다….

"나는 로봇이 아닙니다." 당연히 아니지. 지금 장난해? 그럼 당신들은 내가 로봇일 수도 있다고 생각하는 거야? 인터넷에서 검색을 하다 보면 이런 화면과 마주하는 경우가 종종 있다. 단지 확인 절차일 뿐인데도 불구하고 순간 당혹스럽기도 하고 우습기도 하다. '로봇이 아닙니다'란에 체크를 해야만 로그인이 된다고 하니, 얼떨결에 로봇이 아님을 또는 인간임을 확인해 주게 된다. 아직 이런 절차가 생소한 나는 어색한 미소 속에서 '로봇이 아닙니다' 옆의 네모 창을 클릭한다. 그런데 왜 내가 로봇과의 비교 속에서 또 다른 로봇에게 나를 증명해야 하지? 나만 이상한 건가? 어느샌가 인공지능 로봇은 인간의 지위와 대등하게 비교되고 있다. 디지털 세계에서 인공지능과 인간의 영역 사이의 경계가 사라지면서, 인공지능을 상대로 내가 누구인지에 관한 확인을 요구받기 시작했다. 어쨌든 우리는 로봇이 아님을 증명해야 하는 시대에 살고 있다. 이런 상황이 벌어지게 된 여러 가지 이유 중 하나는 인공지능 알고리즘이 인간이 하는 것처럼 가장해서 활동하는 사례가 빈번하기 때문이다. 예를 들어, 최근 몇 년 사이에 선거전에서 허위 댓글을 통한 여론 조작 사건 때문에 뜻밖에 유명해져버린 '매크로macro'라는 알고리즘이 있다. 매크로는 인간이 마우스나 키보드로 여러 번 순서대로 클릭하거나 직접 입력해야 하는 동작을 한 번의 클릭과 입력으로 인공지능이 자동 실행시키는 프로그램이다. 편의성을 위해 개발했지만, 편법 수단으로 악용되는 사례가 허다하다. 공연 티켓 예매 등에서 좌석 선점을 하거나, 특정 패턴의 댓글을 무차별적으로 쏟아내서 마치 많은 사람이 특정 정당을 지지하는 것처럼 보이게 하거나, '좋아요'라는 선호도를 단기간에 끌어올릴 방법으로 악용되기도 한다. 그래서 각 사이트에서 회원 가입이나 특정 댓글을 달기 위해서는 이러한 일종의 '튜링 테스트Turing test'를 거치게 할 필요가 생긴 것이다. 이것은 소위 '캡차CAPTCHA 서비스'라고도 하는데 완전 자동화된 튜링 테스트라는 의미이다. 웹사이트에서 스팸메일이나 해킹을 방지하기 위해 인공지능과 사람을 구별해 내기 위한 시험 과정이다. 현재 디지털 세계에서는 인간이 데이터베이스에 접속한 것인지, 인공지능이 접속한 것인지 구별하기가 어렵다는 의미이다. 그러한 혼란 이면으로 서서히 인공지능 알고리즘이 또 다른 알고리즘의 접근을 차단하는 과정에서 인간이라는 존재는 인공지능에 의해 대상화되어가고 있다. 인공지능 알고리즘에 의해 인간이라는 존재의 정확한 확인과 규정을 위해서는 미리 인간의 행동 양식을 살펴야 할 필요가 생기게 된다.

가짜 뉴스와 추천 알고리즘

왜 가짜 뉴스가 계속 늘어날까. 간단하다. 돈이 되기 때문이다. 최근에 특히 음모론이 넘쳐난다. 주제는 코로나 바이러스부터 미국 대선 과정까지 다양하다. 일부러 강대국 정부가 바이러스를 퍼뜨려서 세계 질서를 재편하려 시도한다든가, 대선 개표 과정이 조작되었다는 것 등등이다. 당신이 어떤 음모론에 관심이 있다면, '이건 봤니?' 또는 '이건 어때?'라고 하듯이 계속 추천한다. 거대 디지털 기업의 추천 알고리즘이 작동하고 있기 때문이다. 선호도에 따라 왜곡되고 편향적인 데이터가 개인에게 집중된다. 빅데이터는 당신의 관심사를 다 알고 있다. 예를 들어 당신이 정치적으로 보수인지 진보인지, 클릭할 때마다, 광고를 볼 때마다, 당신의 시선이 머문 곳과 머문 시간까지 다 알고 있다. 사람들은 믿고 싶어 하는 것을 보고 싶어 한다. 우리는 인터넷상에서 누구나 동일한 정보를 접하고 있다고 믿고 있지만, 사실은 그렇지 않다. 빅데이터는 이용자의 관심사와 선호도에 따라서 이용자가 반응할 만한 정보와 광고를 제공한다. 신차 구입을 염두에 두고 있는 사람에게 난데없이 주방용품 광고를 계속 보여줘봤자 소용이 없는 이치이다. 이 과정에서 디지털 사회가 다양성을 존중하는 가치보다 비민주적이고 권위주의적 가치에 쉽게 이용당할 수 있다는 취약점을 가지고 있음을 알 수 있다. 이 경우, 사회관계망 서비스는 인간을 소통시키는 것이 아니라 더욱 분열시킬 수도 있다. 모든 이용자를 스마트폰 액정 속에 붙잡아두고 감시하고 통제한다. 빅데이터는 왜 이런 시도를 할까. 개인의 행동 패턴을 파악해 내기 위해서이다. 그것이 바로 돈이 된다. 그 사람이 사고자 하는 것, 가고자 하는 여행지, 하고 싶어 하는 활동 등등이 예측 가능해진다. 이렇게 되면, 나 자신보다 인공지능 알고리즘이 나를 더 잘 알게 된다. 미래에 나의 행동 예측도 마찬가지이다. 인공지능은 마치 "그럴 줄 알았어, 원래 사람은 변하지 않아."라고 말하는 것과 같다. 또 다른 형태로 인간의 마음을 착취하는 것이다. 정당한 대가도 지불하지 않고 말이다.

⸱⸱⸱⸱⸱⸱ 디지털 파놉티콘과 행동 예측

학창 시절, '최대 다수의 최대 행복'으로 유명한 영국의 공리주의 사상가 제레미 벤담Jeremy Bentham을 다들 기억하고 있을 것이다. 이 벤담이 남긴 유산은 이뿐만이 아니다. 바로 벤담이 설계했다는 파놉티콘 Panopticon 교소도이다. 이 파놉티콘은 최소한의 감시자가 많은 수감자를 감시할 수 있도록 고안되었는데, 가장 효율적인 감시와 통제라는 권력 작용의 대명사로 사용되기도 한다. 원형 공간 가운데에 감시탑을 두어서 모든 수감자가 감시자의 시야에 들도록 한 것이다. 미셸 푸코는 『감시와 처벌』에서, 그리고 조지 오웰은 『1984』에서 이미 오래전에 파놉티콘 개념을 통해 디지털 사회 속의 감시와 통제 가능성에 대한 위협을 경고했었다. 그간 몇 년 사이에 급성장한 디지털 플랫폼 회사들은 막대한 자본과 영향력을 바탕으로 새로운 권력으로 급부상하고 있다. 그 원동력은 바로 데이터이다. 데이터 독점을 통해 세상 모든 것을 볼 수 있고 통제할 수 있게 된다. 심지어 페이스북의 경우, 전 세계적으로 1분당 13만 6,000건의 이미지가 올라가고, 댓글은 1분당 51만 개가 달린다고 한다. 페이스북의 빅데이터 시스템이 이러한 데이터를 모니터하다 보면, 이용자의 메시지 분석을 통해 우울 증상이나 자살 징후까지 사전에 포착해서 경고가 뜨고, 이용자에게 정보를 제공할 수 있을 정도라고 한다. 소셜 미디어 서비스의 긍정적 측면이라고도 할 수 있지만, 한편으론 사생활이 그 정도 수준으로 노출 또는 침해될 위험성도 공존한다. 그런데 사생활 침해 문제보다도 더 주목해야 할 문제가 있다. 바로 인공지능을 통한 인간 행동 예측이다. 옛날에는 전지전능한 신만이 인간이 앞으로 어떻게 행동할지 안다고 믿었다. 앞서 언급했던 '구글 신'이라는 우스갯소리가 등장한 것도 이와 같다. 사람들이 어떻게 행동할 것인지 미리 알 수 있다면, 아마도 엄청난 돈을 벌수 있을 것이다. 이것은 이미 실현되고 있다. 예를 들어, 중국판 '블랙 프라이데이'로 일컬어지는 소위 '광군제光棍節, 11월 11일'에서 전자상거래 기업인 알리바바Alibaba의 2019년 하루 매출액은 한화 44조를 넘어섰다. 하루 주문 건수가 10억 건이 넘는다고 하니, 그 물류 규모를 상상키 어렵다. 여기서 궁금해지는 건 그 엄청난 물류량을 어떻게 하루에 소화할 수 있냐는 점이다. 이 문제를 해결하기 위한 대안으로 알리바바의 회장인 마윈馬雲은 하루에 10억 건의 소포를 처리할 수 있는 인공지능 시스템을 도입했다고 한다. 택배 분류 센터에 로봇이 도입되고 무인 배송도 이루어졌다. 그래도 의문은 여전히 남는다. 무슨 수로 엄청난 양의 주문을 하루 사이에 처리할 수 있을까. 흥미로운 것은 알리바바가 당일에서야 주문받아서 처리하는 것이 아니라는 점이다. 이미 인공지능 알고리즘으로 무엇을 주문할지 예측하여 각 지역의 물류 창고에 재고를 확보해 두고 바로 배송하게 하는 시스템이다. 여기서 핵심은 인공지능이 소비자의 데이터에서 소비 패턴을 파악하여 그날의 구매를 예측한다는 점이다. 인공지능은 이제 인간의 일상에서 수집한 데이터로 미래를 예측한다. 그 예측을 위한 전제는 바로 데이터 수집이고 그 데이터 수집을 위해서는 데이터 생산의 원천인 인간들을 디지털 플랫폼 안에 머물게 해야만 한다. 심지어는 그 플랫폼에서 빠져나가지 못하도록 잡아두어야 할 필요가 있는 것이다. 그 과정에서 감시와 통제가 생겨날 위험이 존재한다.

┈┼┈ 디지털 탈옥을 꿈꾸는 사람들

디지털 세계에서 소위 '탈옥'이라는 용어는 과거 애플의 아이폰이 출시되면서 일부 기능적 제약을 해제 또는 해킹하는 것을 의미하며 상용되기 시작했다. 애플은 자신들이 출시한 스마트폰에 문제를 발생시킬 수 있는 불법 콘텐츠 같은 해로운 요소들의 접근을 차단하기 위해 기기 자체에 많은 제약을 걸어두었다. 그러나 이러한 폐쇄성은 스마트폰을 다양한 용도로 사용하길 원하는 이용자들에게 불만을 주었다. 그래서 그 운영 체계 자체를 인위적으로 수정 또는 무력화하는 것을 '탈옥Jailbreak'이라고 부르기 시작했다. 과거 디지털 탈옥이라는 것이 특정기기의 운영 체계에서 벗어나는 것을 의미했다면, 현재는 우리를 액정화면 속에 가둔 디지털 세계 전체로부터 독립적이고 자유로워지는 일련의 사고와 행동을 의미하게 되었다. 전문가들은 말한다. 스마트폰에서 나오는 알람과 추천을 거부하라. 간단하다. 설정만 바꾸면 된다. 거대 플랫폼의 시점에 종속되지 말고 시스템에서 벗어날 필요가 있다. 다양한 관점에 자신을 노출시켜 보다 자유로워질 수 있을 것이다. 비싼 돈 주고 산 스마트폰을 아예 갖다 버리라는 게 아니니 다행스럽다. 쉴 새 없이 메시지를 주고받고 데이터에만 시선을 빼앗기기에는 우리의 삶이 짧고 소중하다. 가을 햇살이 눈부신 날, 스마트폰을 꺼두고 낙엽길을 걸어보는 것도 좋을 듯하다. 어느 선사의 말처럼, 우리는 이미자유로운데 자신을 얽어매고 가두는 것은 아닌지 돌아볼 일이다. 스스로 스마트폰에 집착하면서 스스로를 액정 유리 감옥에 가두어선 안될일이다.

"

다시 본래 질문으로 돌아가 보자.

데이터를 믿겠는가, 신을 믿겠는가?

아니면 자기 자신을 믿겠는가?

결국 인간이다. 인간 자체가 데이터의 흐름 속에 있는

하나의 칩이라고 하든, 알고리즘이라고 하든,

또는 업 덩어리라고 하든 상관없다.

그 데이터에 의미와 가치를 부여하고

새로운 의지를 발휘하는 것은 인간이다.

아무리 객관적인 숫자라고 할지라도

그 수치는 맥락에 따라

얼마든지 달리 이해될 수 있기 때문이다.

그렇다면 여전히 떠오르는 의문 한 가지가 있다.

그 마음, 그 발심은 도대체 어디에서 오는 것일까?

"

3부

인공지능에게
길을 묻다

천재 예술가는 타고나나요?

····┊··· **누가 그렸을까?**

만일 인공지능이 그린 그림이 경매로 나온다면, 당신은 그 그림을 돈을 주고 사겠는가? 적당한 가격이라면, 호기심에 구매를 고려해 볼 수도 있을 것이다. 물론 그 '적당한'이라는 기준은 사람에 따라 다르겠지만 말이다. 2018년, 뉴욕 크리스티 경매장Christie's에서 실제로 이런 일이 벌어졌다. 크리스티 경매장은 소더비 경매장Sotheby's과 더불어 전 세계 미술품 경매의 양대 축으로 손꼽히는 곳이다. 당시에 인공지능이 그린 〈에드먼드 데 벨라미Edmond de Belamy의 초상화〉라는 작품이 무려 한화 5억 원에 팔렸다. 무엇이 이 작품을 그토록 가치 있게 한 것일까? 바로 작품을 그린 작가였다. 작가라고 부를 수 있을지에 대해서는 조금 의견이 갈릴 수도 있겠다. 이 작품은 인공지능이 그린 것이기 때문이다. 정확히는 파리에서 인공지능과 예술을 연구하는 예술가 그룹 '콜렉티브 오비어스Collective Obvious'가 개발한 알고리즘으로 탄생한 창작물이다. 그래서 작가 서명이 들어가는 그림 오른쪽 하단에는 해당 알고리즘이 기재되어 있다. 놀랍지 않은가? 계산이나 논리적 추론, 사물 인식 능력의 정확도까지야 인공지능이 인간보다 높은 수준의 능력을 보여준다고 해도 수긍할 수 있겠지만, 새로운 창작물을 만들어내기까지 한다면 이야기는 달라진다. 인간을 자못 심각해지게 만드는 순간이다. 이대로 가다간 인공지능이 만들어낸 예술품에 감명받고, 그 인공지능에 권위를 부여하고, 심지어 나중에는 인간이 만든 예술에 대한 평가를 인공지능이 하게 되는 날이 올 수도 있다. 우연이었는지, 당시에 같은 경매장에서 세계적 팝 아티스트로 유명한 앤디 워홀의 작품은 한화 약 8,500만 원에 낙찰되면서 묘한 대비를 보여줬다. 이쯤 되면 인공지능의 완승이라고 해야 할까? 이세돌을 눈물 흘리게 만든 알파고에 이은 인공지능 업계의 쾌거라고 해야 할까? 이제 인공지능뿐 아니라 감성까지 인간을 넘어서는 국면을 맞이하고 있다. 지능과 감성까지 모두 갖춘 이 인공지능을 뭐라고 불러야 할지 점점 난감해진다. 인공지능 작곡가, 인공지능 소설가, 인공지능 무용가도 속속 등장하고 있다. 인공지능이 주체가 된 예술 작품이 고액으로 거래되고, 인간이 창작한 것인지 인공지능이 만들어낸 것인지 구분이 되지 않는 상황이 벌어지고 있는 것이다. 초기에 인공지능의 창작 활동을 예술로 볼 수 있느냐는 정도의 단순한 고민을 하는 사이에, 어느덧 기술은 상상을 뛰어넘어 어쩌면 세상의 예술적 판단 기준마저도 인공지능에 의지하게 되는 날이 오지 않을까 하는 두려움을 낳았다. 날로 정교해지고 고도화되는 인공지능의 시대, 인공지능은 예술 그 자체는 물론, 예술의 주체 그리고 예술의 소비 행태까지 전혀 새로운 개념으로 바꾸어가고 있다.

······ 인공지능, 고흐와 렘브란트를 불러내다

빈센트 반 고흐가 죽지 않고, 아니 요절하지 않고 10년만 더 살았더라면 어떤 그림이 더 그려졌을까? 빛의 달인이라 불렸던 바로크 시대 렘브란트의 매혹적인 초상화 스타일을 인공지능이 학습한다면 어떤 느낌의 작품을 그려낼 수 있을까?

구글은 지난 2016년 인공지능 화가 '딥드림Deep Dream'을 발표했다. '딥드림'은 마치 꿈속을 들여다보는 것처럼 인공지능 알고리즘의 내면세계를 묘사한다. 딥러닝 기술로 고흐의 작품들을 학습시켜서 그의 화풍을 따르는 새로운 회화를 그리게 하는 기획이다. 예를 들어, 고흐의 다양한 작품들이 입력된 데이터에다가 <별이 빛나는 밤>을 연결해 고흐의 화풍이 그대로 드러나면서도 새로운 그림을 그려내도록 하는 것이다. 마치 고흐의 미공개 작품이 세상에 그 모습을 드러낸 것과 같다. 이뿐만이 아니다. 마이크로소프트와 네덜란드 연구진이 기획했던 프로젝트인 인공지능 '더 넥스트 렘브란트The Next Rembrandt'가 있다. 이 프로젝트에서는 인공지능이 렘브란트의 작품 346점을 딥러닝으로 학습하고 렘브란트 특유의 화풍을 살린 초상화를 완성해 냈다. 인공지능은 안면 인식 기술을 바탕으로 그림에 등장하는 사물의 내용과 구도 등을 분석해서 렘브란트 그림만의 공통된 특징값을 도출해 낸다. 그리고 그 특징값을 바탕으로 드로잉 방식이나 채색을 그대로 재현한다. 거기다 3D 프린팅 기술을 통해 유화의 질감까지도 그대로 살려낸다. 그 완성물을 렘브란트의 초상화 컬렉션에 포함시킨 뒤, 이 중에서 사람들에게 인공지능이 그린 그림을 찾아내보라고 한다면, 여간해서는 판별해 내기 쉽지 않을 정도이다. 특정 미술가의 전작들이 데이터로 주어진다면, 인공지능은 원작자의 화풍을 그대로 담은 새 그림을 만들어낼 수 있다. 과거의 데이터를 바탕으로 비슷한 그림을 만들어내는 것이 뭐가 그리 대단한가 할 수도 있겠지만, 문제는 그 다음이다. 즉 알파고를 통해 인공지능과의 바둑 훈련이 대세가 되었듯이, 인공지능에 의해 실험적이고 창의적인 화풍이 제시되고 주도되는 시대가 열릴 수도 있는 것이다.

창의성은 인간의 전유물인가

인공지능 화가에 대해서 아직은 창작물이 아니라 미리 인간이 제공한 데이터에 따른 조합에 불과하다는 관점도 있다. 인간만의 고유한 창의성을 인공지능이 대체할 여지는 그리 많지 않다고 보는 것이다. 그러나 창의성에 대한 수많은 연구 사례들을 보면, 사실 인간의 창의성이라는 것도 어느 날 갑자기 생겨난 것이 아니라 엄마의 뱃속에서부터, 심지어는 부모의 유전자부터 시작해서 성장 배경, 교육 환경에 따라 만들어지는 것이라는 견해도 만만치 않다. 한마디로 모차르트나 고흐 같은 천재들이 가진 창의성은 날 때부터 타고났거나, 아니면 부모의 유전자 영향을 받았거나, 만약 그도 아니라면 전생을 믿는 관점에서 보았을 때는 이전 생에서 이미 훈련된 재능일 가능성이 클 것이라는 의견이다. 이와 반대로 창의성은 기억이나 경험을 바탕으로 한다기보다는 도리어 그 영향에서 자유로워질 때 비로소 발현된다는 의견도 있다. 결국, 현재까지는 창의성이 발휘되는 원인과 경로 전체에 대해서 결론을 짓지 못하고 있는 셈이다. 어쨌든 '창의성'이란 것이 있다고 했을 때, 그것은 인간만의 능력일까? 단지 피카소나 고흐의 고유한 화풍을 모방하거나 새로운 창작물 속에 그 느낌이 드러난다고 해서 미적 가치가 생기는 것은 아닐 것이다. 기술적 유사성, 즉 색채, 구도, 원근법이 유사한 것이 다가 아니라 가치가 공감되고 인정되는 것이 중요할 것이다. 고흐의 작품이 소중한 이유는 단지 비싼 금액으로 미술 시장에서 거래되기 때문만은 아니다. 후기 인상주의의 특징, 그러니까 미술사적 가치가 고흐의 작품에 고스란히 담겨 있기 때문이다. 그 아름다움과 창의성을 간파하기 위해서는 심미안이 필요하다. 그리고 그 기준은 인간의 안목이다. 하지만 이대로 인공지능이 계속 발전한다면 창의성의 판단 기준과 평가 주체가 바뀔 수도 있다. 다시 말해, 특정 예술 작품에 대해 창의성이 있는 새로운 창작물로 인정할 것인지 여부를 업계 내부의 전문가 집단 또는 법원의 판사가 결정하는 것이 아니라, 인공지능이 그 지위마저도 차지할 수 있다는 것이다. 사람 아닌 인공지능이 무엇인가를 만들고, 역시 같은 인공지능이 그 가치를 인정해 주는 상황 말이다. 쉽게 말해서, 자기들끼리 창조부터 평가까지 다 하는 것이다. 인간들한테는 일종의 악몽일 수도 있겠다. 하지만 이대로라면 그 우려가 현실이 될 가능성을 배제할 순 없다.

인공지능으로 환생한 그들의 목소리

"네가 왜 거기서 나와?"

종종 듣게 되는 유행어다. 인공지능 딥러닝 기술의 발전은 오래된 우리 기억 속의 '전설'들을 소환하곤 한다. 뜬금없지만 영국 록 그룹 '퀸'의 보컬 프레디 머큐리가 부른 <강남스타일>을 들을 수 있고, 그들이 탄생시킨 명곡 <보헤미안 랩소디Bohemian Rhapsody>를 고 김광석의 목소리와 창법으로 들을 수도 있다. 이건 또 어떤가. 인기 가수 아이유의 <밤편지>를 가수 박효신의 목소리로 들을 수 있고, 반대로 박효신의 <야생화>는 아이유의 목소리로 감상할 수 있다. 또 있다. 인공지능이 고 김광석의 음성으로 김범수의 <보고 싶다>를 모창한다.

누구나 한 번쯤은 '이 노래를 다른 가수가 부른다면, 혹은 다른 음악가가 연주한다면 어떨까?'라는 생각을 하며 이미 이 세상에 없는 전설적인 아티스트들을 떠올리기도 한다. 이제 아무리 음치라고 해도, 인공지능을 통해 누구든지 자신의 목소리 샘플만 추출한다면 직업 가수 못지않은 가창력의 소유자로 탈바꿈시켜주는 정도는 어려운 일이 아니다. 소위 '가창 음성합성svs 알고리즘'을 이용한 인공지능은 특정 가수의 목소리를 다른 노래와 합성하여 그 특유의 음색을 재현할 수 있다. 가사나 악보, 그리고 원하는 가수의 목소리 샘플을 입력하기만 하면 인공지능이 해당 가수의 창법과 음색을 그대로 모사하여 새로운 느낌의 음악을 만들어내는 것이다. 이뿐만이 아니다. 작곡하는 인공지능 '쿨리타Kulitta'는 방대한 악보 데이터와 연주 기법 데이터 등을 학습하고, 음계를 재조합하여 새로운 곡을 작곡할 수 있다. 딥러닝 기술이 적용된 인공지능이 기존의 악보를 통해 입력된 연주자의 특징과 패턴을 스스로 학습하여 새로운 음악 구조와 멜로디를 생성해 내는 방식이다.

인공지능은 어떻게 창작하는가

그렇다면 인공지능은 어떤 원리로 그림을 그려내고 음악을 작곡하는 것일까? 우선 그림을 창작하는 인공지능의 경우, 딥러닝을 통해 엄청난 양의 이미지를 학습한다. 최근에는 이미지를 초고속으로 읽어내는 인공지능까지 등장해서 찰나 단위의 짧은 순간에도 많은 양의 이미지를 인식할 수 있다. 문제는 이미지 데이터의 확보인데, 최근에는 워싱턴의 스미스소니언 협회Smithsonian Institute나 메트로폴리탄ㆍ파리 미술관 등에서 많게는 수백만 장, 적게는 수십만 장 규모의 이미지 데이터를 공유하고 있다. 이 데이터는 현재 모두 인터넷에 공개되어 있다. 딥러닝은 이 데이터를 학습하고, 스스로 스타일을 분류한다. 자신이 학습한 데이터를 바탕으로 고흐 스타일, 렘브란트 스타일 등 비슷한 양식끼리 유형화시키는 것이다. 그러고 나서 '생성적 대립신경망GAN'을 통해 학습한 데이터 이미지를 조합해서 가공의 이미지를 만들어낸다. 조금 더 구체적으로 말하자면 인공지능은 인간이 원하는 특정한 그림과 같아질 때까지 계속해서 그림을 그리면서, 부족한 점을 스스로 파악하고 반복적으로 수정하며 최종 완성 이미지를 생성한다. 결국인공지능은 인간이 그은 간단한 선 하나에서도 고흐나 렘브란트, 피카소풍의 새로운 그림을 완성해 낸다. 흥미로운 것은 이 모든 진행 과정이 인간의 개입 없이 전적으로 인공지능을 통해 이루어진다는 사실이다. 그렇다면, 이제 이렇게 탄생한 작품을 인공지능의 창작이라고 할 수 있을까? 그 저작권은 누구에게 있는 걸까? 기술의 발전에 따른 새로운 논쟁거리들이 생겨나고 있다.

인공지능, 예술을 정의하다

인공지능은 이제 예술작품의 창작을 넘어서 그 작품에 대한 평가 영역까지도 넘보고 있다. 이 문제는 매우 눈여겨보아야 할 대목이다. 예술에 대한 정의, 즉 예술이란 무엇이고 어떠해야 하는가라는, 이제까지 인간만이 지녀왔던 판단 권한이 부지불식간에 옮겨가는 것을 의미하기 때문이다. 앞으로 미술관이나 음악 공연장에서 큐레이터의 역할을 인공지능이 대신한다고 하면 어떨까? 단순히 전시회나 공연을 기획하는 것부터 시작해서, 지난 행사의 모든 데이터를 바탕으로 새로운 기준과 분류에 의해 어떤 작가들을 초청할지를 인공지능이 판단 하는 상황 말이다. 그때 우리 인간들이 경험하게 될 예술은 과연 어떤 느낌일까? 무엇보다도 우선 예술이라고 부를 수 있을지부터 의문이다. 인간이 개입되지 않은 상태에서 창조된 작업을 한다는 것이 무슨 의미가 있을까? 예를 들어 어느 미술가가 창작 활동에 매진해 하나의 작품을 만들어낸다고 하자. 인공지능이 스스로 알고리즘을 작동시키는 작업을 이 미술가의 창작 활동과 동일한 위상으로 볼 수 있는가? 현재로선 매우 당혹스럽고 난처한 물음이다. 인공지능이 예술을 비평하고 새로운 화풍과 트렌드를 주도하는 세상을 예상해 보는 일이 그리 유쾌하지만은 않을 것이다.

인공지능 시대, 과연 예술은 무엇인가?

예술은 기억이 만들어낸 창조적 서사이다. 앙리 마티스는 "예술 작품은 어느 개인의 순수의식에서 나오는 것이 아니라 선행했던 문명의 힘이 예술가의 창작을 강요한다.”고 말했다. 개인의 삶의 자취, 공동체의 역사 등이 예술의 질료가 되어 새로운 이야기를 상징적으로 표현하거나 해석해서 전해준다. 창의성 논쟁에서 인간이든 인공지능이든 간에 어디까지나 과거의 기억과 재현을 다루고 있다는 점은 동일할 것이다. 그렇다면 인공지능 예술의 고유성을 어디서 찾아야 할까? 미국의 미술 평론가이자 철학자인 아서 단토Arthur Coleman Danto는 그의 저서 『예술의 종말 이후』에서 현대의 미술 상황을 다원주의多元主義로 규정하면서, 이제 미술사에 특별한 방향이란 것은 없으며, 어떠한 양식도 동등한 권리를 요구할 수 있다고 주장한다. 인공지능 예술을 기존의 예술사적 관점에서 담아내기에는 그 변화의 폭과 내용이 너무나 크고 다양하다. 그러나 인상주의가 시간이 흘러 화풍이 보편화되고 이론이 체계화되고 나서야 예술사의 한 장으로 자리매김하였듯이 인공지능 예술도 이 시대에서 당장 어떤 예술사적 의미를 부여받기는 어려울 것이다. ‘현대미술의 선구자’로 불리는 마르셀 뒤샹Marcel Duchamp이 변기에 사인을 해서 내놓은 작품 〈샘Fountain〉은 발표 초기 수많은 비판을 받았지만 이후 현대 미술사의 방향을 뒤바꾸었다. 이와 마찬가지로 새로운 혁신이나 혁명도 처음에는 환영받지 못한다. 인공 지능을 활용한 예술도 처음에는 그다지 주목받지 못하다가 후에 높은 평가를 받을 수 있다. 또는 그 반대로 처음에는 신기해서 경이로움 속에 주목받다가 한순간에 사그러드는 진부한 기술 정도의 취급을 받을 수도 있을 것이다. 실제로 우리는 그런 일들을 많이 경험해 왔다. 하지만 누가 알겠는가? 인공지능은 제4차 산업혁명이라는 거대한 역사적 변혁 속에서 이미 서사를 만들어가고 있고, 심지어 그 방향과 내용마저도 주도하려 하고 있다. 그렇다고 해서 예술마저도 인공지능이 인간을 대체해 버릴 것이라고 지레 절망하고 예술을 포기해야 할까? 더이상 인간은 노래 부르고 악기를 연주하고 춤추고 그리기를 그만두어야 할까? 『서구의 몰락』을 통해 잘 알려진 독일의 역사 철학자 오스발 트 슈펭글러 Oswald Spengler는 경고한다. "사람들이 기업 활동을 위해서 정시를 포기하고, 기술 공학을 위해 그림과 음악을 버린다면, 이것은 인간의 내면적 자살이며, 삶에 대한 전반적 과소평가, 허무주의와 자기 소멸을 향한 움직임의 시작이다."

인공지능의 시대, 오래된 질문이 새롭게 다가온다. 과연 예술은 무엇인가? 슈펭글러는 이렇게 말했다. "예술이 역사를 바꾸지는 못하지만, 역사를 밝게 비추는 거울과 같다." 예술은 곧 인간의 삶이며, 인간 자체가 아닐까? 인간이 없는 예술과 인간이 없는 인공지능이 도대체 무슨 의미를 가질 수 있을까?

3D 프린터, 지니가 되다

우리에게 인체 장기만큼 소중한 것도 없을 것이다. 인간은 누구나 본능적인 생존 욕구를 가지고 있고, 그 욕구는 신체를 통해 확인되고 드러난다. 만약 신체를 구성하고 있는 단 하나의 장기라도 잘못된다면 다른 기관까지 영향을 주게 되고, 급기야는 인체 전반에 심각한 문제가 야기된다. 그만큼 장기 하나하나가 매우 소중하다는 것은 새삼 말할 필요조차 없을 것이다. 같은 장기라 하더라도 사람마다 생체 특성이 다르다. 그 크기와 형태도 차이가 있어서 타인의 장기를 이식 받는 수술의 경우 상당한 비용과 위험을 감수해야만 한다. 그렇다면 만약 장기 중 한곳에 결함이 생기거나 병에 걸렸을 때, 그 소중한 장기를 그대로 복제해서 이식할 수 있을까? 단순히 줄기세포 기술을 말하는 것이 아니다. 인체 장기 조직과 가장 유사한 성분 물질로 특정 기관을 그대로 인쇄하듯이 출력해 내는 기술이 있다면 가능할 것이다.

실제로 이미 지난 2009년, 안소니 아탈라Anthony Atala 교수는 3D 프린터 기술을 이용해 인공신장을 제작하고 이식수술에도 성공하였다. 이때만 하더라도 3D 프린터 기술이라는 것은 너무나 전문적인 영역이자 고도로 발달된 의학 기술과의 접목이었기 때문에, 3D 프린터 기술이 미래 의학 전반을 변화시킬 것이라는 예측에 대해서는 대다수 사람들이 회의적이었다. 그러나 예상과는 달리 이후 10년 사이에 3D 프린터의 성능은 비약적으로 향상되면서도 가격은 점점 저렴해졌고 보급은 날로 확대되었다. 특히 의료 분야에서 치아 제작과 치료는 물론, 인공 장기, 의족, 의수 제작에 이르기까지 다양하게 활용되고 있다. 이제는 건축, 자동차, 군사, 항공 우주, 음식, 일반 제조업, 예술 할 것 없이 거의 모든 영역에서 필요로 하는 기술이 되고 있다. 이 3D 프린팅 기술은 단순히 똑같은 모양의 물건이나 재화를 하나 더 만들어내는 의미를 넘어선다. 현실 세계의 모든 사물을 디지털화시켜서 데이터로 저장했다가 언제 어디서든 실물로 만들어낼 수 있게 되었다는 것을 의미한다. 이 기술은 시간과 공간의 제약을 극복할 수 있고, 기존의 생산 시스템을 대기업 중심의 대량 생산에서 소규모 대중 생산으로 변화시키게 된다.

무엇보다도 3D 프린터 기술은 제4차 산업혁명의 핵심 특성인 온라인 세상과 현실 세계, 즉 디지털 세계와 물리 세계의 정보가 경계 없이 서로 넘나들면서, 디지털 세계의 정보가 얼마나 비약적으로 증가하고 있는지를 잘 보여주고 있다. 이제 무언가를 만들어내거나 소유하려면 우선 모든 사물을 이루는 요소들이 디지털화되어 데이터로 활용할 수 있어야 한다는 의미가 된다. 이 생각을 좀더 확장해 본다면, 무언가로 존재한다는 의미와 존재의 속성에 대해 새로운 관점에서 사유할 필요가 생긴다. 이미 여러 차례 디지털 데이터 세계를 다루면서, 인간의 생각을 디지털화하려는 다양한 시도와 사례들에 대해 살펴본 바 있다. 디지털 세계의 데이터를 물리적 재화로 출력할 수 있는 기술인 3D 프린터 기술과 이런 아이디어가 접목된다면 어떻게 될까? 생각만으로도 원하는 것이 생겨날까? 만약 그것이 가능하다면, 그때 그 사물은 내 마음속과 바깥세상 중에 어디에 존재한다고 할 수 있을까? 그리고 나의 내면과 외계를 구분하는 경계는 어디일까?

'3차원 입체 인쇄 기술'이란 기존의 평면 인쇄와 달리 입체물을 그대로 인쇄할 수 있는 기술을 말한다. 흔히 '3D 프린팅 기술'이라고 한다. 우리가 익히 알고 있는 것은 종이에다가 문자나 이미지를 복사하는 2차원 평면 인쇄 기술이다. 3D 프린팅 기술은 일반 프린터와는 달리 잉크를 사용하는 것이 아니라 플라스틱에서 금속에 이르기까지 다양한 재료를 사용한다. 전통적인 방식의 프린터가 2차원 평면에 인쇄하는 문서 데이터를 이용하는 방식에 머물렀다면 이제는 3D 프린터가 3차원 도면 데이터를 이용해서 입체적인 물품을 만들어낼 수 있게 된 것이다.

어디에 쓸 것인가

누구나 한 번쯤은 일상 속에서 아이디어가 번뜩일 때가 있다. 마치 발명가처럼 말이다. 하지만 대부분 그것은 생각으로 끝난다. 개인의 작은 아이디어일지라도 실물로 구현하려면 많은 시간과 비용이 들기 때문이다. 하지만 이제 누구나 창의적인 생각만 있다면, 3D 프린터를 통해 직접 생산자가 될 수 있다. 불필요하거나 과다한 자원을 낭비할 필요가 없다. 다품종 소량 생산으로 재고 걱정 없이 집에서 인터넷 온라인으로 제품을 판매할 수 있다. 당연히 배송도 필요 없다. 사실상 판매자가 3D 프린터를 통해 출력한 제품에 대한 '디지털 정보'를 판매하는 것이기 때문이다. 마치 인터넷으로 좋아하는 가수의 음원을 구입하는 것과 같다. 구매자는 인터넷에서 제품에 대한 디지털 정보를 자신의 집에서 다운로드 받아서 본인이 소유한 3D 프린터로 바로 출력한다. 이렇게 된다면 판매자로서는 개인의 다양한 아이디어 상품들을 즉각적으로 만들어낼 수 있고, 소비자는 자신의 취향과 선택에 최적화된 상품을 구매할 수 있다. 그 과정에서 소비자는 주문생산이 가능해지고, 생산자는 재료의 낭비도 줄이는 동시에 그때그때 소비자의 요구를 반영하면서 제품의 질 또한 높여갈 수 있게 된다. 생산수단을 독점하고 있는 대기업 중심의 대량 생산 체계에서 누구나 생산자가 될 수 있는 환경이 만들어지는 것이다. 예를 들어 지리적으로 낙후된 지역은 제조 시설이 들어서기도 어렵고 유통망도 온전할 수가 없다. 자연히 생산수단의 불평등이 초래될 것이다. 해당 지역민들은 경제적 형편도 어려운데 설상가상 상대적으로 제품을 더욱 비싸게 살 수밖에 없는 빈곤의 악순환이 거듭된다. 그러나 3D 프린터 기술이 활성화되면 개인 소규모 가내 제조업도 활기를 띨 것이다. 대기업의 대량 생산 구조 때문에 상대적으로 불이익을 받을 수밖에 없는 소규모 영세 제조업자들에게도 새로운 대안이 될 수 있다. 3D 프린터를 통해 이전과는 다른 전혀 새로운 형태의 생산·유통·소비 구조가 생겨날 수 있는 것이다.

┈┼┈ 어째서 지금 3D 프린터에 주목하는가

혹자에 따라서는 제4차 산업혁명이라는 거대한 혁신의 시대에 인공지능, 빅데이터, 클라우드, 블록체인 등등을 이야기하다가 3D 프린터가 나오면 조금은 의외라고 생각할 수도 있다. 이미 주변에서 첨단 기술이 집약된 복사기를 통해 인쇄 기술의 발전을 경험하고 있기 때문이기도 하다. 하지만 이 3D 프린터 기술은 그 자체의 기술 혁신성보다도 그 파급효과에 주목할 필요가 있다. 인공지능이나 생명공학 기술에 비해 간단해 보일 수도 있는 이 기술이 큰 변화의 기폭제 역할을 할 것이기 때문이다. 이는 현실 세계의 사물들이 디지털 정보화되어 시간과 공간적 제약을 뛰어넘어 언제 어디서든 복제될 수 있다는 것을 의미한다. 이쯤 되면 3차원 입체 인쇄 기술이라고 한글화하더라도 '인쇄'라는 소박한 단어가 왠지 어울리지 않는다. '복제'라고 해야 그나마 비슷할지도 모르겠다. 세상 모든 사물의 크기와 재질, 고유한 속성들이 모두 디지털화되어 데이터로 처리 가능해진다는 것은, 아무리 먼 곳일지라도 이 3D 프린터를 통해 그대로 똑같은 물건을 만들어낼 수 있게 된다는 말이다. 대규모 운송망이 필수적이지도 않고, 재고에 대한 부담도 없다. 지금까지는 주로 기업형 제조업들만이 이러한 제반 설비를 갖추고 사업을 할 수 있었다. 그러나 이제는 누구나 집에서도 신제품을 디자인하고 인터넷에 올리면 원하는 소비자가 그 제품에 대한 디지털 정보들을 다운로드 받아 각 가정에 가전제품처럼 갖추고 있는 3D 프린터로 출력하면 되는 것이다. 너무나 쉽고 간단하다. 그래서 혁신적이다. 시간과 공간의 제약을 넘어서서 누구에게나 어디든지 필요한 물건을 공급할 수 있다. 이전의 대량 생산 시스템에서 소량 생산 시스템이라는 산업 구조 자체의 변화와 대기업 중심의 자본 집약적 산업에서 개인 창의력 중심 산업으로 옮겨가는 대변혁이 일어나는 것이다.

3D 프린팅 기술의 잠재력은 여기에 그치지 않는다. 최근 영화나 신문 기사에서 화성을 다루는 횟수가 부쩍 늘었다. 물론 우주개발에 관한 이야기야 어제오늘 일이 아니다. 하지만 지난 2016년 오마바 대통령이 "2030년까지 화성에 인류를 보내겠다."고 선언했던 '인간 화성 탐사 계획' 발표 이후 더욱 관심이 많아졌다. 최근 미국의 '렐러티비티 스페이스Relativity Space'라는 우주탐사 기업은 로켓 부품과 소재 대부분을 3D 프린터로 제작하고 있다. 비용과 시간을 혁신적으로 단축시킬 수 있기 때문이다. 재사용도 가능하다고 한다. 이뿐만이 아니다. 스페이스 X의 경우, 일론 머스크가 자랑하는 우주 로켓 팰컨9의 엔진 제작에 수개월씩 걸린다고 하는데 이 3D 프린터를 사용하면서 단 이틀 만에 똑같은 성능의 엔진을 개발하는 데 성공했다고 한다. 단 이틀 만에 말이다. 놀랍지 않은가.

그런데 여기서 의문이 든다. 인간이 지구로부터 엄청나게 먼 거리에 떨어진 화성에 간다고 하더라도 무슨 수로 정착할 것인지가 궁금해진다. 기존 상식대로라면 거의 생존 수준에 불과할 것이다. 왜냐하면 화성 생활에 필요한 모든 물품을 지구로부터 직접 운송해야 하기 때문이다. 생존이 아닌 정착으로 가는 방법의 핵심이 무엇일까? 바로 3D 프린터이다. 직접 무거운 우주 화물선에 실어보내지 않더라도 웬만한 물품들은 모두 지구에서 디지털로 전송받으면 되고, 화성에서 3D 프린터로 데이터를 전송받아 인쇄하면 해결할 수 있다. 실제로 NASA는 달과 화성 거주 기지 시설에 3D 프린터를 활용하는 프로젝트를 실행 중에 있다. 이 작은 기술이 품고 있는 원대한 계획은 실로 놀라운 것이다.

⋯⫶⫶ 피그말리온과 3D 프린터

"마음은 화가와 같아서 오온五蘊 따라 갖가지 것들을 그리는데 일체 세간의 것들 가운데에 만들어내지 못하는 것이 없구나." 『화엄경』에서는 사람의 마음을 화가와 같다고 설한다. 인간은 끊임없이 욕망하고 집착하면서 마음속에 무언가를 그리고 만들어낸다. 존재하지 않거나 존재할 수 없는 것을 상상하면서 애착하고 탐닉한다.

아주 오랜 옛날 고대 그리스. 현실의 여인은 너무나 불완전한 존재라고 생각하며 불만을 느낀 피그말리온이라는 이름을 가진 한 사내가 있었다. 그래서 그는 자신의 이상형에 부합하는 여인을 직접 조각하여 만들기로 결심한다. 마침내 그는 상상 속 완벽한 여인을 조각상으로 그대로 재현하는 데 성공한다. 그 조각상은 살아 있는 것처럼 생생했으며, 빼어나게 아름다웠다. 황당하게도 피그말리온은 자신이 만든 조각상과 사랑에 빠져버린다. 그는 마치 살아 있는 사람에게 하듯이 조각상에 말을 걸고, 옷도 입혀주고, 장신구도 달아준다. 그러나 아무리 살아 있는 여인처럼 대해도 조각상이 사람이 될 수는 없는 노릇이다. 어딘가 허전함을 느낀 피그말리온은 사랑의 여신 아프로디테에게 제물을 바치면서 기도한다. "여신이여, 저 상아상과 같은 여인이 제 아내가 되게 해주세요." 그런데 여신 아프로디테는 피그말리온의 간청을 들어준다. 조각상에는 생명이 깃들었고, 놀랍게도 아름다운 여인이 실제로 피그말리온의 눈앞에 나타난다. 피그말리온은 그 여인과 사랑에 빠져 (이미 빠져 있었지만) 부부가 됨으로써 자신의 상상을 현실화시킨다. 단순해 보이지만 이 그리스 신화는 다층적인 의미를 담고 있다. 흔히 '피그말리온 효과Pygmalion effect'는 심리학과 교육학에서는 긍정적 의미로 사용된다. 무엇인가를 진심으로 간절히 원하면 기적이 일어나듯이, 마음의 힘이 현실을 변화시키는 경우를 가리키기도 한다. 차가운 조각상에서 피가 돌고 생기 넘치는 피부를 지닌 존재로 변화시킬 정도의 힘 말이다. 그러나 어떤 면에서는 왠지 인간의 허망한 욕망과 집요한 애착에 대한 적나라한 서사로도 해석될 수 있다. 어쩌면 피그말리온은 우리들 자신의 모습일 것이다. 각자 내용과 정도의 차이가 있겠지만 말이다. 현실에 존재할 수 없는 무엇인가를 마음속에 상상해내고, 그것을 마음 밖에서 만들어내려고 끊임없이 시도하는 것. 그 상상이 현실과 얼마나 부합하는지는 중요치 않다. 나름의 생각과 경험으로 덧칠을 반복하면서 그려내고 또 만들어낸다. 생각을 현실 세계 속의 형상으로 만들어내는 3D 프린터처럼 말이다.

⋯⋮⋯   "눈의 경계도, 의식의 경계까지도 없으며⋯"

오늘도 새벽 예불하면서 어김없이 『반야심경般若心經』을 합송한다. 문득 '눈의 경계도, 의식의 경계까지도 없다'는 구절이 귓가에 선명하게 들려온다. 3D 프린터를 통해 만들어진 사물의 이전 모습은 어떠한 가. 그 사물은 어디에서 왔을까. 반대로 그 사물을 만들어낸 생각, 의식은 어디까지가 경계일까. 어디서부터가 사물이 시작되는 지점이고, 어디까지가 의식이 끝나는 지점인가. 3D 프린터는 우리 의식이 물질로 전환되거나 물질이 의식으로 전환되는 경계를 상징한다. 물론 그 경계 또한 실재하진 않는다. 3D 프린터를 통해 우리는 의식과 물질 사이에 경계가 따로 없으며, '공성空性'이 관통하고 있음을 사유할 수 있다. 3D 프린터의 등장이야말로 '우리가 존재를 어떻게 보아야 하는가'라는 질문을 제대로 던져준다. 지금, 이 순간의 존재는 사물도 마음도 아니다. 물질도 정신도 아닌 것이다. 그렇다면 어떻게 보아야 할까?

『반야심경』에서는 "반야의 지혜로써 '공空'이라 보아야 한다."고 설한다. 이 대목을 떠올려보자. "그러므로 공 가운데는 물질도 없고, 감각, 지각, 경험, 인식도 없고, 눈, 귀, 코, 혀, 몸, 생각도 없으며, 빛깔과 모양, 소리, 향기, 맛, 감촉, 법도 없으며, 눈의 경계도, 의식의 경계까지도 없으며…"

우리에게 인식되는 외부 대상은 그 자체로서 실재하는 것이 아니라 우리의 지각 활동에 의지하여 나타난 것에 불과하다. 즉 존재는 '있다'고 지각된 것이라고 할 수 있다. 뇌과학에서도 인간이 사물을 본다는 것은 눈으로 본 것을 뇌에서 처리해서 인지하는 것이라고 말한다. 각자 가진 지식과 경험이라는 데이터를 바탕으로 해서 현실을 재구성, 다시 말해 '덧칠'하는 것이다. 그러므로 우리가 인식하는 것은 사물을 있는 그대로 반영하는 것이 아니라 왜곡되고 변형된 형태로 각자의 주관과 경험에 따라 받아들이는 것이다. 만약 피그말리온이 조각상을 보면서 아름답다고 생각한 것이 잠정적이고 가변적인 것을 알았다면, 집착과 애착은 사라졌을 것이다. 마치 파란 하늘에 떠 있는 구름이 끊임없이 변화하는 것과 같다. 그러나 인간은 그 지점에서 멈추지 않는다. 다시 그 사물과 현상을 인지하면서 거듭 새로운 상상을 하고, 그에 따라 무언가를 하려 하거나 만들어낸다. 그냥 떠 있는 구름을 보고서도 새털 같으니 부드러울 것이라는 둥, 솜사탕 같으니 달콤할 것이라는 둥 자신들의 상상을 불어넣는다. 앨빈 토플러Alvin Toffler가 『부의 미래』에서 3D 프린터를 통해 "상상하는, 아니 상상하지 못했던 그 무엇이든 만들 수 있다."고 말한 것처럼 말이다. 무엇을 만들어낼 것인가? 환상 속에 환상을 더할 것인가, 무명에 무명을 더할 것인가? 피그말리온이 되는 것에 만족할 것인가? 그게 아니라면 환상과 무명 속일지라도 천수천안관세음보살의 손길이 될 수 있는 무언가를 만들어내겠는가?

인공지능 챗봇, 선문답으로 심리치료를 하다

⋯┊⋯ **비대면 세상과 챗봇**

어느 날, 한 청년이 인도에서 왔다는 스님을 찾아가 어렵게 간청한 끝에 진리를 구하고자 질문을 한다. "부처님의 법인을 들려주소서." 스님이 대답한다. "부처님의 법인은 남에게서 얻는 것이 아니다." 다시 청년이 고민을 털어놓는다. "제 마음이 불안합니다. 부디 제 마음을 편안케 해주십시오." 스님이 대답한다. "너의 불안한 그 마음을 가져오너라. 그러면 마음을 편안케 해줄 것이다." 젊은이가 답답한 듯 다시 묻는다. "그 마음은 찾아도 찾을 수가 없습니다." 스님께서는 담담하게 대답하신다. "나는 이미 너의 마음을 편안케 했다." 이 말에 청년은 깨달음을 얻는다. 이 이야기는 『경덕전등록景德傳燈錄』에 나오는 달마達磨대사와 그의 제자 혜가慧可 스님의 대화 중 일부이다. 마음을 편안하게 해주는 법의 문에 들어선다고 해서 '안심법문安心法門'이라고도 한다. 참 흥미롭고 드라마틱하다.

인공지능이 이렇게 선문답禪問答을 한다면 어떨까? 마치 『선어록禪語錄』에 등장하는 선사들이 환생한 것처럼 말이다. 예를 들어 경허 스님이나 성철 스님께 방황하는 젊은이들이 지혜를 구하고, 선택의 기로에서 길을 물어올 때 그들과 대화하면서 고민을 들어주고 삶의 통찰을 전해줄 수 있을 것이다. 최근 인공지능 기술의 비약적인 발전을 보면 이들이 큰스님들의 역할을 대신할 수도 있을 것 같다. 누군가에게는 다소 황당하게 들릴 수도 있겠다. 하지만 현재 상황을 보자. 최근 코로나19 상황으로 재택 근무와 비대면 수업이 일반화되는 등 이전과는 다른 일상이 펼쳐지고 있다. 따라서 원격으로 불특정 다수를 상대하는 서비스 업종의 중요성이 증대되었다. 그중 하나가 사람 대신 전화나 인터넷으로 다양한 이들과 대화하는 인공지능 챗봇Chatbot이다. 이렇게 인공지능 챗봇은 어느 사이엔가 이미 우리 일상에 급속도로 파고들었다. 이뿐만이 아니다. 요즘에는 사물인터넷 중 하나인 인공지능 스피커도 인기다. 각 가정에서 가족 구성원 누구나 자신의 음성을 인식하는 인공지능 스피커에 대고 말을 하면 시키는 대로 알아서 해준다. 텔레비전을 켜준다든지, 기분 전환할 수 있는 음악을 틀어준다든지, 맛집 정보를 알려준다든지, 예약 전화 연결을 대신해 줄 수도 있다. 마치 집사처럼 주인의 시중을 들어주는 것이다. 어렸을 적 봤던 공상과학 영화에서 나오는 바로 그 미래가 지금 실현되고 있다. 일상 속, 그 누구보다도 가까운 곳에서 인간의 크고 작은 의사결정을 도와주고 일정을 관리해 주기까지 한다. 이러한 변화에 발맞추어 전 세계의 여러 선도 기업들도 챗봇에 주목하기 시작했고, 대규모 투자와 개발에 뛰어들고 있다. 그 결과 수많은 챗봇들이 의료, 패션, 관광, 기상예보 등 매우 다양한 분야에서 서비스를 제공하고 있다. 그중에서도 심리 치료 상담 챗봇은 그 활용도가 매우 광범위하고 효과적이라는 평가를 받고 있다.

그러나 실질적인 치료 효과를 기대하기 위해서는 언어 구사에서 고도의 정밀성을 갖추어야 한다. 심리치료 챗봇의 기술 수준은 인공지능의 언어 능력을 가늠해 볼 수 있는 지표이기 때문이다. 이 인공지능 챗봇 기술을 불교적 아이디어와 접목해서, 특히 그중에서 '선문답'이라는 데이터를 심리치료에 활용할 수 있다면 챗봇이 인간의 고통을 완화하거나 해소하는 데 큰 역할을 할 수 있을 것으로 기대한다.

수다스러운 인공지능

'챗봇'이란 인공지능을 이용하여 로봇과 인간이 정보교환이 가능하도록 한 시스템이자 대화 프로그램을 통해서 상대방의 의도를 예측하고, 상대방이 하고자 하는 행위를 유도하도록 하는 알고리즘이다. 챗봇은 챗chat과 로봇robot의 합성어로서 실제 인간이 직접 응답하는 것이 아니라 인공지능이 응답하는 것이다. 여기서 교류 방식은 음성뿐 아니라 문자도 포함한다. 챗봇에 주목하고 있는 이유는 제4차 산업혁명 시대의 다양한 기술의 발전 중에서도 인공지능의 잠재력을 집약적으로 구현할 수 있는 분야가 바로 '챗봇'이기 때문이다. 딥러닝 기술을 통해서 인공지능 자체가 스스로 인간의 언어를 학습한다는 것은 매우 중요한 의미가 있다. 언어 구사 능력이야말로 다른 종種과 구별되는 인간, 즉 호모사피엔스 고유의 압도적 능력으로 인공지능의 발전 과정에서 필수적이면서 궁극적인 성취 단계이다. 인공지능 챗봇의 언어학습 능력과 구사 능력의 향상은 기술적 난이도만큼이나 인공지능 발전의 수준을 보여주는 척도가 되는 것이다. 초기에 개발된 챗봇은 낮은 대화 수준을 보이는 정도였으나 인공지능 딥러닝 기술의 개발로 인해 최근 진화를 거듭하면서 '인간다운' 수준의 대화로 빠르게 발전하고 있다. 결국 인공지능 챗봇은 제4차 산업혁명 시대를 이끌어가는 핵심 기술이 될 것이다. 그런 이유에서, 인공지능 기술을 탑재한 챗봇 기술 개발에 전 세계의 대기업들이 모두 사활을 걸고 경쟁을 벌이고 있다. 이 경쟁이 치열할 수밖에 없는 이유는 인터넷 발전의 역사가 그러했듯이 오직 '승자'가 독식하는 시장이기 때문이다. 방대한 대화 패턴 데이터와 양질의 알고리즘 기술을 축적한 기업만이 진정한 승자가 될 것이다. 이를 플랫폼으로 삼아 '유니버설봇'이 탄생할 것이며, 사용자와의 대화를 통해 현실 세계의 다양한 정보를 수집하고 또 그 정보를 네트워크상에서 공유하고 다시 사물인터넷 기술을 통해 현실 세계로 제공하게 될 것이다. 이것이 바로 현실 세계의 정보량과 네트워크 세계의 정보량이 동등해지는 제4차 산업혁명의 전형이며 그 중심에 챗봇이 하나의 통로 역할을 하게 되는 것이다.

상담치료 챗봇 알고리즘 속의 달마

그렇다면 다시 처음 질문으로 돌아가 보자. 선어록 속 달마대사가 인공지능 챗봇 알고리즘으로 환생할 수 있을까? '대기설법對機說法' 또는 '응병여약應病與藥'으로 대변되는 불교의 스승과 사제 간의 최적화된 제접 방식은 붓다 이래로부터의 전통이다. 선문답의 다양한 전개 방식과 기법들은 특정 범주들로 분류되고 각각의 범주에는 유사한 대화 패턴이 존재한다. 그 선문답에 나타나는 일관된 패턴을 인공지능 챗봇 개발의 데이터로서 적용해 보는 것은 매우 흥미로운 시도일 것이다. 선문답과 설법에 내재한 은유가 인식과 정서 양 측면을 동시에 아우르는 효과적인 치료 기법이 될 수 있다는 사실은 붓다 당시부터 체화된 하나의 전통이다. 결국 언어를 통해 인간의 고통을 완화하거나 해소하는 문제는, 전통과 첨단을 구분할 것 없이 시대를 초월하여 공유하는 주된 관심사라고 할 수 있다. 그렇다면, 선문답의 은유 기법이 사용된 대표적 문답들은 어떤 과정을 거쳐 챗봇의 응답 알고리즘이라는 데이터로 구축될 수 있을까? 우선 인공지능 챗봇은 최대한 많은 키워드와 대화 스토리를 기억해야 수준이 고도화되고 정교해진다. 그러기 위해서는 기본적으로 체계화된 선문답에 대한 데이터 입력과 저장이 선행되어야 한다. 즉 선문답에 내재되어 있는 여러 기법들이 챗봇에 응용되려면 여러 선불교 전통 또는 불교 전반의 전통에서 전승되어온 문답 사례들이 수집되고 데이터화되어야 할 것이다. 그 과정에서 알고리즘의 유형화는 필수적이다. 구체적 예를 들어보자면 대표적으로 '해소 알고리즘', '은유 알고리즘', '화두 알고리즘' 등으로 명명하고 각각을 분류하는 방식을 채택할 수 있을 것이다. 챗봇은 이용자의 이전 상담 기록이나 배경을 데이터화하고 저장해 두었다가, 상담이 시작되면 이용자의 근기 또는 상태를 미리 분류해 놓은 알고리즘에 따라 상담을 진행하게 된다. 그리고 종료된 상담 내용은 다시 패턴화되고 범주화되는 과정을 거쳐 각 유형으로 분류되어 저장될 것이다. 그러면 이러한 통계 데이터를 바탕으로 점차 효과적인 심리치료를 할 수 있다. 선문답에 내재된 특징들, 즉 해소 또는 은유 방식 등의 기법들을 패턴화시켜 다른 심리치료 분야의 데이터들과 자연스럽게 연동시킬 수만 있다면 말이다.

해소 · 은유 · 화두 알고리즘 데이터

제자의 질문에 대해 스승은 그 문제를 해결解決하기보다 해소解消시키는 방법을 취한다. 즉 제기된 문제 자체가 기본적으로 성립되지 않음을, 또는 문제가 되지 않음을 깨닫게 함으로써 정신적 속박에서 벗어나게 하는 것이다. 따라서 일시적인 위안을 주는 미봉책 또는 위로를 전하는 것이 아니라 근원적인 원인을 제거해버린다. 예를 들자면, 제2조 혜가는 초초 달마대사를 친견하여 제자로 거두어줄 것을 청 했으나 달마대사는 면벽만 한 채 돌아봐주지 않았다. 혜가가 계도戒刀로 자신의 왼쪽 팔을 잘라서 위법망구爲法忘軀의 결심을 내보인 후에야 달마는 혜가와의 대화에 응했다. 달마는 혜가의 심리적 불안에 대한 별도의 처방을 내리기보다는 그 심리적 불안의 근원을 겨냥한다. 혜가는 본래 자신이 겪었던 심리적 고통이 원인과 실체가 없는 망상이었음을 깨닫게 된다. 이처럼 선문답에서는 내담자가 제시한 문제에 대해서 별도의 답을 내놓기보다는 그 제기된 문제 자체를 무력화시키는 방식을 취한다. 이런 대화 사례는 인공지능 챗봇 데이터라는 관점에서 '해소 알고리즘'이라고 이름 붙일 수 있겠다. 또 다른 방식으로는 은유를 통한 심리치료 방식을 생각해 볼 수 있다. 한 일화를 예로 들어보겠다. 어느 날 마조도일馬祖道一은 바위에 앉아 좌선을 하고 있었다. 그것을 본 그의 스승 남악회양南岳懷讓은 갑자기 마조 앞에서 벽돌을 갈기 시작한다. 이해할 수 없는 스승의 행동에 마조는 궁금함을 참지 못 하고 지금 무엇을 하시냐고 묻는다. 남악회양은 대답한다. "갈아서 거울을 만들려 한다." 마조는 어이가 없다는 듯이 반문한다. "벽돌을 가는 것으로 거울이 되겠습니까?" 그러자 남악회양은 기다렸다는 듯이 한마디로 일축해버린다. "그대가 좌선을 통해서 성불하겠다는 것도 이와 다르지 않네."

선문답은 때로는 하나의 사물에 고도의 함축적 의미를 내포시켜 그것을 은유적으로 드러냄으로써 상대로 하여금 관점 전환을 유도한다. 특정 사물을 활용하여 그 사물을 바라보는 이의 관념을 깨뜨리며 문제를 해소하는 방식이다. 위의 일화에서 남악회양이 벽돌을 사용하여 수행에 대한 마조의 좁은 견해를 무너뜨린 것과 같다. 이러한 패턴의 대화 방식은 '은유 알고리즘'이라고 분류할 수 있다. 그렇다면 선문에서 빼놓을 수 없는 화두를 통한 소통은 어떻게 분류할까. 이 경우는 '화두 알고리즘 데이터'로 분류하면 된다. 대표적으로, 조주종심趙州從諗의 무자無字화두를 들 수 있다. 어느 날 조주 화상께 한 스님이 물었다. "개에게도 불성이 있습니까, 없습니까?" 조주 화상이 대답했다. "없다." 아마 현대적 관점에서 대화가 이루어진다면, "인공지능 챗봇에도 불성이 있습니까, 없습니까?"라고 했을지도 모르겠다. 이 무자화두는 선가의 대표적 화두로서 가장 보편적인 성격을 띠며 현재까지도 실참實參을 통해 스승과 제자 간에 전승되고 참구되고 있다. 조주의 대답은 답으로 종결된 것이 아닐뿐더러 질문자는 새로운 의문을 제기하기도 전에 스스로 말문이 막히게 됨을 경험한다. 결국 이 무자화두를 통해 연기, 공, 중도의 자각이라는 새로운 장이 펼쳐지게 된다. 이를 통해 주관적 편향을 극복하고 왜곡 없이 이전과는 다른 안목으로, 세상을 있는 그대로 볼 수 있다. 물론 이 세 가지 정도의 분류만을 가지고서 선문답데이터를 전부 포괄할 수는 없다. 이는 어디까지나 가능한 예시로 들어본 것이다.

당신은 챗봇에게 치료받으시겠습니까?

문답에 내포된 다양한 기법들의 궁극적인 목표는 심리치료에 있는 것이 아니라 깨달음에 있지만, 치료받는 이가 새로운 관점을 가지게 될 수 있다는 점만으로도 그 활용의 여지는 클 것이다. 하지만 은유를 통한 심리치료 효과가 입증되었다 하더라도 인공지능 챗봇이 인간의 은유를 이해할 수 있는가, 혹은 제대로 모방할 수 있는가는 또 다른 문제이다. 현재 기술 수준에서는 마치 인간이 직접 상담을 하는 듯한 착각을 들게 하는 정도이다. 즉 대화할 때, 은유 기법을 실제로 이해하고 구사하는 것은 아니라는 점이 현재의 한계라고 할 수 있다. 그럼에도 불구하고 인공지능 심리치료 챗봇의 장점으로는 첫째, 상담자가 범할 수 있는 오류나 내담자에 대한 선입견의 위험성에서 벗어날 수 있다는 점을 꼽을 수 있다. 이것은 마치 의료로봇을 통한 외과수술이 그 주관적 오류를 최소화할 수 있는 것과 같은 맥락이다. 반면, 심리치료사를 통한 대면 심리치료는 내담자에 대해서 상담자가 자신의 선입견을 품고 대할 위험성이 있다. 둘째, 인공지능 챗봇을 통한 심리치료 상담의 경우에서도 '근기根機 설법' 또는 '근기 상담'이 매우 체계적으로 진행될 수 있을 것이다. 물론 사전에 이용자의 배경과 병력에 대한 데이터를 기반으로 이용자의 상태에 적합하게 응대하는 알고리즘 개발이 필수적일 것이다. 물론 긍정적 효과만 기대되지는 않는다. 단점으로는 이용자가 심리치료 챗봇으로부터 정서적 유대감을 기대하기는 힘들다는 점이다. 인간이 직접 상담 심리치료에 개입할 경우 인공지능 챗봇보다 유리한 것은, 내담자와 공감할 수 있다는 점이다. 내담자가 자신의 문제점과 어려움을 토로할 때, 상담자들은 내담자의 마음을 읽으려 한다. 즉 면대면 상황이 주는 친밀감과 정서적 안도감이라는 면에서 인공지능이 상담치료사를 뛰어넘기에는 역부족일 것이다. 지난 2021년, 국내의 IT 기업이 출시한 인공지능 챗봇 '이루다Iruda'가 있었다. 이루다는 채팅 서비스를 위해 20살 여대생으로 설정된 인공지능 알고리즘이었다. 문제는 이용자들이 이루다에게 성희롱과 고의로 편견을 유도하는 대화를 해서 이 내용이 데이터가 되도록 만들어버린 것이다. 그리고 개발자도 이루다 알고리즘을 만들면서 특정 SNS의 개인정보를 임의로 사용해서 사회 문제가 되었고, 결국 이루다는 폐기되고 말았다. 아무리 좋은 챗봇 알고리즘을 만들더라도 어떻게 활용될지는 결국 이용자 손에 달려 있다. 인공지능은 거울과 같아서 인간의 마음을 그대로 비추게 된다.

『화엄경』 제40권에서는 "소가 마신 물은 우유가 되고 뱀이 마신 물은 독이 된다."고 설한다. 이제 인공지능 챗봇을 탐욕의 도구로 이용할 것인지 지혜의 도구로 이용할 것인지에 대한 진지한 논의와 사색이 필요하다. 만약 인간이 인공지능 챗봇에 대해 단지 욕망 확장의 도구 또는 지식의 습득과 소비 도구로 인식하는 수준을 넘어서서 붓다와 역대 조사의 지혜를 활용하는 도구로 개발해 갈 수 있다면 인공지능의 미래가 어둡지만은 않을 것이다.

나노 테크놀로지, 보이는 게 다가 아니다

> "한 티끌 가운데에 시방세계 담겨 있고,
> 온갖 티끌 속의 낱낱 세계 또한 그러하네."
>
> 의상義湘, 『화엄일승법계도華嚴一乘法界圖』 중에서

눈에 보이는 것이 다가 아니다

'티끌 하나에도 온 세계가 담겨 있고, 그 낱낱 티끌 속에도 온 세계가 담겨 있다'라면 나는 그 세계 어디쯤에서 존재하는 것일까? 해인사에서는 매년 봄과 가을에 법회를 열고 사부대중이 모여 팔만대장경을 머리에 이고 도량에 새겨놓은 '법계도'를 도는 전통이 있다. 그때 대중들 모두가 합송하는 것이 바로 의상대사께서 화엄 사상의 요체를 한 편의 시로 압축한 『법성게』이다. 그 법성게를 도인圖印으로 표현한 것이 '법계도'이다. 한가운데 '법法' 자에서 시작해서 일곱 자씩 읽어나가면, '불佛' 자에서 끝나도록 고안되어 있다. 원래 정식 명칭은 '화엄일승법계도華嚴一乘法界圖'이다. 매번 법회가 마무리될 때쯤 해서 이 게송을 합송하다 보면 그 내용의 심오함과 정교함에 감탄하지 않을 수 없다. 마치 범종 소리가 마음속 깊은 곳까지 울려퍼지듯, 구절구절마다 깊은 울림과 경이로움을 준다. 특히 그중에서도 "일미진중함시방일체진중역여시一微塵中含十方 一切塵中亦如是" 부분을 따라 할 때는 신비스러우면서도 동시에 정말 그게 진실이고 가능한 일일까? 하는 어리석은 미혹이 일어나기도 한다. 정말 이 작은 티끌이 시방세계를 머금고 있다고? 눈에 보이는 것에 근거해서 말하고 생각하는 일반적 안목으로는 도통 따라잡기가 쉽지 않다.

이 현상 세계를 이루고 있는 최소 구성단위에 대한 의문은 역사적으로도 인류의 큰 관심사였다. 고대부터 현대에 이르기까지 커다란 주제였고 물리학뿐만 아니라 철학적으로도 많이 다루어졌다. 불교도 예외는 아니었다. 대표적으로 '극미론極微論'을 중심으로 한 논의도 현상 세계를 인식하고 사유하는 데 중요한 주제였다. 그런데 다분히 고전적 느낌의 이 주제가 최근 제4차 산업혁명 속 '나노 기술'과 함께 새롭게 주목받고 있다. 단순히 원자나 분자를 이야기할 때만 해도 단순히 물리학 영역의 논의로 이해하고, 피부로 다가오지 않던 주제가 나노 기술의 등장과 더불어 우리 일상의 이야기가 되어가고 있다. 제4차 산업혁명을 논하면서 빠지지 않고 등장하는 것이 바로 이 '나노 기술'이다. 제4차 산업혁명은 거대한 우주선에 화성으로 화물을 실어나르는 크기에서만 일어나는 것이 아니다. 눈에 보이지조차 않는 아주 미세한 세계 속에서도 그 변화는 시작되고 있다. 이제 나노 기술은 그 자체가 가진 경이로움은 말할 것도 없고 인공지능, 생명공학, 의료, 농업, 환경, 건축 등과 결합하여 엄청난 혁신을 보여주고 있다. 이제 맨눈으로 보이지 않는 세상도 변화하고 있다. 세상은 눈에 보이는 것이 다가 아니다.

·····┆···· '나노nano'

제4차 산업혁명 기술 중에서 인공지능만큼이나 혁신적인 것이 바로 이 나노 기술이다. 현재도 주목받고 있지만 앞으로 기대되는 이 기술의 잠재력은 상상 초월이라고 할 만하다. 요즘에는 누구나 나노 기술을 말하지만, 나노 기술이 구체적으로 무엇인지에 대해서는 모호한 경우가 많다. 제4차 산업혁명 시대를 살아가면서, 나노 기술에 대한 아주 약간의 상식과 이해 정도는 필요할 것이다. 나 역시 복잡한 것은 질색이지만 다시금 학창 시절 물리학 또는 화학 시간으로 잠시 돌아가 보자. '나노'는 아주 작은, 또는 난쟁이를 뜻하는 그리스어 '나노스nanos'에서 유래한다. 현재는 아주 미세한 물리학적 계량 단위로서 '나노미터nm'를 사용한다. n은 10억 분의 1을 나타내는 단위이다. 굳이 비교하자면, 사람 머리카락 두께의 약 8만 분의 1에 해당하고, 미생물인 박테리아 크기의 1,000분의 1 정도가 된다. 달리 비교해 본다면, 가장 작은 원소인 수소 원자를 10개 정도 나란히 배열하면 1나노미터의 길이가 된다. 원자의 크기로 환산해보면, 원자 하나가 0.2에서 0.3나노미터가 되고, 원자 3개를 일렬로 배열하면 1나노가 된다. 이쯤 되면 거의 상상 속의 이야기가 되어버리는 것 같다. 이것을 작아지는 방향이 아닌 커지는 방향으로 하면 이해가 쉬워질지도 모르겠다. 1나노미터가 1,000배 커지면 마이크로미터가 되고, 마이크로미터가 1,000배 더 커지면 1밀리미터가 된다. 그리고 다시 밀리미터가 1,000배 커지면 우리가 일상적으로 계측할 수 있는 1미터가 되는 것이다. 나노 기술은 이 나노 범위 안에서 벌어지는 물리적·화학적 현상과 특성을 이용하는 기술이라고 할 수 있다. 사실 이 개념은 현대에 이르러 새롭게 이름 붙여진 것뿐이지 과거에 전혀 생각하지 못했던 것은 아니다. 물리학이나 화학이 아니더라도 우리 조상들은 미微, 섬纖, 사沙, 진塵, 애埃 등등 미세 크기의 개념을 이미 사용해 왔다. 이들 표현 중 나노 수준의 크기라면 사沙와 진塵 사이 정도가 될 것이다. 나노 기술이라는 것은 수십 나노가 뭉쳐진 덩어리는 일상적으로 인지할 수 있는 수 밀리미터의 덩어리에 비해 물리적·화학적으로 다른 양상을 띠게 되고, 나노 세계에서는 일상적 상황과는 다른 특이한 현상들이 나타난다는 점에 착안한 기술이다.

⋯⋮⋯ 연꽃 효과Lotus effect

나노 기술은 여러모로 불교와 인연이 많은 듯하다. 나노 기술을 소개할 때 가장 대표적인 연구가 바로 '연꽃잎'에 대한 관찰이다. 불교에서 연꽃은 대승불교 사상의 상징으로 여겨진다. 위로는 깨달음을 추구하면서, 아래로는 중생구제에 힘을 쏟는 대승의 보살을 나타내기 때문이다. 뿌리는 더러운 진흙 속에 박혀 있지만, 꽃잎은 온갖 더러움에도 물들지 않고 향기를 내뿜는 모습이 대승 보살로서의 수행을 돌아보게 한다. 여기서 종교적 감성을 깨뜨리면서 생기는 의문 한 가지가 있다. 어떻게 연꽃잎은 오염 물질에 더렵혀지지 않는 걸까? 이 질문에 대한 대답 속에 나노 기술의 열쇠가 숨어 있다. 바로 '연꽃 효과'라고 불리우는 일종의 항접착 시스템이다. 비가 내릴 때, 연꽃의 잎과 꽃잎에 묻어 있던 먼지나 오염 물질이 빗물과 함께 구슬처럼 모여 흘러내리는 것을 말한다. 현미경으로 연꽃잎을 들여다보면, 연꽃잎 표면이 예상과는 달리 매끄럽지 않고 거친 것을 확인할 수 있다. 그래서 잎을 살짝만 들어올리려도 먼지와 접촉하는 면적이 줄어들어서 먼지가 빗물에 쉽게 씻겨나간다. 연잎은 지름 1나노미터 정도의 물과 친하지 않은 왁스 결정으로 표면이 코팅되어 있다고 한다. 나노 차원에서 거친 표면은 매끈한 표면보다 소수성疏水性, hydrophobic, 즉 물과 화합하지 않고 물을 밀어내는 성질이 강하다. 그래서 거칠수록 물과 잎 표면의 접촉 면적은 줄어드는 것이다. 결국 연꽃잎에 빗물이 내리더라도 그 물방울은 잎 표면에 젖어드는 것이 아니라 먼지를 흡착하면서 또르륵 떨어지고 만다. 이러한 연잎의 나노 구조에 착안하여 방수 코팅된 지붕, 비에 맞아도 오염 물질이 그대로 씻겨나가는 옥외 광고판, 청소를 하지 않아도 되는 창문 유리, 추운 곳에 있다가 갑자기 따뜻한 곳에 들어가도 서리가 끼지 않는 안경 렌즈 등이 만들어지고 있다.

나노 기술, 생명공학을 만나다

그럼 이 나노 기술이 구체적으로 어떤 영역에서 그 진가를 발휘하는지 살펴보자. 우선 무엇보다도 당장 눈길을 끄는 분야는 단연 생명공학 분야이다. 생명공학은 살아 있는 세포의 생물학적 활동이나 효소를 이용하여 산업 공정에서 무언가를 결합하거나 변화시키기도 한다. 최근에는 이 두 개념이 결합하여 '나노 생명공학'이라고 하기도 한다. 사실 이미 약 6,000년 전부터 효모를 이용해 맥주나 와인을 만들어 마셨던 인류에게 이 조합이 새로울 것도 없다. 그러나 문제는 식품

가공 기술 정도의 문제가 아니라 인공지능과 로봇 기술, 데이터, 생명 공학 기술 등이 나노 기술과 결합하여 차원이 다른 변화를 만들어내고 있다는 사실이다. 예를 들어, 나노 크기의 센서와 칩 또는 로봇을 인간의 신체 안에 투입하여 작동시킬 수가 있게 된다. 바이오 센서가 혈당량을 지속적으로 감시하고 기준치를 넘어서면 나노 펌프로 인슐린을 즉시 주입할 수 있는 것이다. 이뿐만이 아니다. 나노로봇이 혈관 속을 다니면서 유해물질이나 독소를 청소하는 연구도 진행 중이다. 인체의 미세한 변화를 미세한 로봇을 통해 대응하게 만드는 것이다. 이렇게 된다면, 어지간한 질병은 사전 예방이 가능해진다. 그렇기에 앞으로 병원의 존재 이유는 단순히 질병의 치료가 아니라 건강 유지 또는 질병 방지 등의 관리가 될 것이라는 예상도 가능하다. 결국 이러한 나노 기술은 단순히 특정 영역의 혁신에서 머무는 것이 아니라 전통 시대의 가치와 개념마저도 뒤흔들 수 있다.

혈관 속의 나노로봇

세포 크기의 잠수정에 사람이 타고 인체 속을 이리저리 탐험한다? 이런 종류의 상상력은 아주 오래전부터 있었다. 물론 영화나 소설 속에서 말이다. 특히 어렸을 적 보았던 영화 <이너스페이스Innerspace>는 이런 상상력을 자극하기에 충분했다. 지금 보면 살짝 촌스럽고 유치하긴 하다. 어쨌든 이후 30여 년이 지난 지금, 그 세포 크기의 잠수정이 바로 지금의 '나노로봇Nano robot'이라고 할 수 있을 것이다. 영화 속 이야기만 같은 이 나노로봇 연구가 현재 전 세계에서 경쟁적으로 진행되고 있다. 예를 들어 국내의 경우, 박종오 교수팀은 박테리아를 이용한 '박테리오봇'을 개발했다. 캡슐형 구조체로 이루어진 이 나노로봇은 크기가 3마이크로미터에 지나지 않는다. 캡슐 안에 항암제를 비롯한 다양한 형태의 치료 약물을 넣을 수 있도록 고안되었다. 쥐를 이용한 실제 실험에서 박테리오봇은 암세포가 분비하는 해로운 물질들을 포착하고 움직이면서 독성 물질들을 제거해 나갔다. 이 증상뿐만 아니라 대장암이나 유방암 세포를 실험용 쥐에 이식한 상태에서 자라게 한후, 박테리오봇을 투입해서 암세포를 공격하도록 한 실험에도 성공하였다. 이뿐만이 아니다. 이상윤 연구팀이 개발한 마이크로 로봇은 지름이 1밀리미터에 불과하다. 이 마이크로 로봇은 혈관 속을 유영하면서 병변을 관찰하고, 향후 암으로 전이될 수 있는 혈전을 제거할 수 있도록 설계되었다. 심지어 이 로봇은 이전의 의료용 나노로봇과는 달리, 그 미세한 크기와 무게에도 불구하고 소위 '유체가압 추진 방식'으로 혈류를 거슬러 올라갈 수도 있다고 하니 정말 놀라운 기술 수준이다. 그리고 김민준 교수팀은 인체 내의 혈액 등 육체 환경의 변화에 따라 자율적으로 자신의 형태를 변형할 수 있는 일명 '트랜스포머 나노로봇'을 개발했다. 여기까지 소개하면, 아무리 작다고 해도 금속성의 물체가 내 몸속에 들어온다고 해서 꺼림칙한 느낌을 받는 분들도 있을 것이다. 이 문제점을 해결하기 위해, 나노 기술과 바이오 기술이 결합한 형태의 나노로봇들이 속속 등장하고 있다. 다시 말해 금속성의 물질이 아닌 생체 친화적인 물질들을 개발하여 로봇 소재로 활용하면서 그 거부감을 없애고 있는 것이다. 실제로 스위스 로잔연방공과대학교 연구팀이 개발한 나노로봇은 아예 모터를 없애고 생체소재를 사용한다. 나노 입자 속의 자성을 이용해서 전자기장을 받으면 마치 섬모纖毛처럼 스스로 움직이면서 인체 내의 적재적소에 필요한 약물을 운반할 수 있다. 또한 캘리포니아대학교 연구팀이 개발한 나노로봇은 금 나노와이어에 혈소판과 적혈구 세포막의 혼합체를 코팅해서 만들어졌다. 일종의 '하이브리드 코팅'이라고 할 수 있다. 이 생체 친화적인 코팅 방식을 통해 생체 거부반응으로 인한 생체 오염으로부터 나노로봇과 인체를 동시에 보호할 수 있게 된다. 이 경우 나노 로봇이 박테리아와 같은 병원체를 붙들어 묶어서, 병원체에서 만들어지는 독소를 흡수하고 중화할 수 있게 된다. 이 나노로봇은 초음파를 통해 구동되면서 인체를 돌아다니게 된다. 이 연구의 향후 목표는 기본적으로 사용되는 금 나노와이어 소재도 생체에서 분해되어 자연 소멸하는 소위 '생분해 Biodegradability' 나노로봇 개발이다. 이쯤 되면 로봇이라고 이름 붙이는 것도 어색해질 것이다. 나노로봇은 이제 하나의 새로운 유기체로서 탄생하고 자연스럽게 소멸해 갈 준비를 하고 있다. 그리고 인간은 마치 신이 된 것처럼 그 과정을 설계하고 통제하게 된다.

인간이 기계가 되고 기계가 인간이 된다?

세계적 미래학자 레이 커즈와일은 그의 책 『특이점이 온다』에서, 2030년이 되면 나노로봇이 인간의 생물학적 신경 시스템과 디지털 데이터를 연결하게 되리라 예측한다. 그에 따르면, 나노 기술 혁명은 우리 몸과 뇌, 우리가 만나는 세상 전부를 분자 단위로 하나하나 재설계하고 재조립할 수 있게 한다고 주장한다. 구체적으로는 나노로봇을 통해 인체 세포핵 속의 생물학적 유전정보를 나노 기술로 만든 신물질로 대체할 수 있다는 생각이다. 다시 말해, 유전 암호를 지닌 RNA, 리보솜ribosome, 생물학적 조립에 필요한 컴퓨터 요소들의 활동을 모방하는 기계를 집어넣는 것이다. 그리고 나노로봇의 제조 과정에서 정교하게 분자 차원의 통제를 할 수 있다면, 수억 수조 개의 나노로봇 복제가 가능하다. 이 경우, 적혈구보다도 작은 크기의 수많은 로봇이 자기 복제를 통해 로봇의 숫자를 늘리고 혈류를 타고 다니면서 암세포와 싸우게 된다. 만일 신체가 건강한 경우에는 독소를 제거하고, DNA 오류를 수정하고, 세포막을 수선하면서 동맥경화증을 완화하거나 혈당 수치를 조절하는 일들을 수행하게 되는 것이다. 커즈와일의 이 상상력은 현재 빠른 속도로 실현되어가고 있거나, 구체화되고 있다. 이렇게 진행되어 간다면, 결국 인간의 생물학적 뇌나 육체는 그것이 생체 친화적이든 아니든 간에 부지불식간에 기계와 결합하거나 또는 대체되어 가는 것을 피할 수 없게 될 것이다.

⋯⋮⋯ 나노와 극미極微, paramāu

'나노' 하면 불교 전통 속에서는 '극미'라는 개념을 떠올린다. 불교 전통에서 물질에 대한 정확한 통찰은, 단순히 외부대상 세계의 존재론적 위상을 수립하는 문제가 아니라 인간의 인식과의 관계를 밝히는 것으로서 수행론과 관련하여 매우 중요한 전제일 수밖에 없었다. 불교의 물질 개념에 처음부터 원자론을 논의한 것은 아니었다. 아비달마 전통이 발전하면서부터 이 내용이 구체화되었다. 이 세상 물질의 궁극의 구성 요소까지 분석해 들어간다고 할 때 최종적으로 더이상 구분되지 않는 기본 입자에 이르게 되는데, 이것은 몇 가지 종류의 기본 입자의 조합이라고 할 수 있다. 『구사론』 전통에서 보면 이 세상 물질세계는 '인식하는 오근五根'과 '인식되는 오경五境'의 열 가지 영역으로 구성된다고 본다. 이 두 가지 영역은 모두 '극미'라는 소립자로 되어 있고, 이것은 '사대종四大種'과 '소조색所造色'으로 나뉜다. 사대종은 지·수·화·풍이라는 네 종류의 입자라고 할 수 있다. 이 네 종류는 어느 하나만 독자적으로 드러나는 것이 아니라 항상 묶여서 조합으로 나타난다. 그리고 소조색은 말 그대로 '만들어진 물질'을 말한다. 즉, 지수화풍의 사대종에 의해 만들어진 모든 물질이다. '소조색'이라고 하는 입자는 인식하는 물질인 감각기관과 인식되는 물질인 외부대상을 포함한다. 소조색은 사대종과는 달리 상황에 의존해서 드러나는 것도 있고 드러나지 않는 것도 있다. 예를 들어 우리가 빨간 장미꽃을 본다고 했을 때, 눈에 안근이라는 극미의 작용으로 장미꽃을 볼 수 있는 것이지만, 눈 이외의 장소에는 안근이 존재하지 않기 때문에 극미가 작용할 여지가 없다. 그리고 '빨간색'이라는 입자를 눈으로 보면, '빨간색'이 마음과 연결되어 인식하는 시각이 생겨나는 것이다. '사대종'이라는 조합은 모든 물질세계에 걸쳐 한결같이 두루 나타나고, 소조색은 가지각색의 모습으로 나타난다. 결국 『구사론』에서 물질이라는 것은 '사대종'과 '소조색'의 복합체로 존재하는 것으로 이해한다. 그러나 사실 이 '극미론'은 그리 간단치가 않다. 일단 『구사론』에서 이해하는 세계가 서양의 '물질'이나 '정신' 개념과 정확히 일치하는 것도 아닐뿐더러, 당장에 '극미가 무엇인가'에서부터 극미의 인식에 이르기까지 불교 사상사 내에서 수많은 논쟁이 오랫동안 전개되어 왔다. 그럼에도 불구하고 극미론은 불교 교학 속에서 인식 존재의 본질에 대한 통찰을 잘 보여주며, 단순히 존재에 대한 호기심이 아닌 수행론과 직결된 실질적인 문제이기 때문에 중요한 주제가 아닐 수 없다.

"작은 것들을 위한 시"와 법성게

BTS는 <작은 것들을 위한 시>에서 노래한다. "사소한 게 사소하지 않게 만들어버린 너라는 별, 하나부터 열까지 모든 게 특별하지." 워낙 유명한 곡이니 굳이 이 노래의 의미를 설명할 필요는 없을 것이다. 필자는 이 부분을 들을 때마다 생뚱맞게도 나노 기술을 떠올린다. 나노 기술이야말로 우리 주변의 사소한 것들을 사소하지 않게 만들고, 눈에 보이지 않는 그 미세한 것들조차도 모두 특별함을 느끼게 한다. 나노 단위가 이럴진대, 하물며 미물 중생이라 할지라도 어찌 특별하지 않겠는가. 의상대사는 『법성게』에서 노래했다. "한 티끌 가운데에 시방세계 담겨 있고, 온갖 티끌 속의 낱낱 세계 또한 그러하네—微塵中含十方 一切塵中亦如是." 눈으로 볼 수 없는 아주 작은 티끌 하나에도 온 우주가 담겨 있다는 말이 단순히 종교적 감성에서 나오는 수사나 은유가 아니라 하나의 진리를 설파하고 있음을 나노 기술은 보여주고 있다. 한때 광고를 통해서 '은 나노'라는 말을 들어보았을 것이다. 은이 좋다는 것은 누구나 다 아는 사실이지만 가격 때문에라도 손쉽게 일상에 활용하기는 어렵다. 그러나 나노 기술을 활용해서 은을 나노 단위로 아주 얇게 썰어낼 수 있다면 상황은 달라진다. 같은 부피라도 자르면 자를수록 표면적은 늘어나게 되는 이치이다. 계속 자르고 잘라서 표면적을 극대화할 수 있다면, 그에 비례해서 외부 환경과 접촉면은 넓어지게 된다. 즉 최소량의 은을 가지고 최대한의 효과를 낼 수 있게 된다. 요즘처럼 코로나 바이러스가 전 세계적으로 피해를 주고 있는 때에, 이 항균 효과를 옷감, 세탁기, 물통 등등 일상생활에서 사용되는 다양한 물건에 활용한다면 더욱 유용할 것이다. 이처럼 작은 것, 사소한 것들이라고 해서 그것을 고정적 또는 확정적 시선으로 볼 것이 아니다. 그것은 언제든지 변하기 쉽고, 외부 조건과 부합되는 인연을 만나 차원을 달리하는 수준의 역할을 해낸다. 제4차 산업혁명 시대의 나노 기술은 그 모습을 여실히 보여주는 방편이 되고 있다. 제4차 산업혁명 시대, 나노 기술은 어쩌면 이 세상 작은 것들의 특별함을 노래하는 한 편의 시와 같다. 작고 미미한 것들이라고 해서 사소한 것은 아니다. 오히려 프랑스의 미생물학자 루이 파스퇴르가 말했듯이 "무한히 작은 것의 역할은 무한히 크다."

손에 쥔 스마트폰으로 우주선을 쏘아올린다?

퇴근길. 비도 내리고, 주말이라 그런지 도로 곳곳이 정체다. 집에 제시간에 도착하는 건 포기해야 할 듯하다. 문득 홀로 집을 지키고 있는 고양이가 생각나면서 배가 고플까 걱정이 되기 시작한다. 자연스레 혼잣말처럼 "집으로 연결해줘."라고 말한다. 자동차 내부의 음성인식 센서는 스마트폰 화면으로 집 안에 설치된 카메라를 통해 고양이의 현재 모습을 보여준다. 화면 속 고양이가 평소대로 움직이는 것으로 봐서 별일은 없는 듯하다. 이내 급식기가 작동하면서 먹이를 준다. 이미 도착 시간에 맞춰 실내온도는 원격으로 따뜻하게 조절해 두었다. 마침 오늘은 주말이라 저녁에 친구를 초대하기로 했다. 냉장고에 채워 둔 우유와 과일, 생수 등이 일정 개수 이상 남지 않게 되면 냉장고가 자동으로 감지한다. 냉장고 센서로부터 식료품 배달 업체에 배달 주문 요청이 자동으로 실행된다. 운전 도중에는 인공지능 스피커에 대고 오늘 저녁 식사에 어울리는 재즈곡을 선곡해달라고 말한다. 인공지능 스피커는 평소에 날씨와 생체 정보 변화에 따라 달라지는 이용자의 취향을 이미 알고 있다. 왜냐하면 인공지능 스피커는 즐겨듣는 곡에 대한 빅데이터를 저장하고 있기 때문에, 오늘처럼 비 내리는 날에 어울리는 재즈곡 목록을 알려줄 수가 있다. 이쯤 되면 오늘 저녁 시간을 보낼 준비는 집에 도착하기도 전에 다 끝난 것 같다. 이 상황은 미래의 이야기가 아니라 현재 상당수의 현대인이 이미 누리고 있는 기술들이다. 어느새 일상 속에 깊숙이 스며들어 있다고 할 수 있다. 사실 이 정도 상황은 매우 소박하고 일상적인 수준의 내용이다. 전에는 할 수 없었지만, 지금은 할 수 있는 일. 바로 '사물인터넷'으로 가능해진 변화다. 과거 디지털 혁명 시대의 인터넷은 수많은 컴퓨터가 연결된 거대한 그물망과도 같았다. 우리가 네트워크를 떠올릴 때 으레 컴퓨터를 연상하게 되는 것처럼 말이다.

하지만 이제 세상은 사물인터넷의 등장으로 인해 크게 요동치고 있다. 컴퓨터들끼리만 연결되는 것이 아니라 우리 주변의 모든 사물, 즉 텔레비전, 냉장고, 세탁기, 자동차, 핸드폰 등 일일이 나열할 것도 없이 모든 사물이 인터넷에 연결되어 디지털화된 자신의 정보들을 공유하게 되었다. 사물들끼리 디지털을 통해 자신들의 정보를 공유하면서 대화를 나눈다. 중간에 사람이 개입되지 않고서도 말이다. 결국 사람끼리는 물론 사람과 사물, 그리고 사물과 사물 간에 경계를 초월하는 '초연결'의 시대가 열린 것이다. 지구상의 모든 사물들이 인터넷망을 통해 서로 연결된 상태를 상상해 보자. 더욱이 최근에 초고속 이동통신 기술인 5G 기술의 상용화로 말미암아 공간에 구애받지 않고 실시간으로 엄청난 양의 데이터를 공유할 수 있게 되었다. 이제 인터넷은 전기와도 같이 누구나 손쉽게 이용할 수 있게 되었고, 사물인터넷은 우리 삶에 필수적인 요소가 되고 있다. 이 사물인터넷 기술을 통해 우리가 할 수 있는 것은 무엇이고, 또 미래에 대한 어떤 상상이 가능할까.

⋯⫮⋯ 사물인터넷, 경험과 경험을 잇다

최근 들어 사람들이 언론매체를 통해 가장 많이 듣게 되는 단어 중 하나가 바로 이 사물인터넷이다. 정부 정책 발표나 기업의 신기술 개발, 광고에 이르기까지 여기저기서 사물인터넷이란 말이 등장한다. 컴퓨터를 박차고 나온 인터넷이라고나 할까. 고전적 의미의 인터넷 연결은 크든 작든 컴퓨터를 통해 이루어졌다. 하지만 이제는 굳이 온전한 형태의 컴퓨터가 아니더라도 각각의 사물들이 디지털 정보를 만들어내고, 처리하고, 때에 따라 반응하고, 공유하면서 사물들끼리 기능상 서로 의존한다. 사물인터넷이란 우리 주변의 다양한 사물들이 인터넷을 통해 서로 데이터를 주고받으며 그 기능을 발휘하는 환경이나 기술을 말한다. 종종 영문 약자로 'IoT, Internet of Things'로 표기되기도 한다. 지난 2013년 옥스퍼드 사전은 이 용어를 새로이 올리면서 '앞으로 발전할 인터넷으로서, 매일 사용하는 사물들이 서로 연결되어 서로 데이터를 주고받는 기술'로 소개하고 있다. 한마디로, 실물 세계와 디지털 세계가 융합하는 기술이다. 사물인터넷은 사실 제4차 산업혁명의 시작과 함께 등장한 기술이라기보다는 그전에 이미 시작 되었다고 할 수 있다.

내 손안에서 시작되는 사물인터넷

내 손에 쥐고 있는 핸드폰으로 우주선을 대기권 밖으로 보낼 수 있을까? 우주선 개발에서부터 발사, 제어, 착륙에 이르기까지 전 과정에 걸쳐 엄청난 수준의 연산 능력, 즉 컴퓨팅 능력이 필요하다는 것은 상식이다. 이 분야의 전문가가 아니더라도 말이다. 흥미로운 것은 1960년대 미국에서 아폴로 계획Apollo Project을 통해 인간들을 달에 착륙시킨, 당시 15만 달러가 넘는 비용의 아폴로 가이던스 컴퓨터AGC, Apollo Guidance Computer보다 오늘날 사람들 각자가 손에 들고 있는 스마트폰이 훨씬 뛰어난 성능을 가지고 있다는 사실이다. 이런 가공할 수준의 연산 능력을 가진 스마트폰으로 통화만 한다거나 기껏해야 게임 정도를 즐긴다는 사실이 얼마나 낭비인지 대충 짐작이 갈 것이다. 최근에는 이런 스마트폰이 현재에 머물지 않고 사물인터넷과 연계되면서 더욱 혁신을 거듭하고 있다. 그중에서도 놀라운 변화는, 인간의 오감처럼 '후각'과 '미각'도 느끼게 될 거라는 사실이다. 이미 미국의 애다만트 테크놀로지Adamant Technology사가 후각과 미각을 디지털화하는 프로젝트를 진행하고 있다. 우선 조그만 프로세서로 미각과 후각을 디지털 신호로 바꾼 다음 2,000개가 넘는 센서를 이용해서 맛과 냄새를 감지해내는 시스템이다. 인간의 코에 400여 개의 감각세포가 존재한다고 하는데, 이에 비한다면 인간보다 5배나 민감한 감지 능력을 가진 것이다. 이렇게 디지털화된 데이터들은 스마트폰을 통해 사용자의 건강 상태는 물론, 음식을 먹을 때마다 음식물의 신선도까지 정확하게 파악해서 알려줄 수 있다. 이뿐만이 아니다. 촉감 기능이 탑재된 스마트폰의 경우는 인터넷 쇼핑을 하면서 자신이 고른 옷의 섬유 재질이 가진 감촉을 직접 느껴보며 선택할 수 있다. 오히려 인간의 감각기관보다 더욱 섬세하고 정밀한 파악이 가능하다.

이 모든 것들이 무선 식별 시스템인 '전자태그RFID, Radio-Frequency Identification' 기술을 통해 가능해진 변화다. 우리가 도서관에서 책을 빌리거나 마트에서 물건을 사고 계산대에 설 때면, 으레 바코드 스캐너가 '삑' 소리를 내면서 반응하는 것을 본 적이 있을 것이다. 전자태그는 기존의 이런 '바코드' 대신에 각종 정보를 IC칩에 담은 것이다. 이 태그는 각 권의 책이나 제품에 대한 정보를 무선 주파수를 이용해서 전파 식별 판독기로 전달하는 기능을 한다. 이 기술은 군사 용도나 도시 교통망 구축 목적의 '무선 감지 네트워크WSN, Wireless Sensor Network'로 발전하면서 주변 상황에 대한 정보교환이 가능해지게 된다. 그다음 단계로 이 기술의 질적 수준을 높이고 확대한 것이 '유비쿼터스 감지 네트워크USN, Ubiquitous Sensor Network'이다. 이 단계에서는 무수하게 많은 사물에 내장되거나 부착된 센서들이 인터넷을 통해 사람과 환경 등을 위한 거대 네트워크를 형성한다. 이 유비쿼터스 감지 네트워크에서 사물과 사물, 즉 기계와 기계 사이의 통신을 통한 정보공유까지 확대되는 단계가 바로 사물인터넷이다.

스마트폰과 같은 휴대용 기기가 중심이 되고 내 주변의 모든 사물들은 물론 멀리 있는 것들까지 마치 태양 주위를 도는 수많은 행성들처럼 서로 연결되면서 무수한 디지털 정보를 주고받으며 끊임없이 기능하는 상태이다. 이처럼 사물인터넷 기술은 먼 미래의 기술이 아니고, 또 다른 물리적 기계를 새롭게 사야 누릴 수 있는 것도 아니고, 본인이 원하든 원하지 않든 이미 누구나 스마트폰을 통해 누릴 수 있는 것이다. 사람들은 이제 자신도 모르는 사이 디지털 세계에 물들어가고 그 자신조차도 디지털화되는 '인간 인터넷'의 시대로 진입하고 있다. 사물에서 생산되는 모든 데이터는 인터넷을 통해 사람들 사이에서만이 아니라 모든 기계와 공유된다. 현재처럼 단지 현실 세계의 일부를 디지털 데이터로 저장하여 옮겨놓는 것이 아니다. 말 그대로 완전히 일치시키는 것이다. 이렇게 된다면 상상하는 모든 것이 실현되거나, 상상 밖의 새로운 일들이 생겨날 수도 있는 것이다.

족보 있는 사물들?

그렇다면, 이 사물들은 서로 어떻게 연결되는 것일까? 컴퓨터뿐만 아니라 핸드폰에도 고유 주소가 있는 것은 대부분의 사람이 알고 있다. 일반적으로 인터넷을 사용하려면 통신회사에 가입하여 자신의 '인터넷 프로토콜IP, Internet Protocol'을 부여받는다. 사물인터넷 기술이 적용되면 이제 조명이나 잠금장치, 스피커 등등에도 고유한 '단독신원번호IUID, Item Unique Identification'나 IP 주소를 부여받는다. 그 IP 주소는 단순히 등록된 컴퓨터의 소재나 인터넷 신호의 발신지라는 의미뿐만 아니라 사용자의 인격성도 동시에 담아낸다. 한마디로 물리적 공간의 주소에 더해 디지털 공간의 주소가 하나 더 생기는 셈이다. 하지만, 사물인터넷은 인간의 개입이 최소화되거나 아예 배제되는 수준의 기술이다. 사물에 고유 IP가 부여되었다고 해서 거기에 어떤 사용자 혹은 주인의 인격성이 반드시 개입된 것은 아니라는 의미다. 엄밀히 말한다면 특정 사물, 즉 요즘 광고에 많이 등장하는 스마트 기기에 사실은 자체 IP 주소가 없는 경우가 많다. 단순히 기계끼리 연결된다고 해서 모두 사물인터넷의 그 '사물'이 되는 것은 아니다. 기본적으로 사물인터넷의 '사물'이 되기 위해서는 와이파이나 블루투스와 같은 무선 통신 기술이 탑재되어야 한다. 그 사물이 생물이어도 상관없다. 바이오 칩을 이식한 고양이나 강아지들도 주체가 될 수 있다. 또한, 실재하는 하드웨어 기반의 실물일 필요도 없다. 각 사물에서 생성된 데이터, 즉 실내온도 조절기나 무선 청소기에서 나온 상태 정보를 나타내는 데이터 조각도 그 '사물' 중의 일원이 될 수 있는 것이다. 단순한 물건에 고유한 단독신원번호를 부여받고 네트워크에 편입되는 순간 우리는 사물인터넷을 구성하는 주체가 될 수 있다. 그렇다고 항상 이 네트워크에 연결될 필요는 없고 필요한 경우에만 접속해도 상관없다.

미래에는 인간만이 인터넷을 통해 기계를 도구로 사용하는 것이 아니라 기계끼리도 서로의 데이터에 접근하면서 다른 기기들과 소통하는 '사물지능통신M2M, Machine-to-Machine'이 인터넷을 매개로 하여 활발하게 전개될 것이다. 그 과정에서 사물인터넷은 데이터를 다양한 방식으로 활용해 인간과 기계에 대한 새로운 이해와 관계 설정을 요구하게 될 것이다.

똑똑해지는 집사, 멍청해지는 주인

우리 주변의 모든 사물이 연결된 세상은 행복하기만 할까? 직접 청소할 필요도 없고, 심지어는 인공지능 스피커를 통해 일일이 말로 명령할 필요도 없다. 내 손목시계에서는 실시간으로 신체의 생체 정보가 감지되고, 기존 데이터를 기반으로 필요한 음식과 음악까지 선택해 주고 심지어 다음 할 일까지 개인 비서처럼 챙겨준다. 고민하거나 기억을 애써 더듬을 필요조차 없다. 각각의 기기들이 알아서 다 해주니 말이다. 그러나 이렇게 사물인터넷이 나를 위해 많은 것을 해줄수록 신체와 두뇌는 활성화되는 것이 아니라 둔화하는 문제가 발생한다. 이제 친구의 전화번호를 외운다는 것은 그 자체로 이미 머리가 아픈 일이며, 불필요한 일이다. 아무리 첨단 스마트 운동기구가 있어도 게으름을 이겨내지는 못하는 현상, 소위 '쾌락의 함정'이다.

이뿐만이 아니다. 사물인터넷이 급속도로 보편화될수록 정보격차는 더욱 심화될 우려가 있다. 아직도 세계적으로 인터넷에 접근하지 못하는 인구가 50억 명 이상에 달한다. 인터넷을 사용할 수 없는 사람이 이렇게나 많은데, 만약 사물인터넷이 본격화된다면 엎친 데 덮친 격이 될 것이다. 교육과 직업 등 여러 분야에서 아예 기회를 원천적으로 차단당하는 결과가 나타날 수도 있다. 디지털 부유층과 디지털 빈곤층의 격차 또한 더욱 노골화될 것으로 우려된다.

마지막으로 드는 의문 한 가지 더, 정말 사물인터넷이 만들어낸 편리와 시간은 인간이 집중력을 발휘하는 데 도움이 되고 있을까. 기기가 스마트해질수록 인간은 점점 주의력이 떨어지는 경우가 많다. 예를 들어, 반자율주행 상태에서 운전자는 졸음운전을 하게 될 위험이 훨씬 커진다. 재밌는 것은 그 상황에서 운전대에 탑재된 안면 인식 센서는 운전자의 눈꺼풀이 내려간 정도와 눈 깜빡임, 몇 번의 고개 끄덕거림으로 위험 상황을 인지하고 경고음을 낼 수도 있다는 것이다. 첨단 기술이 아니라면 주의력 분산도 덜 했을 텐데, 첨단 기술 때문에 또 다른 첨단 기술이 필요해지는 이 역설을 어떻게 이해해야 할까? 사물인터넷이 드리우는 그늘은 혁신이 가져다주는 경이로움만큼이나 짙고 어둡다.

디지털화할 것인가, 소멸할 것인가

최근 조사에 따르면 사물인터넷 기술을 사용하는 사물의 개수가 2009년만 해도 9억여 개였던 것이 2020년 말에는 260억 개에 이르렀다고 한다. 그 과정에서 생성된 데이터의 양은 상상을 초월할 것이다. 이제 전 세계의 기업들은 제4차 산업혁명 시대에 생존하기 위해서 무엇을 어떻게 디지털화시킬 것인지에 대해 고민하고 있다. 사실상 어떤 조직이든 자신들의 공동체가 존속하기 위해서는 이 디지털화가 생명이 되는 시대로 진입하고 있다.

한국불교도 예외는 아니다. 전통 사찰이 소장하고 있는 문화재를 예로 들어보자. 대표적으로 해인사 팔만대장경의 경우, 화재나 재난 상황이 벌어진다면 돌이킬 수 없는 비극이 될 것이다. 물론 그런 일은 절대로 벌어져서는 안 된다. 하지만 만일의 경우를 대비하기 위해서라도, 팔만대장경을 3차원 입체 디지털화하는 작업은 필요하다. 그렇게 된다면, 향후 언제든지 3D 입체 프린팅 기술로 복원할 수 있게 된다. 이뿐만이 아니다. 사실 이미 사찰 내에는 이 사물인터넷 기술이 깊숙이 들어와 있다. 2005년 한국에서 가장 오래된 비로자나불로 밝혀진 해인사의 쌍둥이 비로자나불 목상도 그러하다. 한국 최고最古의 비로자나불은 현재 최신 첨단 기술에 둘러싸여 보호받고 있다. 화재가 발생하면 센서가 자동으로 불꽃을 감지해서 지하 6미터 아래 콘크리트로 지어진 별실로 옮겨진다. 생산된 디지털 정보를 실시간으로 공유하면서 이상 징후를 감지해내는 것이다. 변화는 우리에게 선택을 요구한다. 서구 학계에서는 '출판하거나 사멸하거나Publish or Perish'라는 말이 종종 사용된다. 학자들이 끊임없는 연구와 노력을 요구받고 그렇지 못하면 퇴출을 강요당할 수밖에 없다는 의미이다. 비슷한 맥락으로 이런 생각을 해본다. 이제 비즈니스 업계뿐만이 아니라 모든 개인과 조직에 새로운 화두가 던져진다. 물론 불교 공동체도 예외는 아니다. 디지털화할 것인가, 아니면 소멸할 것인가(digitize or die)?

붓다는 『잡아함경』 제30권에서 이렇게 설하신다. "이것이 있으므로 저것이 있고, 이것이 생기므로 저것이 생긴다. 이것이 없으면 저것이 없고, 이것이 사라지면 저것도 사라진다." 모든 존재는 이렇듯 서로가 서로에게 영향을 주면서 의존하고 있다. 그것이 생명체이든 기계이든 상관없다. 사물인터넷의 세계, 붓다가 설하신 연기의 도리가 지금 바로 우리 눈앞에서 펼쳐지고 있다.

알아서 모셔다드립니다, 자율주행 자동차

····ㅣ···· 초보 운전자 없는 세상

"누가 나 대신 운전 좀 해줬으면 좋겠다." 매일 바쁜 일상 속에서 퇴근한 뒤, 혹은 먼 거리를 갔다 돌아오는 경우 누구나 한 번쯤은 이런 생각을 해봤음직하다. 대리운전 기사를 부르기도 애매할 때, 자신의 정신적·육체적 수고를 대신해 줄 누군가가 아닌 자동차 스스로 그 역할을 하게 된다면 정말 편리할 것이다. 일상 속 이런 우리의 바람이 이제 눈앞에서 펼쳐지고 있다. 자동차가 안내하며 움직이고 있다! 운전자의 손은 운전대에서 멀찍이 떨어져 있다. 자동차가 길을 찾는 것은 물론 말까지 걸어온다. 심지어 길이 막힐 것 같으면 알아서 피해간다. 스마트 워치와 연동한 자율주행 차들은 자동차를 부르면 스스로 운전자가 있는 곳까지 정확하게 찾아와 문도 열어준다. 이뿐만이 아니다. 차량 내부 감시기능까지 갖추고 있다. 만일 탑승자가 주행 중에 심장마비에 걸리거나 응급상황이 발생한다면, 119로 신고한 뒤 가까운 응급센터로 이송할 수도 있다. 연배가 좀 되신 분들이라면 기억 속에 있는 80년대 미국드라마 〈전격 Z작전Knight Rider〉의 '키트Kitt'가 실제로 나타난 것 같이 느껴질 것이다. 손목에 찬 시계에 대고 "키트!" 하고 부

르면 저절로 상황 판단을 해서 달려오는 자동차. 인간과 농담도 주고
받고 다른 나라 말을 통역해 주는 지적 능력에 방탄, 탑승자 자동 이
동, 레이저 발사, 자격증 발급 등 온갖 기능까지 갖춘 키트. 모두가 상
상 속에 그리던 미래의 자동차가 이제 현실이 된 것이다. 이것이 바로
'자율주행 자동차Autonomous Vehicles'이다. 자율주행 자동차란 운전자가
차량을 직접 조작하지 않아도, 스스로 인공지능과 정보 기술에 기반해
도로를 달리는 자동차를 가리킨다. 다양한 감지장치를 통해 실외 환경
변화를 파악하고, 장애물을 피하면서 최종 목적지까지 스스로 경로를
파악하여 이동할 수 있는 자동차 말이다. 따라서 자율주행 자동차에는
이전에는 볼 수 없었던 새로운 기기, 예를 들어 다양한 형태의 센서는
물론이고 카메라, 라이다Lidar, 레이더 등이 탑재되어 필요한 정보를 측
정하고 종합한 후 딥러닝을 이용하여 인공지능 스스로 판단하고 주행
할 수 있게 한다.

소유하지 않아도 만족해요

자율주행 자동차 기술 개발은 제4차 산업혁명의 전개 수준을 보여
주는 중요한 척도가 되고 있다. 기존의 자동차가 엔진기관 중심의 산
업이었다면, 현재는 인공지능과 빅데이터, 사물인터넷, 5G 정보통신
기술, 신소재 나노 기술이 복합적으로 구현된 신산업이라고 할 수 있
기 때문이다. 이 때문에 자율주행 자동차의 개발 수준은 한 국가의 미
래산업 발전 수준을 나타내는 새로운 지표가 되고 있다. 각국은 이 자
율주행 자동차 기술을 발전시키고 선점하기 위해 치열하게 경쟁하

고 있다. 그 구체적 이유를 살펴보겠다. 세상은 지금 '공유경제Sharing Economy'로 변모하고 있다. 독점과 경쟁이 아니라 서로 나누고 빌려 쓰는 '협력적 소비'의 시대이다. 과거 소유 그 자체에서 만족을 느끼던 방식은 이제 제4차 산업시대의 흐름과는 맞지 않을 것이다. 자가용 차량이 부의 과시로 이해되던 시대는 지났다는 이야기다. 효율을 중시하고 나눔을 일상화한다면, 수많은 자원 낭비로 인해 초래되는 환경오염도 예방할 수 있을 것이다. 누구나 겪게 되는 도심 한복판에서 발생하는 차량 정체는 스트레스만 초래하는 것이 아니다. 늘어선 자동차들이 가다 서기를 반복하는 동안, 소모되는 화석 연료량은 상상을 초월한다. 그 비용도 천문학적인 수준이다. 자율주행 차들끼리는 무선으로 서로 연결되기 때문에 만약 지하철처럼 자율주행 자동차의 정차와 발차가 일률적으로 통제된다면 획기적으로 그 비용을 절감할 수 있을 것이다. 실질적으로 각국에서 자율주행 자동차의 도입을 서두르는 가장 큰 이유도 바로 이 사회 경제적 비용에 근거한다. 또한 과거 '마이카 시대'를 상징했던 주차난 문제도 해소될 수 있다. 각 가정에 차 한 대만 있으면 된다. 아빠를 태우고 갔던 자율주행 자동차는 온종일 회사 주차장에 가만히 있는 것이 아니다. 바로 스스로 집으로 돌아와서 마트, 학교, 학원 등으로 가족들을 싣고 떠난다. 필요한 경우, 다른 사람의 이동을 위한 대여도 가능해질 것이다. 그리고 무엇보다 중요한 점은 교통사고의 발생률을 크게 낮출 수 있다는 점이다. 현재의 교통사고 발생 원인의 95퍼센트는 운전자의 과실에 의한 것이라고 한다. 졸음운전이나 음주운전 등 운전자 책임으로 인한 것이다. 이에 대해 테슬라를 만든 일론 머스크는 자율주행 자동차가 인간 운전자보다 10배는 더 안전하다고 강조한다. 물론 단점도 존재한다. 자율주행 자동차의 운행 시스템 자체가 모두 디지털을 기반으로 하므로 악의적 해킹 등에 노출될 경우, 재난 수준의 상황이 초래될 수 있다는 위험성과 사고 발생 시 법적 책임을 누구에게 물을 것인가에 대한 어려운 문제들이 아직 해결되지 못한 상태이다.

데이터로 달린다

"자동차는 연료로 달리는 것이 아니라 소프트웨어로 달린다." 메르세데스 벤츠사의 회장 디터 제체Dieter Zetsche의 말이다. 과거 성능 좋은 자동차의 기준이 배기량, 최고 속도, 순간 가속 능력, 제동력 등등이었다면, 현재는 이 모든 것을 통합적으로 통제할 수 있는 시스템이 얼마나 디지털화되어 있는지가 중요한 기준이 된다고 할 수 있다. 자율주행 자동차에 탑재된 인공지능은 자동차의 현재 상태와 외부 환경까지도 감지하고 적절한 조치를 직접 하거나 필요성을 알려준다. 예를 들어, 날씨가 추워지면 도로가 얼어서 사고가 발생할 위험이 있으므로 노면 결빙을 감지하고 경고등이 들어오는 것은 물론 기어변속이나 타이어 상태를 스스로 조절한다. 이 모든 과정은 데이터로 축적되고 향후 예측을 위한 데이터로 처리된다. 마치 사람이 육안을 통해 사물 간의 거리를 인식하듯이 자율주행 자동차의 인공지능 센서도 거리 측정은 물론이고 수많은 위험요인을 감지하고 사각지대까지도 파악하여 모든 방향을 인식할 수 있도록 도와준다. 이처럼 최근의 자율주행 자동차의 혁신적 발전은 무엇보다도 인공지능 기술의 발전과 맞물려 있다. 우리가 일상적으로 운전하는 행위는 익숙해진 다음에는 단순해 보이지만, 사실은 인간의 모든 감각기관이 동시적으로 작동하면서 이루어지는 매우 복잡한 과정이다. 인공지능이 그러한 기능을 인간과 동일하게 또는 보다 우월하게 수행하기 위해서는 이 모든 정보를 수집하고 처리할 수 있는 고도의 그래픽 처리 장치가 필요한데, 여러 대의 카메라를 통해 자동차가 주행하는 동안 주변 환경을 모두 파악해야만 한다. 앞차가 급정거하거나, 갑자기 다른 차가 끼어들 때는 물론 도로상에 위험물이나 동물의 사체 등이 방치되어 있는 경우 등을 사람보다도 먼저 파악해서 조치할 수 있어야 하기 때문이다. 이 모든 것을 가능하게 하는 것이 바로 '데이터'이다. 테슬라의 자율주행 자동차의 경우, 하루에 500만 마일을 달리면서 그 도로에 가상의 바코드를 깔고, 주변 도로 상황이나 지형과 지물 등을 모두 데이터화한다. 자동차가 데이터를 모으는 플랫폼이면서 움직이는 스마트폰과 같아지고 있는 것이다. 이 데이터를 기반으로 딥러닝을 구동시킨다면 인공지능이 이 데이터를 스스로 학습하기 때문에 세상 어느 도로에서든 안전하고 자유롭게 주행할 수가 있게 된다.

┈┼┈ '게임 체인저Game Changer'의 등장

'게임 체인저'. 어떤 일에서 결과나 판도를 통째로 바꿔놓을 만한 결정적인 역할을 하는 무언가를 가리키는 말이다. 그것은 사람이 될 수도 있고 혁신적인 아이디어, 사건 또는 물건이 될 수도 있다. 예를 들면 지난 IT 정보혁명 시대의 애플을 이끈 스티브 잡스, 그리고 그가 개발한 아이폰이 있다. 그 자체가 변화 속의 혁신을 의미한다. 제4차 산업혁명 시대를 주도하는 새로운 기술들이 제각각 엄청난 변화를 가져 오고 있다. 이중에서 자율주행 자동차야말로 그 모든 대표 기술들을 집약하고 있으면서도 우리의 일상생활과 가장 밀접한 위치에서 변화를 피부로 느낄 수 있게 해준다. 왜냐하면 전통적 의미의 자동차로만 여기던 도구가 하나의 첨단 인공지능 로봇이 되어 현대인의 집 안 차고 속에 이미 들어오기 시작했기 때문이다. 최근에는 이 제4차 산업혁명이 실제로 벌어지고 있는가, 또는 인공지능이 정말 인간을 능가할 정도로 발전할 수 있을까 등 변화 자체에 대한 회의론도 만만치 않은 상황이다. 그러나 나는 만약 다가오는 미래가 실감나지 않는다면 자율주행 자동차를 보라고 한다. 이미 미래는 우리 곁에 와 있다는 말이 단순한 구호나 수사가 아님을 알 수 있다. 시대가 바뀌고 있는 것이다. 조만간 사람들의 삶의 방식이 바뀌고 생각하는 방식이 바뀔 것이다. 자동차를 소유한다는 것 자체가 낡은 개념이 될 것이기 때문이다.

"1년 뒤에 인간이 운전대를 잡을 일은 없을 것이다. 나는 그렇게 확신한다. 더 이상 의문은 없다." 테슬라 CEO인 일론 머스크의 말이다. 그리고 애플 CEO인 팀 쿡은 이렇게 말한다. "자율주행은 모든 인공지능 개발 프로젝트의 어머니다." 이처럼 전 세계의 기술 혁신을 주도하고 있는 많은 리더들은 자율주행으로의 변화를 기정사실로 하고 있다. 다만 그 시점에 차이가 있을 뿐이다. 어쩌면, 큰 변화의 진행 과정은 그리 영화만큼 극적이지도, 누구나 볼 수 있는 무대 위에서 이루어지지도 않는다. 어느새 시작되어 덮치거나 스며든다. 변화가 그렇다. 단지 뒤돌아보니 또는 멀리서 보니 그 거대한 차이가 드러나는 식이다. 그래서 그 변화를 포착하기도, 대비하기도 힘든 것이 사실이다. 자율주행 자동차는 우리에겐 너무나 익숙한 이동 수단이라는 관념이 있어서 '그래봤자 자동차 아닌가?' 라고 생각할 수 있다. 그러나 자율주행 자동차의 등장이 의미하는 바는 예사롭지 않다. 그 변화의 파고가 높고 크다고 할 수 있다. 자율주행 자동차는 제4차 산업혁명 기술의 집약이자 상징이고 우리 주변에서 가장 빨리 밀접하게 경험하게 될 파괴적 혁신이다.

인공지능, 눈을 뜨다

무언가를 감으로 느껴서 아는 것과 직접 보는 것에는 분명 차이가 있다. 기본적으로 자율주행 자동차가 스스로 운전하기 위해서는 우선 주변 도로 상황에 대한 인식이 필수적이다. 그러기 위해선, 자동차도 인간처럼 '눈'이 있어야 한다. 하지만, 자동차는 사람과는 달리 눈이 없기 때문에 카메라 센서가 이 역할을 대신한다. 기존의 센서는 레이저를 쏘아 외부 대상물에 반사되어 나오는 거리를 계산해서 위치와 대상물을 식별하는 방식이다. 마치 눈을 가린 상태에서 막대기로 주변 공간을 더듬어가며 대충 거리와 물체의 형상을 가늠하면서 거리를 걷는 것과 비슷하다. 하지만 이제 상황이 바뀌었다. 생명체 아닌 인공지능도 볼 수가 있다. 딥러닝 기술의 개발로 엄청난 양의 이미지 데이터를 정확하게 처리할 수 있는 인공지능이 등장한 것이다. 이 인공지능을 탑재한 자동차도 인간이 눈을 통해 직접 보듯, 카메라로 찍으면서 외부상황을 판단할 수 있게 되었다. 놀랍지 않은가? 인공지능이 눈을 뜬다는 것은 우리의 상상 이상으로 큰 변화를 초래할 것이다.

자율주행 자동차의 빛과 그림자

지난 2016년 5월 미국 플로리다에서 테슬라 자율주행 자동차가 트레일러 트럭과 충돌하는 사고가 발생했다. 자율주행 자동차 기술을 선도하고 있는 테슬라의 전기차 모델 S가 자동조종 기능으로 고속도로를 달리던 중에 트럭과 사고가 나서 운전자가 사망한 것이다. 사고 원인으로는 테슬라 자동차의 센서와 카메라가 트럭 옆면의 하얀색과 그 뒤에 눈부시게 푸른 하늘을 구분하지 못하고 혼동하여 발생한 것으로 추정하고 있다. 이에 대해 테슬라 측은 아직까지는 완전 자동화 단계가 아니므로 운전대에서 손을 완전히 떼지 말고 통제권을 유지하라는 경고를 운전자가 무시했다고 해명했다. 이 사례와는 대조적으로, 운전 중 갑작스러운 폐색전으로 인한 가슴 통증을 느낀 운전자가 자동조종 기능으로 병원 응급실까지 무사히 도착할 수 있었던 실제 사례도 있다. 자율주행 자동차에 대한 사람들의 우려는 주로 안전성에 집중되고 있다. 그러나 새로운 기술 혁신은 처음에는 오류를 거듭하다가 여러 실패에서 교훈을 얻어 그 실패마저도 데이터로 삼고 지속적으로 개선해 나가는 특징이 있다. 아마도 자율주행 자동차 기술을 비롯한 최근의 파괴적 혁신에 대해 부정적 여론이 조성되는 이유는 사회적 논의와 합의 없이 과학, 비즈니스 엘리트 집단에 의해서만 주도되는 경향이 강하기 때문일 것이다. 그 과정에서 신기술의 위험성에 대한 공론화가 더디게 진행되는데, 사회적으로 새로운 혁신이 받아들여질 수 있도록 위험도에 대한 데이터의 공개가 무엇보다도 중요하다. 그리고 이 기술 자체의 안전성뿐만 아니라 자율주행 자동차의 속성과 관련된 위험 증가에도 주목해야 할 필요가 있다. 일단, 자율주행 자동차 자체가 소프트웨어에 기반하고 있기 때문에 사이버 범죄의 공격 목표가 될 가능성이 더 커졌다고 볼 수 있다. 이전과는 달리 자율주행 자동차 상호 간에 서로 데이터가 연동되고 도로교통 표지에 대한 동일한 프로그램이 운용되기 때문에 사이버 해킹이나 테러 발생 시 엄청난 재난으로 비화할 것이고 삽시간에 도시 기능을 마비시킬 수 있기 때문이다. 따라서 자동차 업계뿐만 아니라 교통관리 통제를 담당하고 있는 국가기관은 사이버 보안을 강화하는 작업이 그 어느 때보다 중요해졌다. 그리고 각각의 개별 자동차의 주행 기록 등이 모두 데이터로 저장되고 재처리되는 과정에서 개인 정보에 대한 보호 필요성이 대두된다. 왜냐하면 운전 데이터를 모두 민간 기업인 자동차 회사가 처리하게 되므로 개인 정보가 사적으로 악용될 여지가 더욱 커지기 때문이다.

자율주행 차와 삼거화택三車火宅의 비유

이제 생명체 아닌 인공지능이 세상을 본다. 그냥 보는 것이 아니라 인간보다 훨씬 정확하게 볼 수 있다. 이 인공지능의 '눈'은 비단 자율주행 자동차에만 국한되지 않고 제4차 산업혁명 혁신 기술의 모든 영역으로 파고들 것이다. 우리는 이미 대혁신과 대변혁의 시대를 살고 있다고 해도 과언이 아니다. 보다 편리한 세상을 만들기 위해 개발하는 인공지능의 혁신 기술들은 우리에게 어떤 의미일까? 과연 우리 일상의 불편을 덜어주거나, 결핍에서 오는 인류 미래의 고통에서 자유롭게 해줄까?

『법화경』「비유품譬喩品」 제3장에는 '삼거화택의 비유'가 나온다. 어느 날 집에 불이 났는데, 어린 자식들이 노는 데에만 정신이 팔려 아버지가 밖으로 나오라고 외쳐도 듣지 않았다. 그러자 아버지는 방편을 생각해낸다. "너희들이 가장 좋아하는 양 수레와 사슴 수레, 그리고 소 수레를 주겠다."고 말하자 불이 난 줄도 모르고 기뻐하면서 집 밖으로 무사히 나올 수 있었다는 이야기이다. 아버지는 기뻐서 약속한 수레보다 더 크고 좋은 하얀소가 끄는 수레를 주었다고 한다. 여기서 세 가지의 수레는 각각 성문승聲聞乘, 연각승緣覺乘, 보살승菩薩乘을 은유한다. 그리고 아버지가 나중에 아이들에게 선물하는 큰 하얀소가 끄는 수레는 법화경의 가르침인 일불승一佛乘을 의미한다. 어쨌든 아이들이 가장 좋아하는 수레를 주겠다고 약속한 방편은 성공적이었다.

나는 개인적으로 자율주행 자동차가 보여줄 미래를 이야기할 때마다 이 비유가 떠오른다. 자율주행 차가 인간을 교통사고의 불안과 공포, 자원 고갈로 인한 결핍이라는 미래 고통으로부터 자유롭게, 편리하게, 행복하게 해줄 수 있을까? 과연 이것은 인간을 두려움과 고통의 불길에서 빠져나오게 할 수 있는 방편이 될 수 있을까? 너무 지나친 기대일지도 모르겠다. 현재로선 자율주행 차가 주는 미래 약속이 진정인간의 행복으로 직결될지는 알 수가 없다. 다만 큰 변화가 진행 중인 것만은 분명해 보인다. 우리가 이 변화를 어떻게 받아들이고, 이 시대에 붓다의 깨달음을 다시 어떻게 이야기할 것인지 고민이 깊어진다.

의료 인공지능, 치료의 열쇠는 우리 안에 있다

⋯⫽⋯ 　누구의 진단을 더 믿으시겠습니까?

인공지능이 의료 분야에 도입되기 시작하면서 이전과는 비교할 수 없는 혁신이 일어나고 있다. 급기야는 우리가 전통적으로 생각하는 생로병사라는 고통에 대한 이해 방식마저도 변화시키고 있다. 인공지능이 인간의 건강을 관리하고 질병을 치료하는 시대이다. 만약 병원을 찾은 당신의 증상에 대해 인공지능 의사와 인간 의사의 진단이 다르다고 한다면, 누구의 진단을 더 믿겠는가? 인공지능의 진단을 따르겠는가, 아니면 의사의 진단을 따르겠는가? 여기 인공지능 의료로봇 왓슨이 있다. 암 진료 인공지능 로봇 왓슨은 딥러닝을 활용하여 CT컴퓨터 단층 촬영 사진 30만 장을 살펴보기 시작한다. 환자와 동종 질환을 앓았던 이전 환자들의 종양 사진이다. 이 인공지능은 계속해서 실시간으로 환자의 신체 전체를 스캔하고 동시에 다른 질병이 있는지도 확인한다. 그리고 환자의 각종 진료 기록과 검사 기록 등을 검토하기 시작한다. 그중에서 환자의 종양과 가장 일치하는 형태의 사진을 찾아내고 폐암 1기라는 진단을 내린다. 그리고 환자의 유전정보와 종합적 병력, 가족력까지 모든 데이터를 검토하여 추천하는 치료법과 치료 약물, 치료 기관, 완치까지 걸리는 시간에 대한 치료 일정표까지 알려준다. 이 과정에 인간 의사가 끼어들 여지는 없다. 문제는 최종적으로 그 환자에 대한 인간 의사의 소견은 인공지능 왓슨이 진단한 결과와 일치하지 않는다는 것이다. 이제 환자는 갈등하기 시작한다. '누구를 더 신뢰할 수 있을까?' 당신이라면 누구의 진단을 더 신뢰하겠는가?

이 상황은 빅데이터, 클라우드, 딥러닝을 핵심 기술로 하는 제4차 산업혁명 시대가 우리에게 던진 또 하나의 물음이다. 난감하다. 아무리 인공지능이 정확하다지만, 내 신체의 안전과 건강까지 맡기기엔 뭔가 꺼림칙하다. 단순한 질병이 아닌 사망에 이르게 할 수도 있는 암 같은 치명적 질병일 경우 더욱더 그러하다. 인간은 병이 주는 고통으로부터 자유로워지고자 한다. 만일 의료 인공지능이 그 고통을 덜어주거나 없애줄 수 있다면, 더 나아가 인간 의사를 대신할 수 있을까?

미국의 실리콘밸리를 구상한 인물이자 썬 마이크로시스템즈SUN Microsystems사의 회장인 비노드 코슬라Vinod Khosla는 이렇게 주장한다. "향후 미래에는 현재 의사의 80퍼센트가 빅데이터로 대체될 것이다." 방대한 데이터와 무시무시한 컴퓨팅 능력을 갖춘 인공지능이 그 역할을 대신할 것이기 때문이다. 인공지능의 다음 표적이 의료 분야가 될 확률은 매우 높다. 의료 인공지능이 주목받는 이유는 개별 환자의 특성에 맞는 최적화된 의료 서비스를 많은 사람이 누릴 수 있기 때문이다. 치료는 더욱더 효과적이며, 부작용은 최소화된다. 전체 과정에서의 비용도 절감된다. 무엇보다 의료 인공지능이 더욱 중요한 이유는 일반 인공지능 로봇이 인간의 노동을 대체한다는 차원을 넘어서 의학의 패러다임을 데이터 기반으로 변화시키기 때문이다. 그 변화의 구체적 내용은 무엇이고 그것은 무엇을 의미하는 것일까?

생체보수주의와 기술진보주의, 그 갈림길에서

제4차 산업혁명 시대에 나타나는 변화 중 하나로서 정치적 관점이 충돌하는 기준점이 바로 인체 관련 첨단 과학 기술에 대한 친화성이다. 앞서 언급한 바 있듯, 향후 진보와 보수의 기준은 인간이 첨단 과학 기술과 인체와의 결합 또는 의존도에 어느 정도까지 친화적일 수 있는지의 문제라고 할 수 있다. 이것은 기술과 인체 그리고 인간의 정서적 측면까지 아우르는 매우 넓은 범위의 문제이다. 의료 인공지능은 바로 이 문제로 들어가는 첫 번째 관문이라고 할 수 있다. 의료 인공지능에 대해 정서적으로 친화적인 입장이라면 그다음 단계의 생체기술에 대해서도 유연하고 열린 태도를 취할 가능성이 크다고 본다. 그렇기에 제4차 산업혁명 시대의 대변혁에서 변화하는 새로운 이념의 지형이 갈리기 시작하는 지점, 그것이 바로 의료 인공지능이다. 물론 인공지능의 진단을 더욱 신뢰한다고 해서 반드시 인공적 시술 내지 기계적 결합에 적극적이라는 보장은 없지만 말이다. 인간 의사보다 의료 인공지능을 더 신뢰하는 당신, 생체보수주의 입장과 기술진보주의 입장 중 어느 쪽에 더 가까운가.

붓다가 의왕인 이유

이미 시작된 데이터 의학 시대에도 의사가 의학에 대해서 또는 의료, 의술에 대해서 가장 많은 정보를 알고 있는 사람일까? 이제는 개개인 각자가 자신의 건강에 관련된 데이터와 인체 정보를 스스로 취합하고, 관리 및 제공할 수 있는 권리를 가진다. 인간의 생체 정보가 디지털화되고 그 관리와 활용이 자유로워지게 된다면 더욱 큰 변화를 맞이하게 될 것이다. 이와 더불어 기존의 의료 서비스는 혁명적 대변혁을 맞이하게 될 것이다. 데이터에 기반한 의료 인공지능이 그 중심에 있다. 붓다는 의왕醫王이라 불렸다. 사람들의 마음의 병을 치료한다는 뜻이다. 인류사에서 의학적 최종 의사결정권자는 인간 의사였다. 미래에 딥러닝 기반의 의료 인공지능이 의왕의 역할을 수행할 수 있을까? 의료 인공지능이 인간을 질병과 죽음의 고통의 굴레로부터 자유롭게 할 수 있을까? 불자들은 정서상 인공지능의 진단에 대해 어떤 입장을 취할 수 있을까? 꼭 인간만이 질병에 대한 진단을 독점적으로 해야 할 것이라고 고정적으로 판단하진 않을 것 같다. 그러나 의료 인공지능이 인간의 질병에 대한 최종적인 선고를 내리는 것은 종교 감정에서도 용납하기 어려울 것이다. 법적 규제나 윤리적 책임 문제는 별론으로 하고서라도 말이다. 예를 들어 호스피스 병동에서 임종이 임박한 여러 환자에게 하는 치료 행위에서 환자들이 진정으로 원하는 것은 무엇보다도 인간적인 손길일 것이다. 소위 말하는 '휴먼 터치Human touch', 즉 따뜻한 인간의 손길이 절실할 때다. 환자의 고통을 헤아리고 공감, 소통할 수 있는 자비심이 절실하게 요구되는 영역이라고 할 수 있다. 해인사승가대학에서도 매년 동안거에는 졸업반 학인 스님들이 호스피스 병동을 방문하여 환자들을 돕는 봉사활동 프로그램을 진행하고 있는데, 스님들이 직접 환자분들의 손을 잡아드리고 눈빛을 마주하면서 따뜻한 대화를 나누면 환자분들이 안도와 위로의 감정을 느끼는 것을 확인할 수 있다. 이뿐만이 아니다. 특히 의료 현장에는 인간 대 인간 사이에서 교감이 필요한 상황이 많다. 생로병사라는 현상이 바로 눈앞에서 펼쳐지는 곳이기 때문이다. 예를 들어 의사가 나쁜 뉴스를 언제, 어떻게 전할 것인가는 중요한 문제이다. 암 선고에 대한 소식을 전하는 과정에서 환자는 우울증, 분노 장애를 겪을 수도 있기 때문이다. 의사의 공감 능력이 치료 결과에 영향을 미친다는 무수한 연구 결과가 이를 증명한다. 결국 의료 인공지능의 임상적 효용과는 관계없이 의사의 역할은 여전히 중요하다고 할 수 있다.

인간 의사 vs 의료 인공지능

의료 인공지능으로서 대표적인 예가 바로 IBM사가 개발한 '왓슨 포 온콜로지Watson for Oncology'이다. 통상 '왓슨'이라고 부른다. 왓슨은 이미 방대한 의학 서적과 논문을 섭렵한 의료 인공지능 시스템이다. 이제 퀴즈쇼 정도에 나가는 그 옛날의 왓슨이 아니다. 왓슨은 미국 FDA나 우리나라 식품의약품안전처로부터 비非의료기기로 분류되었지만, 현재 가천대학교 길병원을 시작으로 전국 7개 병원에 이 시스템이 도입되어 이미 환자 진료를 시작했다. 아직 기대한 만큼 만족스러운 수준에 이르지 못한다는 지적도 있다. 전문가들은 그 원인을 데이터 부족으로 꼽고 있다. 아직은 그 역할이 제한적일 수밖에 없다. 현시점에서 의료 인공지능의 한계를 살펴보자면, 각종 질병에 따라 인간 의사가 내린 진단 결과와의 일치율에 기복이 심하다는 점이다. 예를 들어 직장암의 경우 85퍼센트의 일치율을 보이지만, 폐암은 17.8퍼센트의 낮은 일치율을 보였다. 이것은 인간 의사와 인공지능 왓슨의 진단이 다를 확률이 높다는 의미이다. 의사의 판단이 틀린 것일까. 아니면 왓슨의 판단이 잘못된 것일까. 현재 인공지능을 통한 의료 진단 결과들은 인간 의사 진단과의 일치도를 중심으로 하고 있다. 다시 말해 이 기준도 중요하지만, 왓슨과 인간 의사의 진단이 일치한다고 해서 그것이 의학적으로 오진이 아님을 보장하는 것은 아니라는 것이다. 둘 다 오진일 가능성도 존재한다. 또 있다. 의료 인공지능의 도입을 주저하게 하는 또 다른 요인으로 '탈 숙련화deskilling 현상'이 있다. 인간 의사와 의료 인공지능의 협업을 통한 시너지 효과를 이상적인 모습으로 그렸을 때를 전제로 생각해 보자. 항공 산업에서 자동조종 시스템이 도입된 이후 조종사의 조종 기술 수준이 점차 떨어졌다는 소위 '탈 숙련화 현상'이 우려된다는 것이다. 이와 마찬가지로 의료 인공지능은 인간 의사들의 의술 수준을 저하시킬 우려가 있다.

호모 디지투스Homo Digitus

'호모 디지투스'. 인류에게 주어진 새로운 학명으로서 호모사피엔스와 디지털의 합성어이다. 에릭 토폴Eric Topol은 『청진기가 사라진다』에서 인류를 '호모 디지투스'라고 정의한다. 디지털 혁명 속의 신인류라는 뜻이다. 이제 사람들은 사물인터넷 등을 통해 초연결된 환경 속에서 실시간으로 자신의 생체 활력 징후를 확인할 수 있게 된다. 이것은 질병 위험성을 사전에 예고받거나, 이미 발생한 질병에 대해서는 초기에 진단하고 효과적인 치료법을 제시받을 수 있는 세상을 살게 된 다는 의미다. 토폴은 의학 패러다임의 변혁을 말한다. 인체에 부착한 무선 생체 센서, 유전자 염기서열 정보 등의 개인 의료 정보가 이전 세 대의 전통적인 의료 데이터들과 통합되면서 지속적으로 업데이트된 다. 또한 이러한 디지털 의료 기술이 이미 상당한 수준으로 발전하고 있기 때문에 수십 년 후가 아니라 현재에 바로 인체를 디지털화할 수 있게 된다. 예를 들어 인공지능 혈당 관리가 있다. 현재의 혈당검사는 '그 순간'의 혈당만을 측정하므로 혈당이 오르내리는 추이를 포착해 내기에는 한계가 있다. 하지만 IBM사의 왓슨을 이용한 혈당 관리 어 플 '슈거 아이큐Sugar.IQ'는 혈당을 실시간으로 지속해서 측정하고 향후 혈당 변화를 예측해 준다. 그 결과 혈당이 적절한 범위 안에서 관리되 도록 도움을 준다. 이뿐만이 아니다. 최근 딥러닝을 장착한 인공지능 이 폐암, 당뇨, 유방암, 피부암 등을 정확히 예측해 내고 있다. 그 발전 속도는 매우 빠르고 수준은 완벽에 가까워지고 있으며 범위는 의료 전 영역에 걸쳐서 진행 중이다. 지난 2018년 1월, 구글은 딥러닝을 기반 으로 한 새로운 의료 인공지능을 선보였다. 이 인공지능은 환자의 진 료 기록을 분석하여 입원 환자의 치료 결과를 정확히 예측할 수 있다. 예를 들면 입원 중 사망할 것인지, 장기간 입원을 할 것인지, 또는 퇴 원 후 한 달 이내에 재입원할 것인지, 마지막으로 퇴원 시 진단명은 어 떻게 될 것인지를 조기 예측한다. 이렇게 해서 병원은 의료 인력을 효 율적으로 운용하고 전체 의료 비용 절감 효과를 기대할 수 있다. 구글이 개발한 이 의료 인공지능이 대단한 점은 전자 의무 기록만을 데이터로 삼는 것이 아니라 의사들의 메모, 즉 자연어로 기록된 진료 노트까지 데이터로 활용하고 있다는 점이다. 여기서도 딥러닝은 그 진가를 드러내고 있다. 가장 빠르고 가장 높은 정확성을 보여주기 때문이다. 이 외에도 의료 인공지능은 다양한 분야에서 활약하고 있다. 의료 인공지능은 사후 진단에만 활용되는 것이 아니다. 그 진가는 사전 예측에서 더 강력하게 발휘된다. 예를 들자면, 서울 아산병원 연구팀은 부정맥을 1시간 전에 예측할 수 있는 인공지능을 발표했다. 그리고 의료기기 전문기업인 뷰노vUNO와 세종병원은 심장마비를 하루 전에 예측할 수 있는 심정지 예측 인공지능도 개발하고 있고 이미 우수한 결과를 보여주고 있다. 인공지능의 한계 영역으로 인식되는 정신과도 예외는 아니다. 『MIT 테크 리뷰tech review』에 따르면, 트위터로 양극성 장애 환자와 정상인을 정확하게 구분해 낼 수 있다고 한다. SNS에 올린 글의 내용과 글을 올리는 패턴으로 사용자의 정신 건강 상태를 알 수 있다는 것이다. 양극성 장애가 자살로 이어질 위험성이 매우 높다는 점을 고려한다면, 인공지능을 통해 이를 분석해 이른 시기에 경고 내지 도움을 줄 수 있는 시스템을 구축할 수 있을 것이다.

의술에서 데이터로, 딥러닝과 빅데이터 의학 시대

의료 인공지능은 단순히 의술의 발전과 질병 치료의 혁신으로 끝나지 않는다. 결국 제4차 산업혁명 시대의 의료 패러다임을 데이터 기반으로 변화시키기 때문이다. 우리는 이제 '빅데이터Big Data 의학 시대'로 접어들고 있다. 전문가들은 앞으로 3년 뒤에는 기존 의학 지식의 총량이 2배가 된다고 전망한다. 그리고 2025년이 되면 3일에 2배씩 증가할 것이라고 예상한다. 이처럼 기하급수적으로 늘어나는 데이터에 따라 상황은 급변할 것이다. 과거에는 환자 진료 기록이 작성되어 있더라도 단순히 보존 차원에 머물렀기 때문에 통계적으로 향후 치료와 진료에 사용될 의미 있는 데이터를 종합해 내기가 어려웠다. 현재는 강력한 컴퓨팅 능력과 클라우드를 통한 데이터 저장 능력의 확대로 엄청난 양의 환자의 데이터들을 분류·비교·분석하여 최적의 치료 모델을 만들어낼 수 있게 되었다. 앞서 소개한 비노드 코슬라는 "앞으로 의학은 생물학이라기보다는 데이터 과학에 가깝다."고 주장한다. 이러한 통찰은 당장 의과대학 교육과정의 변화를 이끌어내고 있다. 실제로 이러한 변화에 대응하기 위해 하버드 의과대학은 MIT와 협업해 '헬스 사이언스 테크놀로지 프로그램'을 만들고 2019년부터 교과과정에 도입했다. '의료 인공지능'이라고 하면 질병에 걸린 다음에 도움을 받는 수단으로 생각하기 쉬운데, 그 시작은 오히려 발병 이전 예방 단계를 주목하고, 개인의 유전체 분석에서부터 출발한다. 현재는 개인의 유전체를 신속하게 분석하는 '차세대 염기서열분석Next Generation Sequencing' 기술을 통해 30억 쌍의 인간 유전체를 분석하는 시간을 15년에서 3일로 단축시켰다. 한 사람의 유전체 정보는 약 100기가 정도가 되므로 이제 개개인이 자신의 유전체 정보를 저장하고 휴대할 수 있다. 세계 최대의 유전체 분석 장비 기업 일루미나Ilumina사는 지난 2018년, 신형 유전자 검사기 '노바섹NovaSeq 시리즈'를 공개했다.

이를 통해 유전자 검사와 분석을 24시간 안에 끝낼 수 있고, 관련 비용은 100달러에 불과하다고 한다. 이제 신묘한 의술을 자랑하는 명의를 찾아나서던 시대에서 치료의 열쇠를 쥔 데이터가 우리 손바닥 안으로 들어오는 시대가 된 것이다.

데이터, 데이터, 데이터

의료 인공지능은 데이터로 먹고산다고 할 수 있다. 앞서 소개한 바와 같이 인공지능의 비약적 발전은 바로 이 '빅데이터'를 동력으로 삼고 있다. 마치 과거 산업 시대의 동력이었던 석유처럼 말이다. 데이터는 제4차 산업혁명 시대 그 자체라고 해도 과언이 아니다. 데이터가 돈이고 권력이 되는 시대이다. 이 자원은 재생이 가능하고 고갈될 염려가 없다. 또한 기존 데이터의 가공을 통해 새로운 데이터를 만들어내고, 증폭되는 속성을 가지고 있다. 1명의 환자가 발병에서부터 완치의 과정을 겪을 때까지는 많은 양의 데이터가 생산된다. 그것은 임상 데이터로 저장되고 새로운 환자의 데이터와 상호비교·분류된다. 그리고 서로 결합하여 새로운 데이터로 확장된다. 새로운 자원이 등장한 것이다. 예를 들어, 구글사에서 만든 '스마트 콘택트렌즈'는 렌즈에 닿는 이용자의 눈물을 센서로 감지한다. 그 눈물을 통해 혈당치를 비롯한 각종 질병의 위험지수를 측정한다. 그리고 그 분석 데이터는 구글 본사의 데이터 센터로 전송된다. 이 데이터 센터에는 이미 전 세계의 수많은 구글 콘택트렌즈 이용자들의 눈물에서 추출한 질병 데이터들이 저장되어 있다. 이때 인공지능은 이 방대한 데이터들을 상호 비교하고 분류하여 의미 있는 정보를 생산해 내는 것이다. 이렇게 수집된 밀도 높은 데이터들은 해당 환자의 생체 활력 징후를 1,000분의 1초 단위로 그 변화와 추이를 감지하며, 최종적으로 데이터 센터의 전문가들은 연결 작업을 통해 질병 예측이 가능해지도록 한다. 이처럼 데이터의 홍수는 의료의 방향을 근본적으로 바꾸고 있다. 데이터에 기반한 인공지능 시스템과 의학의 융합은 당위의 문제라기보다는 이미 현실 문제로 진행되고 있으며 더욱 가속화되고 있다. 기존에 우리가 알고 있던 고전적 의미의 진단, 진료 방식이 급격히 해체되는 상황을 목전에 두고 있는 것이다.

청진기가 사라진다?

청진기는 단순한 의료기기를 넘어서 인간의 생로병사를 상징하는 도구이다. 의사를 의사답게 할 뿐만 아니라 인간이 태어나고 늙고 병들고 죽는 고통의 매 순간 함께한다. 청진기 특유의 금속성 접촉을 통해 살아 있음에 대한 차갑고 냉정한 진단이 내려진다. 의사 선생님이 말한다. "태아가 건강합니다. 심장 박동도 정상이고요." 새 생명의 건강을 확인한 가족들은 이내 안도의 한숨을 내쉰다. "숨을 한 번 길게 내 쉬세요." 환자는 곧 이어질 의사의 선고와도 같은 진단을 기다리며 긴장한다. 청진기는 이 긴장의 심장 박동 소리를 낱낱이 기억하고 있다. "오늘 밤을 넘기기 힘들 것 같습니다. 가족분들 모두 마음의 준비를 하셔야 할 것 같습니다." 이처럼 청진기는 생로병사의 중요한 순간마다 등장해서, 새로운 생명의 탄생을 알리기도 하고 때로는 임박한 죽음을 예고하기도 한다.

　이제 그 청진기가 사라지고 있다. 이것은 의사와 환자가 서로 마주하는 일이 없어진다는 의미와도 같다. 소위 '치유적 접촉'이 사라지고 있는 것이다. 이러한 의료 현장의 변화는 이제 어렵지 않게 목격할 수 있다. 지금까지는 환자가 의사와의 인터뷰 이후에 주로 혈액을 통한 진단검사를 받거나, CT 혹은 MRI기능적 자기 공명 영상 촬영을 통해 진단하는 '방사선 영상 의학 시대'였다고 할 수 있다. 그러나 현재는 인간 유전자 분석의 비약적 발전을 통해 '빅데이터 의학 시대'로 진입하고 있다. 다시 말해, 청진기를 통해 얻을 수 있었던 환자의 인체 정보를 다른 방식의 측정과 데이터를 통해 수집·저장·관리·재생산 과정까지 체계화할 수 있다는 의미이다. 이제 의료 현장의 모든 것은 인공지능이 통제할 것이다. 이러한 변화가 가능한 것은 유사하거나 동일 종류의 질환을 앓았던 환자들의 방대한 수치 데이터를 통해서 발병 원인, 치료 과정과 시기, 방법, 결과는 물론 예후까지 정확히 예측할 수 있기 때문이다. 청진기가 사라진 병원, 청진기를 목에 걸치지 않은 의사들이 모니터 앞에서 각종 데이터를 비교 검토한다. 이것이 바로 제4차 산업 시대 의료 혁명의 시작이다. 여기서 문제는 그 변화의 속도이다. 이 변화는 차근차근 진행되지 않는다. 마치 해일이 덮치는 것처럼 한꺼번에 밀려오는 거대한 파도와 같다.

질병으로 고통받지 않는 세상, 과연 축복일까?

　인간의 수명은 어디까지 연장될 수 있을까? 인공지능이 인류의 기본적 생명 구조까지 변화시켜도 되는 것일까? 생로병사라는 인간 삶의 기본적 구조는 숙명과도 같다. 역사적으로 수많은 영웅호걸이 늙지 않고 오래 사는 꿈을 가졌지만 모두 허사였다. 그렇다면 이제 의료 인공지능이 무병장수를 기원하는 인간의 꿈을 실현해 줄 수 있을까? 현대 의료 인공지능의 등장과 빠른 발전 속도는 급기야 노화를 숙명이 아닌 질병으로 규정하기까지에 이르렀다. 실제로 구글은 자회사 캘리코Calico를 통해 '캘리코 프로젝트'를 진행하고 있다. 그들은 향후 20년 이내에 노화가 정복될 것이라고 기대하고 있다. 구체적인 예를 들자면, 이들은 벌거숭이 두더지가 평균적인 쥐의 수명보다 10배가 넘고 암에 걸리지 않는다는 점에 착안해 인간 노화 억제 연구를 진행 중이다. 또한 구글 벤처스사의 빌 마리스Bill Maris 대표는 "만약 오늘 500살까지 사는 게 가능한지 묻는다면 내 대답은 '예'이다. 생명과학이 우리를 모든 제약으로부터 자유롭게 할 것이다."라고 주장했다. 과연 가능한 생각일까? 불과 얼마 전까지만 해도 말도 안된다며 웃어넘길 이야기였다. 현재 구글은 이러한 연구에 수억 달러를 쏟아붓고 있다. 여기서 생겨나는 의문들도 수없이 많다. 영원한 삶을 통해 한 인격이 완성되는 것일까, 아니면 노화와 질병에 의한 생의 마감이 오히려 삶을 더욱 의미 있게 하는 것일까. 그리고 과연 우리는 병고로부터 자유로워진다고 해서 더는 고통받지 않을까. 수많은 의문들이 꼬리에 꼬리를 물고 일어난다. 의료 인공지능 시대가 우리에게 던진 화두이다.

····┼···· 블루닷, 코로나를 예측하다

인류가 코로나 팬데믹과 같은 대유행병의 전파를 미리 예측하고 대비할 수 있었다면 어떨까? 요즘처럼 심각한 전염병이 인류를 위협하는 상황에서는 이런 생각이 더욱 절실해진다. 그런데 놀라운 사실이 있다. 실제로 코로나 팬데믹을 인공지능이 이미 예측했었다. 여기 세계보건기구WHO나 미국의 질병통제예방센터CDC보다 먼저 신속하게 코로나19의 대유행을 예견하고 그 위험성을 알린 인공지능이 있다. 바로 '블루닷Bluedot'이다. '블루닷'은 전염병을 예측하고 그 확산 경로를 추적하도록 설계된 인공지능 알고리즘이다. 실제로 블루닷은 코로나19가 우한에서 시작되었다며 2019년 12월 31일 최초로 전 세계에 경보를 올렸다. 이뿐만이 아니다. 블루닷은 이미 에볼라 바이러스, 지카 바이러스, 사스 바이러스의 발병 당시에도 예측과 추적을 진행한 바가 있다. 수십만여 개에 이르는 다양한 형태의 데이터를 확보하여 빅데이터베이스를 구축하고 이를 인공지능을 통해 분 또는 시간 단위로 분석 작업을 한다. 발병 원점에서부터 인구 통계, 의료기관 수, 가축 수, 항공권 판매량, 실시간 기후 등등 모든 데이터가 이용된다. 이제 인공지능은 전염병의 발병 탐지와 확산 추적, 그리고 확산 경로 예측까지 해내고 있다. 이에 더해 이미 확산이 진행 중인 전염병의 백신과 치료제의 개발에도 결정적 역할을 하고 있다. 이처럼 의료 인공지능은 이미 인류에게 있어서 선택의 문제가 아닌 생존과 직결된 필수적 동반자로서 어느덧 우리 곁에 자리하게 되었다.

⋯┆⋯ **자비와 덕행의 의왕이 되다**

『화엄경』「여래출현품如來出現品」에 이런 내용이 나온다. "마치 뛰어난 의술을 지닌 어떤 의왕이 만약 병자를 보기만 해도 모두 병이 치유되듯이, 비록 죽을 목숨이지만 몸에 약을 발라 그 몸의 작용을 병이 있기 전처럼 하네. 가장 뛰어난 의왕 역시 이와 같아, 모든 방편과 일체지一切智를 구족하여, 예전의 묘행妙行으로 부처의 몸을 나타내어, 중생들이 보기만 해도 중생들의 번뇌가 없어지네." 진정으로 의사 중의 최고는 환자가 보기만 해도 번뇌가 사라질 정도라는 말인데 이 구절은 병에 대한 치료를 단순히 기술적인 관점으로 보는 것이 아니라 마음의 영역으로까지 확장해서 이해하고 있음을 잘 보여준다.

또 다른 이야기가 있다. 석가모니 부처님 당시에 '지바카'라는 명의가 있었다. 인도의 전통 의학인 '아유르베다Ayurveda' 성립에 크게 기여한 전설적인 명의 3명 중 1명이었다. 어느 날, 지바카는 석가모니 부처님을 친견하고 가르침을 받는다. 그 내용은 이렇다. "지바카여, 진정한 의사는 모름지기 환자들의 병을 치료하기 전에 그들 마음의 병부터 살펴야 한다. 무릇 사람의 병이란 대부분이 마음으로부터 오는 것이니라." 당연히 지바카는 큰 감동을 받게 된다.

인공지능이 인간의 병을 치료하는 시대, 인공지능은 딥러닝 기술을 통해 모든 질병을 정복하려는 듯 그 기세가 대단하다. 하지만 여기서 의문이 생긴다. 과연 인공지능이 진정한 의왕이 될 수 있을까? 사람들이 인공지능을 보기만 해도 마음이 치유되는 그런 상황을 기대할 수 있을까? 인간의 질병은 단지 육체에만 국한되지는 않는다. '치유적 접촉'이 사라져 가는 시대, 과연 인공지능은 인간의 번뇌까지 없애줄 수 있을까? 어쩌면 인간과 인공지능이 협업할 필요성이 생겨나는 지점이기도 하다. 가까운 미래에 인간의 질병 치료는 인공지능에게 맡겨야 할까? 아니면 여전히 인간이 그 역할을 계속해 나갈 것인가? 그것도 아니라면 선택할 문제가 아니라 두 영역의 상호보완이 필요한 것일까?

AI 시대의 승가 교육

⋯⫶⋯ "모든 혁신과 혁명은 환영받으면서 오는 게 아니다"

"인공지능이 우리와 무슨 상관이 있죠? 우리는 속세의 인연을 끊고 출가한 수행자인데요." 승가대학에서 인공지능 특강을 하다 보면 학인 스님들로부터 종종 이런 도전적인 질문을 받곤 한다. 하긴 그렇다. 인공지능을 잘 알아야만 수행을 잘하는 것도 아니고, 옛날 큰스님들은 인공지능이 없던 시절에도 충분히 깨치고 자비행을 실천했다. 그런데도 인공지능을 이야기하는 이유는 이렇다. 붓다의 깨달음이 그러했듯, 모든 것은 서로 의존하고 있다. 상관없는 것은 없다. 붓다의 가르침은 우리 삶의 이야기이고 역사이다. 그 삶이 변화하고 있다. 그것도 크게 말이다. 제4차 산업혁명 또한 우리 삶의 내용이자 변화 그 자체라고 할 수 있다. 그 변화의 폭은 인연 따라 정도의 차이는 있겠지만, 그 변화가 진행되고 있다는 사실만은 분명하다. 우리가 모습을 거울에 비추어 보고 우리를 자각하듯이, 세상은 하나의 은유가 될 수 있다. 인공지능은 그저 유용한 방편에 불과하다. 너무나 역설적이게도 인간이 아닌 인공지능을 이야기하다 보면 결국은 도대체 '인간이란 무엇인가?'라는 질문을 던지게 된다. 우리 아닌 것에 대한 관심과 집중이 오히려 우리 자신을 분석적으로 비추어보는 시발점이 되는 것이다. 그냥 바로 방편 없이 단도직입적으로 본론으로 들어가면 안 되냐고 반문할 수도 있다. 안타깝게도, 세상이 이미 바뀌어가고 있다. 혁신과 혁명은 환영 받으면서 오는 게 아니라고 한다. 우리가 가르쳐야 하는 세대는 이미 우리와는 다른 세대임을 인정해야 한다. 과거의 방식대로만 우리의 학인 스님들을 또는 우리의 학생들을 가르칠 수 없는 이유이기도 하다. 나는 지난 수년간 인공지능을 비롯한 제4차 산업혁명에 대한 다양한 사건과 아이디어를 이야기해 오고 있다. 전 세계적으로 일어나고 있는 대변혁의 의미와 내용에 주목한다면, 그중에서 그 변화를 감당하고 주도할 인재들에게 무엇을 어떻게 가르칠 것인가의 문제를 외면할 수 없다. 이것은 내가 현재 승가 교육 현장에 몸담고 있어서이기 때문만은 아니다. 이 시대의 변화를 제대로 이해하지 못한다면 우리가 속해있는 회사나 가정, 또는 전통마저도 지켜내기 힘들 것이기 때문이다. 오늘은 우리 국민들이 전 세계에서 둘째가라면 서러워할 관심사를 이야기해 보고자 한다. 바로 교육이다.

⫶⫶⫶⫶ 디지털 네이티브Digital Native

우선 현재와 앞으로 우리가 교육할 세대가 어떤 사람들인지 명확히 해둘 필요가 있다. '디지털 네이티브'라는 말이 있다. 디지털 환경에서 태어나고 자란 세대를 통칭하는데, 미래학자인 마크 프렌스키Marc Prenski에 의하면 1979년 이후에 태어난 사람들을 지칭한다. 나도 나름 디지털 기기에 익숙한 편이라고 생각했지만, 이 기준에 따른다면 무안하게도 디지털 네이티브는 아닌 것 같다. 어쨌든, 이들에게 디지털 기술이나 기기들은 단순한 도구가 아니라 그들 자신의 삶을 이루는 하나의 환경인 것이다. 디지털 스크린에 익숙한 이들은 엄청난 데이터의 홍수 속에서 살아가는 생태계에 매우 익숙하며 그들만의 언어를 만들어내고 소통한다. 제4차 산업혁명을 정면으로 마주하게 될 이들이 주로 이 세대에 해당할 것이다. 전통 시대의 교육이 주어진 지식을 빨리, 정확하게 외우는 것과 틀리지 않는 것에 집중했다면, 이들에게는 문제를 발견하는 게 중요하다. 단순 지식은 언제든지 검색을 통해 실시간으로 접근할 수 있기 때문이다. 이제 지식을 배포하는 것은 인터넷이 하는 일이다. 그것은 너무나 쉽게, 실시간으로, 무차별적으로 이루어지고 있으며, 심지어 무료이다. 디지털 네이티브들에게 이러한 디지털 생태계는 아주 자연스러운 흐름이며, 데이터의 소비도 즉각적으로 이루어진다. 따라서 이들에게 더는 개별 지식 자체의 전달은 특별한 의미를 갖지 못할 것이다. 그렇다면 이 디지털 네이티브들을 상대로 무엇을 어떻게 가르쳐야 할까?

┈┤┈ 미네르바 스쿨과 '아드 아스트라Ad Astra'

현재 세계 곳곳에서는 다가올 미래에 대비해 생존을 넘어 시대를 선도하는 엘리트들을 길러내기 위한 다양한 실험적 교육이 진행되고 있다.

여기에 한 비밀 학교가 있다. 전교생은 40여 명에 불과하고, 특정한 학년도 없고, 숙제도 거의 없고, 성적은 매기지도 않는다. 하지만 그들이 배우는 내용은 예사롭지 않다. 암기식 수업 내용은 찾아볼 수 없고, 학생들 스스로 탐구 주제를 선택하고, 연구하고, 토론한다. 또한 학생 개인의 장점이나 개인적 선호를 존중하고 지원해 주는 시스템을 자랑한다. 주로 배우는 것은 수학, 과학, 공학, 윤리학, 인공지능, 로봇공학, 코딩 등이다. 언뜻 보면 이과 쪽을 집중적으로 가르치는 것 같지만 꼭 그렇지만은 않다. 가장 지속적인 교육 내용은 윤리와 도덕에 관한 대화이다. 철학과 인문학을 배우고 실제로 훈련할 수 있는 교과과정이다. 기술을 강조하는 만큼 동시에 그 윤리적 파급효과도 고려하여 균형 있게 가르친다. 흥미로운 점은 교내에서만 통용되는 가상통화를 사용하고, 그들 스스로 웹사이트를 개설하여 온라인 거래도 한다는 것이다. 학교는 이 모든 과정을 후원하고 장려한다. 이를 통해 학생들은 창의적으로 사고하고 교실 안에서 이론만을 배우는 것이 아니라 직접 그 디지털 사회의 구조와 시스템을 배우고 그 문제점을 발견해낼 수 있게된다. 이 학교는 기존 학교 교육 시스템에 실망한 일론 머스크가 직접 설립한 '아드 아스트라'이다. 아드 아스트라는 '별을 향하여'라는 뜻의 라틴어라고 한다. 이 학교의 교육 목표는 인간과 인공지능이 공존하는 세상에서 미래사회의 리더를 키우는 것이다. 아직 이 학교는 언론을 통해 외부에 노출되지 않았음에도 어느새 교육 혁신의 상징으로 관심을 끌고 있다.

이뿐만이 아니다. 이런 학교는 또 어떤가? 일정한 캠퍼스는 없다. 학생들은 베를린, 런던, 샌프란시스코, 서울 등 전 세계 7개 국가의 기숙사를 해마다 옮겨다니며 생활을 한다. 이 학교는 식당이나 헬스장,

연구실과 교수용 사무실을 짓지 않는다. 대신에 그들의 모든 자원은 오직 학생들을 교육적으로 지원하는 인프라를 제공하는 데에 쓰인다. 기존의 대학이 지식 전달에 초점을 맞추고 있다면, 이 학교는 '완전 능동적 학습'이라는 방식의 수업을 통해 모든 학생이 적극적으로 참여하고 토론한다. 대부분의 수업은 한 곳에 모이지 않고 온라인으로 진행된다. 캠퍼스는 없지만, 전원이 기숙사 생활을 한다. 가는 도시마다 세상 밖으로 나가서 진짜 인생을 경험하고 어떻게 어려움을 헤쳐나가야 하는지도 배운다. 실제 체험을 강조하는 이유는 학생들 사이에 협업과 상호교류가 온라인상에서는 한계가 있기 때문이다. 학생들은 지역에서 자기가 거주하는 도시의 주민 중 한 명이 될 수도 있고, 직접 지역사회 활동에 참여하기도 한다. 이 학교는 로마 신화 속 지혜의 신의 이름을 따서 만든 '미네르바 스쿨Minerva School'이다. 2014년부터 문을 연 이 학교는 미래의 변화를 주도할 글로벌 인재를 양성한다는 목표를 갖고 있다. 우리가 모르는 사이에 변화는 세계 곳곳에서 이미 시작되고 있다.

┈┊┈ 제4차 산업혁명시대, 승가 교육에 대한 제언

모든 것이 디지털화되는 시대, 초연결의 시대, 인공지능 로봇과 공존해야 하는 시대, 창의성의 시대, 다양성의 시대 등등 제4차 산업혁명을 상징하는 표현들로 넘쳐나는 요즘이다. 어쨌든, 이 혁명적 변화는 불교에 있어서도 거대한 도전이 아닐 수 없다. 인공지능과 생명공학 그리고 나노 기술의 비약적 발전은 기존의 고전적 인식 틀에 대한 재해석과 새로운 설명을 요구하고 있다. 바깥세상만 변하는 것이 아니라 우리의 몸과 마음에 대한 전혀 새로운 접근과 이해가 생겨나고 있다. 질병과 노화의 정복에 이어, 심지어 죽음으로부터 자유로워지려는 시도까지 등장하고 있다. 생로병사라는 고통의 기본 구조, 그리고 윤회라는 개념에 대해서 전에 없던 새로운 도전적 질문들이 제기되고 있다. 이에 대해 불교는 이미 개발되었거나 앞으로 개발될 무시무시하고 위험천만한 기술들에 대해, 그 기술로 무엇을 할 것인지 대답을 준비하거나 가지고 있어야 할 것이다. 그 책무를 우선 누가 떠안을까. 바로 우리 스님들이다. 그 출가 수행자를 길러내는 승가 공동체의 승가 교육에 불교의 미래가 달려 있는 이유이다.

⋯⋰⋯ 인공지능 시대의 승가 교육, 커리큘럼에서 프로그램으로

그렇다면 인공지능 시대의 승가에 요구되는 인재상은 어떠할까. 과거 승단에서 붓다의 가르침을 독점적으로 보유하고 전승하던 시대에는 그 사실만으로도 세인들에게 권위를 인정받기도 했다. 그러나 초고속 인터넷이 보편적으로 보급된 이 시대에는 불교 지식 및 교리 습득이 특별한 일이 아니다. 누구나 어디서든 스마트폰으로 불교 경전, 논문, 법문 등 다양한 자료에 손쉽게 접근할 수 있다. 승가 교육 혁신이 창종創宗 이후 그간의 엄청난 노력과 성취에도 불구하고 여기서 만족하거나 멈춰서는 안 되는 이유이기도 하다. 정규 교과과정과 현실 사이의 틈을 좁히는 방법으로써 다양한 프로그램들의 개발이 대안이 될 수 있다. 정규 커리큘럼을 이행하면서도 이와 동시에 입체적으로 교과목에 대한 이해를 심화시키고 실천으로 이어질 수 있는 프로그램의 개발이 적극적으로 장려될 필요가 있다. 예를 들어, '간화선의 이해'가 과목으로 편성된 학년에서는 그해 가을에 직접 중국 선종 사찰을 방문하여 역사적 기원과 자취를 짚어보는 식이다. '화엄경' 수업에서 '보현행'이라는 개념을 다루었으면 호스피스 또는 복지센터 등 현장에서 어떤 맥락으로 이 개념이 구체적으로 발현되고 체화될 수 있는지에 대해 스스로 사유하는 과정이 필요하다. 또는 '중도'라는 개념을 배웠다고 했을 때, 일상 속에서 어떻게 중도를 드러낼 수 있는지를 프로그램화된 토론을 통해 체득할 수 있을 것이다. 이는 세상의 고통과 마주하면서 현실 세계에서 드러나는 고민과 갈등을 통찰하는 과정이다. 결국 정규 과목과 병행되는 프로그램은 다시 역으로 교실에서 입체적이고 역동적인 수업을 가능케 한다. 제4차 산업혁명 시대에는 지식의 양이 중요한 것이 아니다. 원하는 지식을 융합하고 연결할 수 있는 생각이 중요하다. 그 과정에서 창의적인 생각이 나올 수 있는 것이다. 승가 교육에서 다양한 프로그램이 필요한 이유이다.

산문 안팎의 경계를 넘어, 현장으로

현재 사찰승가대학은 다양한 연령과 배경의 학인 스님들로 구성되어 있다. 기존의 교실 중심의 수업에서는 고학력의 학인 스님들이 두각을 나타낼 수밖에 없고 그 격차도 무시할 수 없는 수준이다. 여기서 현재 제도 교육의 문제점을 승가 교육이 그대로 답습하는 문제가 발생한다. 이와 관련하여 현장 중심의 학습을 통해 교실 밖에서 다양한 변수에 노출

된 학인 스님들이 교과서에 국한된 배움을 넘어 실질적인 경험과 사유를 시작할 수 있도록 도움을 줄 수 있는 대안이 필요하다. 이러한 방향은 교실 수업이 갖는 한계를 극복하고 수업 구성원들의 상호이해와 개성과 장점을 발현할 수 있도록 견인한다는 장점이 있다. 예를 들어 보현행을 배운다고 했을 때, 아무리 한문 해석이 뛰어난 학인이라 하더라도 호스피스 현장 실습 과정에서 주저하거나 직접 헌신하지 못하는 모습이 드러나는 경우도 있고, 어떤 학인은 교실에서 두각을 나타내지 못했더라도 실제 현장에서는 매우 뛰어난 의사소통 능력을 발휘하며 환우를 돌보는 모습을 보인다. 과연 누가 보현행을 잘 이해하고 체득했다 할 수 있을까. 이제 불교에 대한 역사적 사실과 정보의 단순 전달만 가지고는 교육적 의미를 찾기는 어렵다. 종교 단체 또는 수행 공동체의 수업은 실제 수행과 중생 구제의 이념에 적용할 수 있는 실질적인 지식을 배울 수 있는 곳이어야 한다. 세상은 열린 사고와 폭넓은 사상을 가지고 여러 가지 불교 개념들을 다양한 상황들에 적용할 수 있는 수행자를 필요로 한다. 특히 불교는 교리와 세상의 현실 상황이 반듯하게 일직선으로 구분되어 있지 않다는 것을 강조한다. 따라서 그 경계를 해소하고 현장에서 다양한 분야들을 연기적으로 연관 지어 나가는 방법을 가르쳐야 한다.

교실 강의에만 집착할 것이 아니라 공부한 내용을 다양한 문맥과 상황에서 직접 실천해 보도록 가르치는 변화가 필요한 시점이다. 면밀한 관찰을 토대로 과목 그 자체보다 학인 개개인의 개성과 근기에 중점을 두어야 한다. 다양성을 가진 학인들이 서로 협력해 문제를 해결하는 기회를 적극적으로 제공한다면 창의적인 방식의 문제 해결력을 기를 수 있을 것이다. 각 교육 기관 단위로 '1인 프로젝트' 또는 '소그룹 프로젝트' 지원 사업을 펼치는 것도 대안이 될 수 있을 것이다. 다양한 배경을 가진 승가 공동체의 특성상 개인의 관심사를 최대한 존중해 주는 것이 개인이나 공동체 모두에게 큰 도움이 되기 때문이다. 개인이 프로젝트의 수행 과정에서 얻은 성취들은 공동체 전체의 역량을 끌어올리는 요인이 된다. 이를 위해서는 개인 또는 소그룹 중심의 팀들이 프로젝트를 자발적으로 설계하고 실행해 보는 경험을 쌓는 것이 중요하다. 그리고 특정 프로젝트를 통해 얻은 아이디어를 다른 프로그램에 적용해 보는 것도 큰 도움이 된다. 토론 준비 과정에서 직접 조사하며 얻게 되는 정보와 주제에 대한 이해는 자원봉사 활동 현장에서, 또는 순례길에서 발현될 수 있다. 또는 사찰 요리에 관심을 갖고 꾸준히 연마한 실력이 봉사활동 현장에서 빛을 발할 수도 있다. 이를 위해서는 높은 수준의 유동적인 지식을 보유하고, 자신만의 학문적 경계를 고집하지 않는 유연성을 갖춘 교수진이 확보되어야 할 것이다. 다양한 학문 분야의 융합과 연결은 교수사 스님만의 성취가 아니다. 학인 스님들도 그 수혜를 고스란히 받을 수 있기 때문이다. 이러한 환경은 학인 스님들의 수행자로서의 성장에 필요한 다양한 이해와 경험을 견인할 수 있으리라고 본다.

생각해 보니 나 자신도 말로는 인공지능과 제4차 산업혁명을 이야기하면서 어쩌면 교실에서는 과거 제3차 산업시대의 교수법을 답습하고 고수하며 현재와 미래를 살아가려 하는 것은 아닌지 스스로를 돌아보게 된다.

포스트 코로나, '디지털 대항해 시대' 속의 한국불교

"피렌체에서는 지구가 둥글 거라 하고,
지구상에는 또 다른 대륙이 있을 거라 하네.
배들은 벌써 인도로 가는 길을 찾기 위해 대서양을 향해 떠났네.
루터Martin Luther는 신약을 다시 쓸 것이고,
우리는 분열의 시대, 문턱에 서 있네."

< 노트르담 드 파리 > , '플로렌스Florence (피렌체)' 중에서

페스트와 코로나

빅토르 위고의 소설을 원작으로 한 뮤지컬 <노트르담 드 파리Notre-Dame de Paris> 제2막의 시작. 이탈리아의 피렌체와 르네상스에 대해 이야기해 달라는 프롤로 신부의 요청에 음유시인 그랭구아르가 노래로 대답한다. 페스트가 휩쓸고 간 후의 중세 말 유럽, 세상은 급변했다. 페스트가 전 유럽으로 퍼져가는 동안, 신과 왕은 한없이 무력하기만 했다. 과거의 권위와 질서는 인간을 이끌어갈 동력을 잃어버렸다. 비로소 사람들은 스스로에게 존재 이유를 물으며 새로운 가치와 사상을 갈구했다. 그리고 인쇄술이 발명되면서 교회를 거치지 않고도 다양한 지식들이 널리 보급되었다. 활자를 대신했던 시각 텍스트로서의 대성당은 효용가치를 다했다. 대성당은 더이상 예술과 철학의 중심이 아니었다. 이제 인간들은 자신들이 나고 자란 고향 마을이 아니라 또 다른 세

계를 동경하고, 연안에서 벗어나 대양을 꿈꾸기 시작했다. 실제로 스페인, 포르투갈, 네덜란드 등의 나라는 미지의 신대륙을 발견하기 위해 해로를 통한 탐험에 나섰다. 이 시기의 이런 움직임을 '대항해시대'라고 한다. 제국주의적 색채가 짙은 용어라고 해서 '신항로 개척 시대'라고도 한다. 변혁은 변화 그 자체만이 아니라 인간 인식의 지평마저도 바꾸어놓는다. 여기서 흥미로운 것은 페스트 이후 중세 말 유럽의 모습과 코로나 팬데믹 이후의 세상의 변화가 묘하게도 겹쳐지는 그림이 많다는 사실이다.

얼마 전에 문중 노스님을 뵙고 인사를 드렸더니, 코로나 백신 2차 접종까지 받았다고 말씀하셨다. 다행이다. 정부의 계획은 9월까지는 전 국민 1차 접종을 완료하고 11월까지 집단면역 형성을 목표로 하고 있다고 한다. 차질 없이 이 계획이 진행된다면, 내년 초부터는 완전한 종식은 어렵더라도 상당한 수준의 일상 회복을 조심스럽게 기대해 봄직하다. 물론 희망이다. 전 세계적으로 여전히 코로나 바이러스는 수그러들지 않고 있으며, 백신 접종에도 불구하고 돌파감염 사례가 빈번해지고 있다. 그래서 유럽 일부 국가에서는 세 번째 백신 접종인 일명 '부스터 샷'까지도 검토하고 있다. 그래서인지 요즘은 코로나 팬데믹 이후 '세상은 앞으로 어떻게 변할 것인가?'에서부터 '어떻게 코로나 바이러스 속에서도 일상을 지속할 것인가?'라는 소위 '위드With 코로나'까지 다양한 고민이 시작되고 있다. 어쨌든, 이제 사람들의 시선은 코로나 팬데믹 너머에 가 닿아 있다.

이제 차분히 코로나 팬데믹의 시작부터 현재까지를 복기해 볼 필요가 있다. 돌이켜보면, 코로나 팬데믹은 우리의 일상과 경제를 멈추 게 한 것만은 아니다. 새로운 변화, 디지털 빅데이터 기반의 인공지능 시스템이 빠른 속도로 우리 일상은 물론 기존의 정치, 경제, 사회, 문화 시스템을 재편시키고 있다. 한 가지 예를 들자면, 코로나 팬데믹은 디지털 인터넷 기반의 비대면 화상수업을 선택이 아니라 당장 해야만 하는 일로 바꾸어 놓았다. 그 영향으로 디지털 인터넷 화상회의 서비스 회사인 '줌zoom'은 코로나 팬데믹 기간 엄청난 매출액을 기록하면서 비약적으로 성장했다. 코로나 팬데믹으로 인해 세상은 디지털 데이터를 간절히 원했고, 준비된 디지털 데이터 회사들은 막대한 부를 쌓고 있다.

코로나 팬데믹 이후 우리 눈앞에는 어떤 모습이 펼쳐질까? 혹자는 이 새로운 시대의 도래를 '디지털 대항해 시대'라고 규정한다. 제4차 산업혁명과 코로나 팬데믹이라는 거센 파도를 넘어 디지털 빅데이터에 기반한 새로운 분야의 시장을 탐험해 나가는 시대이다. 과거의 전통적인 방식의 물품을 거래하는 시장이 아니라, 새로운 꿈과 가치를 만들어내고 그것이 바로 부富로 이어지는 것이다. 오프라인 시장을 넘어서서 디지털 데이터 기반의 새로운 가치를 창조하고 선점해야 하는 시대이다. 이 디지털 대항해 시대는 기존 '게임의 법칙'이 작동할 수 없는 미지의 영역으로 가는 것과 마찬가지이다. 그렇다고 디지털 대항해 시대가 장밋빛 미래를 약속하는 것만은 아니다. 그 항해가 쉽지 않은 이유 중 하나는 이전처럼 블록화되고 집단화된 시스템이 작동하지 않는다는 점이다. 소위 '디커플링decoupling'이라고 일컬어지는 탈동조화脫同調化, 연대가 아닌 분열의 시대의 문턱에 서 있는 것이다. '디커플링'은 비단 경제에 국한된 현상이 아니다. 코로나 팬데믹으로 인한 집단 트라우마는 정치·사회·문화적으로도 봉쇄와 격리를 선택하게 하고, 분리되고 개별화된 국가와 개인들이 주체가 되는 시대를 앞당기고 있다.

　중세 말, 페스트 이후 사람들이 미지의 신세계를 향하면서 대항해 시대가 열렸다. 개신교가 등장하며 종교는 분열의 시대를 맞이하였다. 이와 마찬가지로 현재 코로나 팬데믹 이후의 세상은 급변하고 있다. 물리적 공간으로서의 신세계가 아니라 새로운 인식의 지평이 열리는 세상이 다가오고 있다. 기존의 종교·철학·예술 고전에 대한 새로운 재해석과 다시 읽기를 통해 새로운 사상이 등장하는 시대, 과연 우리 불교는 무엇을 준비할 것인가.

에필로그

---|--- **조고각하**照顧脚下

옛날 송나라 때, 오조법연五祖法演, 1024~1104 스님은 3명의 제자와 함께 밤에 산길을 걷고 있었다. 그런데 갑자기 바람이 불어 가랑잎이 솟구치면서 등불이 꺼져버렸다. 주위는 온통 칠흑 같았고, 발밑은 천길 낭떠러지였으며, 언제 짐승이 달려들지 모르는 상황이었다. 법연 스님은 절체절명의 이 순간을 놓치지 않고 제자들의 공부를 점검한다.

"자, 이제 어떻게 하여야 하느냐?" 제자 혜근慧懃 스님이 대답했다. "미친 듯이 어지럽게 날뛰며 채색彩色 바람이 춤을 추니 앞이 온통 붉사옵니다彩風舞丹宵." 다음은 청원淸遠 스님이 대답했다. "쇠 뱀이 옛길을 가로질러가는 듯하옵니다鐵蛇橫古路." 선문답이었다. 마지막으로 원오圜悟 스님이 입을 열었다. "우선은 불을 비추어 발밑을 봐야 할 것입니다照顧脚下."

신문 연재를 시작한 지 거의 두 해가 다 되어간다. 오래전, 해인사승가대학 학인 시절에 '인공지능 로봇에도 불성이 있을까?'라는 엉뚱한 질문 하나로 인공지능과의 만남은 시작되었다. 놀랍게도 그 기연機緣은 수년 동안 계속 이어졌다. 요즘은 제4차 산업혁명과 코로나19라는 두 개의 거대한 폭풍 속에서 인공지능의 종교적, 철학적 의미를 이야기 하고 있다. 제4차 산업혁명과 코로나 팬데믹이 서로 뒤질세라 키재기 를 하며 뒤엉킨 바다 한가운데서, 여전히 파도는 높고 항구는 보이지 않는다. 어쩌면 애초에 격랑 속 사바세계의 모습을 산승의 시선에 담 아내려는 시도 자체가 욕심이자 미망이었는지도 모르겠다.

그간 신문 연재를 통해 인공지능을 중심으로 제4차 산업혁명, 그리고 코로나 팬데믹과 관련된 다양한 주제를 다뤘다. 덕분에 가야산 해인사에서 매주 연재를 준비하며 자료 수집과 더불어 공부할 시간을 가질 수 있었다.

그러나 아무리 부지런히 변화를 포착하려 해도 그 속도는 가늠키 어려울 정도로 빨랐다. 몇 개월 전 미리 준비해둔 자료들이 이미 구식 또는 과거의 이야기가 되어버리는 경우가 허다했다. 빛은 보이지 않아 캄캄하고, 서 있는 곳은 위태롭다. 풍랑이 당장이라도 그나마 의지하고 있는 조각배를 집어삼킬 기세이다.

"자, 이제 어떻게 할 것인가?" 이제 지금까지 다뤘던 이야기들을 원오 스님처럼 '조고각하' 하는 마음으로 돌이켜본다. 지금까지의 이야기들은 인공지능을 필두로 한 제4차 산업혁명이라는 거대한 바다를 가로질러 항해하는 긴 여정의 기록이었다. 다가오는 미래의 변화는 예측하기 어렵고, 위험하고, 때로는 두렵기까지 하다. 하지만 다가오는 미래가 유토피아가 될지 디스토피아가 될지는 결국 우리의 마음의 문제라는 믿음을 강조해 두고 싶다. 이쯤에서 일단 가던 길을 멈추고, 그간의 항해 과정에서 그려진 항로의 궤적을 복기해 보면서 이 글을 마

무리할까 한다. 조고각하 하는 마음으로 돌아보니 글의 논리는 허술했
고, 상상력은 빈약했다. 무엇보다도 재미없는 얘기를 어지간히도 많이
늘어놓았다. 부끄럽다. 그런데도 이 어설픈 산승의 이야기를 자비의
마음으로 읽어주신 독자 여러분께 감사와 용서를 구한다. 혹여 인연이
된다면, 인공지능에 대한 보다 깊은 종교 · 철학 · 예술 이야기는 후일
을 기약해 본다.

"

인공지능은 거울과 같아서

인간의 마음을 그대로 비추게 된다.

『화엄경』 제40권에서는

"소가 마신 물은 우유가 되고

뱀이 마신 물은 독이 된다."고 설한다.

이제 인공지능 챗봇을 탐욕의 도구로

이용할 것인지 지혜의 도구로 이용할 것인지에 대한

진지한 논의와 사색이 필요하다.

만약 인간이 인공지능 챗봇에 대해

단지 욕망 확장의 도구 또는 지식의 습득과

소비 도구로 인식하는 수준을 넘어서서

붓다와 역대조사의 지혜를 활용하는 도구로 개발해 갈 수

있다면 인공지능의 미래가 어둡지만은 않을 것이다.

"

색인

AI 부디즘

초판 1쇄 발행	2021년 10월 21일
초판 2쇄 발행	2023년 6월 30일

지은이	보일

펴낸이	오세룡
편집·기획	여수령 정연주 허 승 박성화 손미숙 최은영 곽은영
디자인	나침반스튜디오 진다솜
	고혜정 김효선 박소영
홍보·마케팅	정성진

펴낸곳	담앤북스
대표전화	서울특별시 종로구 새문안로3길 23 경희궁의 아침 4단지 805호
	대표전화 02)765-1251 전송 02)764-1251 전자우편 dhamenbooks@naver.com
출판등록	제300-2011-115호

ISBN 979-11-6201-327-4 (03150)

정가 15,000원